역사가
기억하는
중고대사

500년부터 1000년까지

궈팡 편저   원녕경 옮김

꾸벅

　중고 시대처럼 사람들에게 완전히 상반되는 인상을 남긴 역사는 드물다.

　우리는 간혹 중고 시대를 암흑의 시대라고 평가한다. 그도 그럴 것이 중고 시대는 무서운 질병과 잦은 전쟁, 그리고 끊임없는 약탈에 몸살을 앓았다. 이에 당시의 선교사들은 인간의 부패와 타락, 기독교로의 개종 거부 등의 죄업이 모든 불행의 씨앗이라며 오직 회개만이 그 죄를 씻을 수 있는 유일한 길이라고 주장하기도 했다. 그러나 회개로 얻을 수 있는 것도 사후의 안녕일 뿐, 당장 눈앞의 혼란을 잠재우지는 못했다. 태양이 작열하는 뜨겁고 건조한 사막에서는 선지자의 부름을 받은 유목 민족이 땅을 박차고 일어나 새로이 패권을 차지하려고 하기도 했다. 강력한 적도 모두 쓰러뜨릴 듯 기세등등한 그들이 등장한 이후 로마제국과 사산 왕조 페르시아의 황제들이 속수무책으로 무너지면서 고대 제국의 운명도 막바지에 이르렀다.

　어떤 이들은 이처럼 혼란하고 절망적인 시간에도 사람들은 여전히 희망을 포기하지 않았다고 말한다. 당시 사람들이 가만히 앉아서 죽음을 기다리지 않고, 끊임없이 성장하고 번성하는 길을 모색했다는 것이다.

　종교는 단순히 속세를 비난하는 데 그치지 않고 사람들의 고통을 어루만지고 미래를 예언해 새로운 희망을 심어주었다. 암흑의 시대에도 사람들이 널따란 예배당을 세운 것은 사후의 안녕을 위해서나 세상의 마지막 날을 맞이하기 위해서가 아니라 희망을 퍼뜨리고 사람들의 마음을 고양하기 위한 것이었다.

이 시기에는 찬란하게 꽃피웠던 고내 로마 분명이 게르만족의 국가에 편입되며 로마의 중심에서 신세계의 가장자리로 밀려났다. 하지만 그런 한편 밀림과 안개에 가려져 있던 브리타니아에서는 모종의 힘이 꿈틀거리고 있었다. 과거의 문명 제국이 재현된 듯 닮은꼴인 브리타니아는 사막과 초원에서 온 이민족들을 향해 칼을 겨누고 기독교 국가의 국경을 지켜냈다. 그 후 사람들의 이목은 저 멀리 동양까지 확대되었다. 그곳의 어슴푸레한 숲과 강물은 음산하고 기이해 보였지만, 또한 생기가 넘쳐났다. 사람들이 그 숲에 들어가 자그마한 땅을 개척하면서 그 땅에는 마을이 생겨났고, 훗날 이 마을들이 도시로 발전하면서 미래 유럽 문명의 요람이 되었다. 중고 시대는 바로 이 요람을 만든 미래 문명의 잉태기인 셈이다.

기사들이 사방으로 정복 전쟁에 나선 시대, 교권과 황권이 똑같이 중시된 시대, 각종 전설과 무서운 이야기가 속출한 바로 이 시대에 새로운 시대의 태양이 천천히 고개를 들며 어둠 속에 한 줄기 서광을 내비친 것이다.

차례

제 1 장
제국이 남긴 붉은빛

제 2 장
국왕 겸 집정관

제**3**장

제2의 로마

제**4**장

아라비아제국

제 5 장

새로운 시대를 향한 발걸음

제 **6** 장

동방 문명

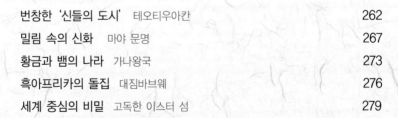

제 **7** 장

고독한 문명

제 1 장

제국이 남긴 붉은빛

로마를 잃은 로마제국 6세기의 로마

5세기 말, 서로마제국은 그들이 '바바리안' 이라고 부르던 야만족의 공격에 무릎을 꿇고 황제가 폐위되는 수모를 겪는다. 그러나 당시 로마인들은 로마제국의 통치권이 결국에는 동로마제국 황제에게 돌아갈 것이라고 믿었기에 이 사건에 크게 동요하지 않았다. 그래서 로마가 그 이름을 잃은 후에도 제국은 여전히 존재하는 듯했다.

바바리안의 통치를 받게 된 서로마

476년, 서로마는 황제가 폐위되고 고트족에게 점령당하는 큰 변화를 겪었다. 그러나 그 뿌리만큼은 흔들림이 없었다. 로마인의 행정기관이나 행정 구획은 아무 변동 없이 유지되었고, 민사와 재정관리 또한 예전과 다를 바 없이 처리되었다. 원로원과 집정관(콘술)도 여전히 영향력을 행사하며 그 존재감을 과시했다. 한바탕 전쟁의 불길이 휩쓸고 지나갔지만, 로마는 여전히 우아하고 도도한 도시였다. 콜로세움에서는 로마 시민의 오락거리이던 경기가 날마다 펼쳐졌고, 이 재미있는 구경을 하기 위해 다른 지역에서도 사람들이 구름처럼 모여들었다. 물론 로마에 발을 들인 바바리안도 로마의 이러한 매력을 거부하지 못했다.

그 후 488년에 동고트족의 테오도리쿠스가 동로마제국의 황제 제노의 부추김을 받고 이탈리아를 공격했다. 5년 동안 전쟁을 치른 끝에 그는 마침내 493년에 이탈리아 왕 오도아케르의 시대에 종지부를 찍고 이탈리아의 새 주인이 되었다.

테오도리쿠스는 어린 시절을 콘스탄티노플에서 보내 로마인과 다름없을 정도로 로마 문화에 익숙했다. 이는 그가 스스로 플라비우스라는 성을 붙여 로마제국 황실과 미묘한 관계를 맺으려 한 것만 봐도 알 수 있다.[1]

동고트족인 테오도리쿠스는 서로마의 황위 계승자이자 서고트족의 보호자를 자처했다. 총독 신분으로 서로마를 통치하기 시작한 그는 얼마 후 로마 원로원에 서신을 보내 집정관의 직함을 손에 넣었다.

이렇게 서로마의 입법권과 외교권을 장악하면서 야심을 드러냈던

---

1) 서로마제국의 마지막 황제 이름이 플라비우스 로물루스 아우구스툴루스이다.

것과 달리 테오도리쿠스는 동로마제국 황제 앞에서만큼은 자신을 '아들' 또는 '소인'이라 낮추어 말하며 친親로마 정책을 펼쳤다. 508년 그가 동로마 황제에게 보낸 편지에서도 이러한 점을 엿볼 수 있다. 그 편지의 내용은 대략 이러하다. "전하와 전하의 나라는 우리의 귀감입니다. 저희는 앞으로도 쭉 전하를 따라 다른 민족과 국가를 이끌어 나갈 것이며, 로마제국을 향한 깊고도 사심 없는 사랑으로 영원히 전하와 뜻을 함께 할 것입니다. 국가의 연합과 통일은 저의 오랜 염원이자 제가 전하에게 원하는 바람이기도 합니다."

테오도리쿠스는 로마제국의 제도를 그대로 유지하며 행정 장관과 같은 중요한 자리에 로마인을 등용했다. 물론 대신과 귀족 중에 고트족 출신도 있었지만, 그들은 주로 민족의 관습에 따라 고트인 거주 지역 내부에서 발생하는 일들을 처리했을 뿐 로마인의 일에는 간섭하지 않았다.

또한, 고트인을 공직에서 제외한 것처럼 로마인을 군대에서 제외시켰다. 이는 로마인을 차별 대우해서가 아니라 행정과 군사를 분리한다는 원칙에 따른 것으로, 이미 3세기부터 로마 군대는 이탈리아 출신의 로마인을 받아들이지 않았다.

불멸의 로마제국

로마제국은 호노리우스와 아르카디우스, 그리고 그 후손들의 손을 거치며 조금씩 쇠락의 길로 접어들었다. 하지만 서고트족과 동고트족, 반달족, 부르군트족이 제국을 나누어 점령한 상황에서도 로마의 법률이나 제도들은 여전히 유지되며 집행되었기 때문에 당시 로마인들은 로마제국이 영원

▼ **고대 로마 광장의 일부분**
고대 로마 광장의 유적, 제국의 찬란했던 역사가 고스란히 남아 있다.

할 것이라고 굳게 믿었다.

6세기 초까지 로마 영토뿐 아니라 이탈리아를 비롯해 아프리카 동북부와 갈리아, 스페인 연안 지역에서도 로마의 법률이 엄격하게 집행되었으니, 이러한 믿음에도 그럴 만한 이유가 있었다고 할 수 있다. 그래서 당시 로마인들은 혼란의 시간이 지나면 다시금 로마제국이 지중해 연안을 통일하고 영원불멸의 제국이 되리라고 여겼던 것이다. 물론 이러한 인식이 퍼졌던 데에는 기독교 신학자들의 이론도 한몫했다. 그 예로, 당시 성행하던 기독교의 종말론에서는 로마제국이 세상의 마지막 날을 함께 할 최후의 국가가 될 것이며 제국의 존속 여부에 따라 세계가 멸망하는 날도 늦춰질 수 있다고 주장했다.

또 기독교 역사학자들은 시대가 여섯 번 바뀔 동안만 인간이 존재할 수 있다고 주장했는데, 특히 아우구스티누스는 아주 구체적인 견해를 제시했다. 바빌론이 함락되면서 다섯 번째 시대가 시작되어 기독교의 탄생으로 그 시대가 막을 내릴 것이며, 종교의 탄생으로 시작된 여섯 번째 시대가 인류의 마지막이 되어 세계가 종말을 맞는다는 것이었다. 이러한 관점은 로마제국의 지식층은 물론이고 기독교도들 사이에도 빠르게 퍼져 나갔다.

이렇듯 로마제국이 인류의 마지막 국가가 될 것이라는 주장은 로마인에게 로마가 재건될 것이라는 강한 믿음을 심어주었다. 그러니 당장 바바리안이 눈앞에서 활개를 친다고 한들 그것이 뭐 그리 대수였겠는가? 그들의 마음속에서 로마제국은 어쨌든 세상의 마지막 날을 함께 할 존재이자 세계의 종말을 결정할 열쇠를 쥔 나라인데 말이다.

이러한 사상적 영향으로, 534년에 동고트족 내부에 분열이 일어나 동로마제국이 이탈리아를 손에 넣을 기회가 찾아왔을 때에도 동로마 황제 유스티니아누스와 당시의 지식인들은 자신들의 권력을 서쪽으로 확장할 시기가 무르익은 것일 뿐 동로마의 이탈리아 점령이 로마제국을 멸망시키는 것은 아니라고 생각했다.

법학자 황제 유스티니아누스

5세기에서 6세기로 넘어가던 시기, 이미 쇠락의 기운이 완연했던 로마제국
에서는 전쟁과 화재가 끊이지 않았다. 회복의 기미는 전혀 찾아볼 수 없었
다. 후대 사람들이 일반적으로 서로마제국의 황제가 폐위된 476년을 로마
제국에 '사약'이 내려진 날로 간주하는 것도 이러한 이유에서이다. 그러나
이러한 관점을 무색하게 하는 역사적 사실이 한 가지 있다. 바로 유스티니
아누스의 업적이다. 운명의 힘에 이끌려 로마제국 황제의 자리에 오른 다
키아 농부의 아들은 아우구스투스와 콘스탄티누스 대제 시절의 영광스러
웠던 로마를 재현해냈다.

농부의 아들

유스티니아누스(Justinianus)는 동로마제국의 황제 유스티누스 1세
의 조카이다. 유스티누스는 낫 놓고 기역 자도 모를 정도로 무지한
농민이었는데, 야만족을 피해 군대에 들어간 것을 계기로 빠르게 장
군이 되고 몇 년 후에 근위대장까지 오른 인물이다. 그 과정에는 물
론 그의 용감함과 군사적 재능이 큰 몫을 했지만 억세게
운이 좋았던 것도 사실이다. 518년, 다키아의 농부는 예
순여덟의 나이에 동로마제국 황제로 즉위해 유스티누
스 1세가 되었다.

▼ 이탈리아의 라벤나 산 비탈레
  성당 벽화에 그려져 있는 유스
  티니아누스 1세의 모습

483년에 오늘날의 불가리아 지역인 다키아에서
또 한 명의 황제가 태어났다. 바로 유스티니아누스
이다. 그 역시 농민 가정에서 태어났지만 숙부의 도
움으로 체계적인 교육을 받았다. 재능과 배포가 남달
랐던 유스티니아누스는 자식이 없던 유스티누스에
게 제국의 통치를 돕는 든든한 오른팔이자 후계
자였다.

유스티누스 1세는 통치 후기에 자신이 나이
를 먹어 쇠약해지자 원로원의 지지를 얻어 유
스티니아누스를 공동 통치자로 내세우고 '아
우구스투스'[2]라는 황제의 칭호를 수여했다.

---

2) 존엄한 자

이러한 과정을 거쳐 유스티니아누스는 늙은 황제가 세상을 떠난 527년에 마흔다섯의 나이로 동로마제국의 합법적인 통치자 자리에 올라 38년 동안 나라를 통치했다.

당시 항간에는 유스티니아누스 황제의 생김새를 두고 말이 많았다. 어떤 사람은 그가 냉혈한으로 유명한 로마제국의 도미티아누스 황제를 꼭 빼닮았다고 이야기하는가 하면, 또 어떤 이들은 이를 억지라 주장하며 유스티니아누스를 균형 잡힌 몸에 검붉은 피부, 온화하고 친근한 얼굴이라고 묘사했다.

유스티니아누스는 생김새만큼이나 양면적인 성격의 인물이기도 했다. 붙임성 좋고 온화한 태도로 교양 있는 말투를 쓰며 공정함과 관용의 미덕을 베푸는 모습의 이면에는 무서울 만큼 잔인한 모습이 공존했다. 그래서 어떤 사람은 그를 위선적이고 교활한 인간이라 평하기도 했다.

동로마제국의 공동 집권자 여제 테오도라

유스티니아누스가 최고의 권력자가 되어 처음으로 한 일은 바로 사랑하는 여인 테오도라(Theodora)를 황후의 자리에 올린 것이다. 테오도라의 이름은 그리스어로 '하나님의 선물'이라는 뜻이다.

테오도라는 콘스탄티노플 경기장에서 일하던 키프로스 출신 곰

▼ 고대 로마 전사의 갑옷과 단검

조련사의 딸이었다. 단정하고 수려한 외모에 몸매가 날씬하고 자태가 우아한 여인이었지만, 유스티니아누스를 만나기 전까지 그녀의 삶은 그렇게 호락호락하지 않았다.

일찍이 아버지를 여읜 테오도라는 스스로 생계를 책임져야 했기에 어쩔 수 없이 무희의 길을 선택하게 되었다. 당시 무희는 매춘부나 다름없는 아주 천한 직업이었지만, 어쨌든 그녀는 무희로서 관중의 사랑을 한몸에 받았다고 한다. 그리고 한때 펜타폴리스 총독 헤케볼루스의 정부가 되어 그녀의 하나뿐인 아들을 낳았다고도 전해진다.

천민 신분으로 태어나 힘든 시절을 겪기도 했지만, 운명은 그녀의 편이었다. 가장 어려운 처지에 놓였을 때 당시 실권을 쥐고 있

던 유스티니아누스를 만난 테오도라는 그를 사랑의 포로로 만들었다. 유스티니아누스는 신분이 낮은 테오도라와 결혼하기 위해 법까지 뜯어 고쳤고, 결국 두 사람은 523년에 부부의 연을 맺었다.

4년 후 황제의 자리에 오른 유스티니아누스는 테오도라에게 엄청난 영예를 안겨주며 다시 한 번 자신의 사랑을 표현했다. 그 영예란 바로 '공동 대관'이었다. 즉, 그녀를 제국을 통치하는 독립적 권한을 가진 또 한 명의 통치권자로 만들어 준 것이다.

테오도라에 대해서는 많은 논란과 엇갈린 평가가 존재한다. 어떤 이는 그녀를 총명하고 결단력 있는 여인으로 평가하고, 또 다른 이들은 탐욕스럽고 사치스러우며 음란하고 잔인한 여인이라고 보기도 한다. 그러나 테오도라가 동로마제국 역사에서 가장 막강한 권력을 휘두른 여인이었으며, 유스티니아누스 1세에게 상당한 영향력을 발휘했던 것은 분명한 사실이다. 그녀는 적극적으로 법률을 개정하는가 하면, 외교와 국내 정치에 두루 영향력을 행사하며 여성의 권리와 지위를 높이는 데 앞장섰다. 아울러 그리스도는 신성과 인성이 완전히 결합된 존재라고 주장한 그리스도 단성론파에 대한 박해에 종지부를 찍었다.

특히 주목할 점은 유스티니아누스가 콘스탄티노플에서 일어난 니카 반란을 진압하는 데 그녀의 공이 컸다는 사실이다.

니카 반란은 터무니없는 세금 징수로 엄청난 부담에 시달리던 콘스탄티노플 시민이 532년 1월에 '니카'[3]라는 구호를 외치며 일으킨 대규모 반란이다. 당시 분노한 시민이 하나 둘 시위에 참여하면서 황궁은 어느새 완전히 포위되었다. 시민들의 기세에 당황한 유스티니아누스와 대신들이 은신처로 몸을 피하려고 서두를 때, 황후 테오도라가 한마디 했다.

"'황제의 자리는 영광스러운 무덤이다!'라는 말이 있지요. 저는 이 말을 믿습니다."

이는 일단 몸을 피하라는 대신들의 의견에 반대하며 반란 세력을 제압해야 한다는 뜻을 에둘러 나타낸 것이었다. 테오도라의 말은 결국 유스티니아누스의 마음을 움직였다. 아내의 격려에 용기를 얻은 유스티니아누스는 군대를 일으켜 반란군을 진압하고 통치권을 지켜냈다.

---

3) 그리스어로 승리를 뜻함

누에를 밀반입한 유스티니아누스

고대에 누에를 키워서 비단 실을 뽑아내는 기술을 갖춘 국가는 중국뿐이었다. 중국은 아주 오랫동안 이 기술을 독점하며 실크로드를 통해 중국산 실크를 유럽에 내다 팔았는데, 이는 서양에서 폭발적인 인기를 끌었다. 상황이 이렇다 보니 당시 중국은 실크 무역이 가져다주는 엄청난 부를 독차지하기 위해 실크와 누에에서 뽑은 비단 실의 수출만 허가하고, 누에를 중국 밖으로 가져가는 것은 엄격하게 금지했다.

그러던 545년 어느 날, 과거 중국 양나라에서 일한 적이 있다는 인도 승려 두 명이 유스티니아누스를 찾아왔다. 그들은 유스티니아누스가 사례만 후하게 치러준다면 중국으로 돌아가서 누에와 양잠 기술을 들여오겠다고 말했다.

유스티니아누스는 그들이 제시한 조건을 받아들였고, 승려들은 곧 산 넘고 물 건너 중국 남부 지역까지 찾아갔다. 그들은 불교를 전파한다는 핑계로 그곳에 머무르면서 어깨너머로 틈틈이 중국인의 양잠 기술이며 도구 제작 방법 등을 익혔다.

그리고 마침내는 대나무 장대로 만든 지팡이와 짐받이에 누에의 알을 가득 넣고 중국을 빠져나와 서기 552년에 콘스탄티노플로 돌아왔다.

당시 유스티니아누스 황제는 이 성과에 뛸 듯이 기뻐하며 직접 이 두 승려를 맞이하고 포상을 내렸다고 전해진다. 동로마제국에 양잠 기술이 널리 전파된 것은 바로 이때부터였다. 그 후 동로마제국은 천 년 가까이 중국이 독점해온 실크 무역의 시장 구도를 무너뜨렸고, 콘스탄티노플은 유럽뿐 아니라 온 서양의 비단 직조 중심지가 되었다.

다만, 그 과정에서 시민 3만여 명을 무참히 학살하여 유스티니아누스와 테오도라는 훗날 많은 비난을 받았다.

아카데메이아 폐쇄와 집정관 제도 폐지

아카데메이아는 고대 그리스 철학자 플라톤이 아테네에 개설한 철학 학교로, 고대 그리스 문명의 상징이라고 할 수 있다. 수많은 철학자와 과학자, 예술가를 배출하여 고대 그리스 정신문화를 발전시킨 산실로 평가받기도 한다.

하지만 독실한 기독교 신자였던 유스티니아누스 황제의 눈에 고전 사상을 전파하는 아카데메이아는 그저 '이단'에 불과했다. 800여 년 동안 고전철학을 전파하며 그리스 문화 계승의 중심에 서 있던 아카데메이아는 결국 529년 유스티니아누스 황제의 폐쇄 명령으로 조용히 역사 속으로 사라졌다.

아카데메이아의 폐쇄는 유럽 '문화 암흑기'의 시작을 알리는 신호탄으로 여겨지기도 할 만큼 고대 자연과학과 철학 분야에 엄청난 타격을 입혔다.

아카데메이아와 함께 유스티니아누스의 손에 한순간에 무너진 것이 또 하나 있었는데, 바로 집정관 제도였다. 고대 로마 공화정 시대에 자유선거 제도와 함께 확립된 집정관 제도는 이후 천 년에 가까운 시간 동안 많은 변화를 겪었지만 여전히 그 명맥을 이어나가고 있었다. 집정관이라는 직위가 하나의 실체에서 그림자로, 그리고 다시 허울뿐인 이름으로 변모해가면서도, 또한 집정관의 직권이 황제에게 완전히 넘어간 후에도, 여전히 로마에서는 집정관 두 명을 임명했고 이는 영예의 상징으로 여겨졌다.

그러다가 540년, 즉 유스티니아누스가 동로마를 통치한 지 13년째 되는 해에 그동안 천 년을 이어 오던 집정관 제도가 폐지되었다. 집정관 제도가 상징하는 자유정신이 유스티니아누스의 전제 정권에 위협이 된다는 점이 그 첫 번째 이유라면, 두 번째 이유는 집정관 제도를 뒷받침할 돈이 부족해서였을 것이라는 의견이 지배적이다. 참고로 집정관으로 당선된 사람에게는 많은 돈이 지급되었는데, 역대 황제들도 이 자금을 충당하기 위해서 울며 겨자 먹기로 국고의 재산을 꺼내는 일이 잦았다고 한다.

《유스티니아누스 법전》의 탄생

유스티니아누스가 아카데메이아를 폐쇄함으로써 지식의 산실을 파괴한 것은 부정할 수 없는 사실이다. 하지만 한편으로 그는 유달리 지식을 존중했다. 황제가 된 후 그가 법률을 고치고 다시 정리하는 데 온 힘을 기울인 것이 바로 그 증거이다.

유스티아누스의 일생을 살펴보면, 평민 출신이었던 동서고금의 다른 황제들처럼 이야깃거리가 가득하다. 일단 그에게는 로마제국의 영토를 크게 확장시킨 '무공'이 있고, 무엇보다 《유스티니아누스 법전》이라는 매우 뛰어난 '문치'의 성과가 있었다.

유스티니아누스가 황제가 되기 전 로마의 법률 조항과 사법 문건은 10세기라는 세월만큼이나 방대함을 자랑했고, 심지어 난해하기까지 했다. 한마디로, 관련 개혁이 시급한 상태였다.

이를 깨달은 유스티니아누스는 황제가 된 첫해에 바로 법률제정위원회를 조직했다. 이름난 법학자 트리보니아누스를 비롯해 지식인 아홉 명으로 구성된 법률제정위원회는 새로운 법전을 만들기 위해 역대 황제들이 내린 명령과 문서를 비교하여 정리했다. 이렇게 수백 년 동안의 자료를 정리해서 재구성한 끝에 529년 4월에 드디어 새로운 법전 열두 권이 탄생했다. 이 법전은 황제의 이름을 붙여서 《유스티니아누스 법전》이라고 불렀다. 이후 유스티니아누스는 이 법전을 여러 부 베껴 쓰게 해서 동로마제국 각지로 보내고, 기념일처럼 중요한 날에는 교회에서 이를 낭독하게 했다.

《유스티니아누스 법전》을 널리 퍼뜨린 후 트리보니아누스는 다시 황제가 직접 고른 변호사 열일곱 명을 이끌고 《학설총집》과 《법학개요》를 정리해서 발표했다. 《학설총집》은 역대 법률전문가들의 의견을 총정리했고, 《법학개요》는 법을 공부하는 학생들을 위한 교과서 또는 학습 수첩이라고 할 수 있었다. 이 법률들은 534년부터 민법으로서 공식적으로 실행되었으며, 법전에 포함되지 않은 과거의 칙령과 법규는 모두 폐기되었다.

유스티니아누스의 법률 개혁은 여기에서 끝나지 않았다. 그는 길고 긴 통치 기간에 매년, 심지어 매일같이 법률을 조금씩 뜯어고쳤다고 전해지는데, 이를 증명하기라도 하듯 그가 세상을 떠난 후에 무려 168권에 달하는 《어법신편》이 소개되었다. 당시 《어법신편》은 《유스티니아누스 법전》, 《학설총집》, 《법학개요》와 함께 《민법대

▶ 〈레카미에 부인의 초상〉 프랑스 화가 자크 루이 다비드의 작품

그림 속 주인공은 의상부터 자세까지 고대 로마 여신 베스타의 여사제를 모방했다. 섬세하고 온화한 얼굴과 살아 있는 눈빛이 다비드의 뛰어난 그림 실력을 보여 준다.

전》으로 불렸다. 그러나 지금은 이 《민법대전》을 유스티니아누스가 최초로 선보인 《유스티니아누스 법전》이라고 통칭하는 것이 일반적이다.

본질적으로 따지고 보면 《유스티니아누스 법전》은 교회의 이익을 보호하고 사회 지배층의 위치를 공고히 하기 위한 일종의 장치였다. 그러나 '사법'이라는 틀 안에서 자유 시민의 형식적 평등을 제시하고, 계약 성사 조건으로 계약 당사자의 동의 여부를 강조하는 한편 사유 재산을 무한대로 가질 수 있도록 인정하는 등 일련의 중요한 원칙을 확립했다.

《유스티니아누스 법전》은 로마 법률의 발전에 한 획을 그었고, 이후 유럽 각국의 법학과 법률에 막대한 영향을 미쳤다. 그래서 후대 사람들은 유스티니아누스를 '법학자 황제'로 기억한다.

카이사르의 발자취를 찾아서

로마제국의 서방 재정복

운명의 여신에게 사랑받은 이 황제는 로마 공화정의 마지막 잔재인 낡은 제도들을 철폐하여 그 어느 때보다 강력한 권력을 손에 쥐었다. 그 후, 엄격한 법률 시스템과 순종적인 국가 교회의 뒷받침으로 새로운 제도가 안정되자 황제는 자신의 권력이 미치지 않는 서방 세계로 칼을 겨누었다. 세계 제국을 이루겠다는 그의 꿈 덕분에 전쟁에서 혁혁한 공을 세운 젊은이가 있었으니, 그는 바로 사령관 벨리사리우스이다.

뜻을 이룬 청년 벨리사리우스

벨리사리우스(Belisarius)는 505년경에 트라키아의 게르마니아 성에서 태어났다. 그는 유스티니아누스가 즉위한 초기에 이미 황제의 근위대였을 만큼 능력이 뛰어난 용감한 젊은이였다. 527년경, 로마와 페르시아의 국경 지대에서 전쟁의 불길이 일어났다. 당시 이십대 초반이던 벨리사리우스는 황제의 명을 받고 국경 지대로 가서 로마를 습격한 페르시아군을 물리치고 승리를 거두었다. 그 후 벨리사리우스의 앞에는 성공 가도가 펼쳐졌다. 동부 전선의 요지인 다라의 총독이 된 것을 시작으로, 몇 달 만에 다시 동부 전선 총사령관으로 승진해 단번에 제국 최고의 장군 대열에 합류했다.

벨리사리우스의 활약이 가장 돋보인 것은 다라 전투였다. 그는 다라 성 밖에 성벽을 쌓고 이를 방패막이로 활용해서 수적으로 열세인 군대로 페르시아의 4만 대군을 섬멸하는 쾌거를 이루었다. 그리고 얼마 후 당시 사산 왕조 페르시아의 아누시르반 왕이 다시 군대를 이끌고 동로마제국의 시리아 지역을 습격해왔을 때, 그는 한밤중에 로마군 2만 병력을 이끌고 유프라테스 강가로 남하해 주변 도시를 점거했다. 사실 그때 벨리사리우스가 거느린 로마군은 용병 부대로, 전리품을 약탈해서 한몫 잡으려고 혈안이 된 이들이라 군기를 잡기가 여간 어려운 일이 아니었다. 실제로 벨리사리우스는 적군을 추격하자고 날뛰는 용병들을 제지하지 못하고, 군란을 막기 위해서 어쩔 수 없이 출격을 선택했다. 이 무모한 행동의 결과는 역시 참패였다. 적군의 강한 반격에 부딪혀 기병대가 섬멸된 것이다.

그러나 이렇게 궁지에 몰린 상황에서도 벨리사리우스는 용기를 잃지 않았다. 그는 말에서 내려 병사들을 진정시키고 남은 보병들을 격려하며 배수진을 치고 적군에 맞섰다. 몇 시간을 버틴 끝에 로마군은 어둠을 틈타 유프라테스 강을 건너 로마로 돌아올 수 있었다. 이 전투에서 용맹함과 눈부신 성과를 보여준 스물여섯 살의 벨리사리우스는 유스티니아누스 황제에게 두터운 신임을 받으며 서방 정복 전쟁을 이끌 적임자로 확실히 눈도장을 찍었다.

전쟁이 끝난 후, 벨리사리우스는 콘스탄티노플로 돌아와 마흔여덟 살의 과부 안토니나와 결혼했다. 안토니나는 간통으로 평판이 좋지는 않았지만, 황후 테오도라의 단짝 친구여서 벨리사리우스에게 정치적으로 도움을 주었다.

그 후 532년에 니카 반란이 일어났을 때 벨리사리우스는 다시 한 번 유스티니아누스의 신임을 얻었다. 몸을 피하지 않고 반란군 진압에 나선 유스티니아누스는 벨리사리우스에게 수비대와 근위대를 소집하라고 명령했다. 이어서 벨리사리우스는 군대의 선봉에 서서 시민이 모여 있던 경기장으로 돌격해 3만여 명을 학살하며 반란을 진압했다.

사태가 진정되고 제국이 안정을 되찾자 유스티니아누스는 다시 서방으로 눈을 돌려 옛 로마제국의 영광을 되찾기 위한 준비에 박차를 가했다.

북아프리카 정복

유스티니아누스 황제의 첫 번째 원정 목표는 당시 반달족이 통치하던 북아프리카였다. 530년에 북아프리카에서 힐데리크 국왕의 사촌 동생 겔리메르가 정변을 일으켜 스스로 왕이 되는 사건이 일어났는데, 이는 유스티니아누스에게 군대를 동원할 좋은 명분이 되었다. 당시 힐데리크는 동로마제국과 좋은 관계를 유지했고, 명목상으로 반달왕국은 로마의 속국이나 마찬가지였기 때문이다.

533년에 벨리사리우스는 보병 1만 명과 기병 5,000명, 마사게타이족 및 훈족 600명으로 꾸려진 대군, 그리고 선원 2만 명이 탄 수송선 500척, 전함 92척을 이끌고 북아프리카 원정에 나섰다.

벨리사리우스와 로마군은 반달왕국의 수도인 카르타고에서 동쪽으로 240킬로미터 떨어진 곳에 상륙해서 해안을 따라 카르타고 서쪽을 향해 나아갔다.

로마군이 접근하고 있다는 소식을 들은 겔리메르는 급히 군대를 소집해서 대응에 나섰다. 그는 먼저 동생인 암마타스에게 군사 2,000명을 이끌고 출격할 것을 명령했다. 말을 달려 카르타고 동쪽에 다다른 암마타스의 군대는 로마군의 선봉 부대와 정면 대결을 했다. 이 전투는 암마타스가 이끈 기병대의 패배로 끝났고, 암마타스는 이 전투 중에 숨을 거두었다. 동생

의 뒤를 이어 병사 5,000여 명을 거느리고 전장에 나선 겔리메르도 눈 깜짝할 사이에 군대를 재정비하고 나타난 벨리사리우스에게 섬멸되었다. 당시 목숨을 겨우 건진 겔리메르는 로마군의 선봉대가 점령한 카르타고 성을 멀리 피해서 달아났고, 벨리사리우스는 카르타고에 승리의 깃발을 꽂았다.

이들의 전쟁은 여기에서 끝나지 않았다. 달아난 겔리메르가 다시 군대를 모으고 사르데냐에 원정 나가 있던 또 다른 동생 차조와 힘을 합쳐서 반격에 나선 것이다.

533년 12월 6일, 트리카마룸에서 양국 군대 사이에 결전이 벌어졌다.

개울을 사이에 두고 대열을 정렬해서 대치하던 양측은 곧 전투에 돌입했다. 벨리사리우스의 명령이 떨어지자 로마의 기병 부대가 개울을 건너서 선제공격을 한 것이 전투의 시작이었다. 하지만 앞서 두 번이나 로마인의 공격에 무너져 복수의 이를 갈던 반달족의 반격 기세도 만만치 않았다. 동로마 군대는 세 차례나 공격한 끝에 반달족 군대의 진형을 무너뜨릴 수 있었다. 이 짧고도 치열했던 전쟁에서 차조는 목숨을 잃었고, 반달족은 또 한 번 쓰디쓴 패배를 맛보았다. 상황이 여의치 않자 겔리메르는 또다시 사력을 다해 북아프리카의 산간 지역으로 도망쳤다. 하지만 그는 벨리사리우스의 독 안에 든 쥐나 마찬가지였다.

이듬해 3월, 굶주림에 허덕이던 겔리메르는 결국 백기를 들며 항

복했다. 이로써 로마가 북아프리카 영토를 차지하며 반달왕국은 역사의 지난 페이지로 사라졌다.

그해에 벨리사리우스는 스물아홉으로, 젊은 나이에 전쟁 영웅이 된 그는 유스티니아누스 황제의 시샘을 받기도 했다. 그러나 그가 겔리메르와의 전투, 그리고 반달왕국에서 챙긴 엄청난 전리품을 가져와서 바치자 황제의 시샘은 눈 녹듯이 사라졌다.

반달족과 치른 전쟁이 그동안 동로마제국이 치른 전쟁 중 가장 큰 승리를 거둔 만큼 벨리사리우스는 콘스탄티노플에서 고대 로마식의 개선 의식을 치르고, 차기 집정관으로 뽑히는 영예를 안았다.

영원의 도시 로마로

순조롭게 북아프리카를 손에 넣은 유스티니아누스 황제는 고대 로마제국의 심장이었던 이탈리아를 다음 목표로 삼았다.

군사를 일으킨 명목은 반달왕국 때와 같았다. 당시 이탈리아를 통치하던 동고트왕국은 왕이 젊은 나이에 죽고 태후 아말라순타가 정권을 잡고 있었다. 아말라순타는 이미 고인이 된 왕의 나이 든 숙부를 왕으로 세워 자신이 섭정을 이어가고자 했다. 그러나 그녀가 세운 늙은 국왕은 사실 야심 찬 인물이었다. 그는 왕이 되자 아말라순타를 가두고, 얼마 후 익사시켰다. 이 정변이 일어나기 전에, 태후 아말라순타는 동고트왕국이 동로마제국의 속국이라고 강조하며 유스티니아누스에게 도움을 요청하고, 그 대가로 로마에 나라를 바치겠다고 약속했다. 그래서 유스티니아누스는 태후가 죽자 이를 빌미로 대군을 일으켜 당당하게 고트족 토벌에 나섰다.

유스티니아누스 황제는 두 갈래 길로 군대를 진군시켰고, 벨리사리우스가 그중 남쪽 길을 맡았다. 535년 가을, 바다를 건넌 벨리사리우스와 로마군이 시칠리아를 습격하면서 이탈리아를 되찾으려는 유스티니아누스의 계획은 더할 나위 없이 순조롭게 진행되었다. 사실 동고트왕국의 관리와 백성은 대부분이 과거에 로마 시민이었기 때문에 원정군이 시칠리아에 도착했을 때 은근히 그들을 환영하기까지 했다.

이탈리아 정복에 나선 벨리사리우스는 그야말로 파죽지세였다.

▲ 로마 전사의 단검

고대 로마의 단검은 주로 찌르기 용이었지만, 양날이라 물건을 벨 수도 있어서 활용도가 무척 높았다. 비교적 넓적하고 길이가 보통 50센티미터를 넘지 않는 고대 로마의 단검은 '세계를 정복한 검'이라고도 불린다.

한때 나폴리에서 강력한 저항에 부딪히기도 했지만, 고대 로마 시대의 버려진 수로를 통해 성 안으로 숨어들어 안팎에서 공격을 펼친 끝에 마침내 나폴리를 함락했다.

사기충천한 젊은 사령관 벨리사리우스는 여기에서 멈추지 않고 영원의 도시 로마로 직행했다.

여기서 한 가지 짚고 넘어가자면, 당시 동고트왕국의 수도는 로마가 아닌 이탈리아 북부 아드리아 해에 인접한 라벤나였다. 한편, 동로마 군대가 로마로 향한 때를 기점으로 고트족 내부에도 변화가 일어났다. 줄곧 동로마와 교섭하길 원하던 늙은 국왕이 살해당하고 비티게스가 새 국왕으로 추대된 것이다. 골수 강경파인 비티게스는 라벤나에 주력 부대를 남겨두고, 로마에는 고작 수비대 4,000명만을 파견했다.

다른 종족의 통치를 달갑게 여기지 않았을 뿐만 아니라 나아가 로마제국이 재건되길 꿈꿔오던 로마 현지 주민들은 벨리사리우스의 군대가 진군해온다는 소식을 듣고 자발적으로 성문을 열어 로마군을 맞이했다. 이후 벨리사리우스는 고트족의 군대가 다시 공격해올 것이라고 판단하고 로마 시민과 군대에 밤낮으로 일해서라도 무너진 성벽을 복원하라고 명령했다. 과연, 그의 예상은 적중했다.

얼마 후 몸집을 불린 고트족의 군대가 무서운 기세로 몰려오기 시작한 것이다. 537년 3월 11일 밤, 로마 성 밖에 고트족 군대가 도착했다. 로마 시민과 군대가 성문을 굳게 잠그고 수비하자 그들은 성을 완전히 포위하고, 총공격을 위해 공성전용 무기를 만들기 시작했다.

그리고 18일 후, 벨리사리우스의 일생에 가장 영예로운 전투가 시작되었다.

초반에 고트족 군대는 소에게 성벽 높이 만한 목탑을 끌게 해서 궁수와 보병 부대를 성 안에 들여보내려고 했다. 하지만 소들이 로마군의 궁수들이 쏘아대는 화살에 맞아 힘없이 쓰러지면서 비티게스가 심혈을 기울인 작전은 물거품이 되었다.

첫 공격에 실패한 비티게스는 다음 카드를 꺼냈다. 로마 성에서 수비가 가장 약한 프라이네스테[i] 성문과 고대 로마의 황제인 하드리아누스의 무덤을 공략해서 성 안으로 들어가는 것이었다.

---

[i] 지금의 팔레스트리나

고대 로마 시대 후기로 접어들면서 보병 군단을 주력 부대로 삼던 기존의 전투 방식에 새로운 바람이 불기 시작했다. 각국은 저마다 전투력은 물론이고 기동성에 활용성까지 뛰어난 기병 부대를 양성했고, 동로마제국 역시 예외는 아니었다.

페르시아 군대와 치른 전투에서 영감을 받은 동로마제국 군대는 기병과 말에 갑옷을 입히고 창과 활을 함께 활용하도록 했다. 갑옷의 무게로 속도에 어느 정도 영향을 받았지만, 조밀한 진형과 완벽한 보호 장비, 그리고 엄격한 기강으로 무장한 기병 부대는 과연 위력을 자랑했다. 날카로운 공격은 물론 활을 쏘기에도 유리해 사방에서 몰려드는 적군을 상대적으로 수월하게 공격할 수 있었다.

유스티니아누스 황제 시대의 명장 벨리사리우스와 나르세스도 바로 철갑 기병이라는 강력한 호위대를 동원해서 북아프리카와 이탈리아 등지를 누비며 로마 군대의 위용을 떨쳤다.

그 후, 서유럽 국가들도 이 영향을 받아 도끼가 주요 무기인 보병 위주의 전투 방식을 포기하고 속속 철갑 기병 부대를 꾸리기 시작했다. 그리고 이 변화와 함께 그들 고유의 군인 계급인 '기사'를 형성하게 되었다.

하드리아누스의 무덤에서 로마군은 고전을 면치 못했다. 고트족 군대의 첫 번째 공격을 막아내면서 많은 화살을 써버려 화살이 거의 바닥난 상태였기 때문이다. 로마군은 결국 하드리아누스의 무덤에 있던 귀중한 대리석까지 부숴서 포석으로 사용한 끝에 겨우 성벽을 지켜낼 수 있었다. 한편, 프라이네스테 성문에서는 고트족 군대가 오히려 독 안에 든 쥐 신세가 되었다. 고트족 군대가 외성外城을 돌파하자, 벨리사리우스가 재빨리 내성內城을 지키라는 명령을 내려 수비 태세를 갖추는 동시에 외성에도 병사를 보내서 적극적으로 반격한 것이다. 안팎에서 적을 압박한 벨리사리우스의 작전으로 고트족 군대는 결국 후퇴할 길을 찾지 못하고 전멸했다.

새벽부터 해질 무렵까지 계속된 이 전투에서 고트족 군대의 공격은 이렇다 할 효과를 내지 못했다. 고트족 군대가 더 이상 버티지 못하고 퇴각하는 순간, 벨리사리우스는 바로 성문을 열어서 그들의 뒤를 쳤다.

이렇게 고트족의 야심 찬 첫 공격은 참패로 끝났다. 성을 지켜내는 데 성공한 로마 시민과 군대는 사령관 벨리사리우스의 이름과 승리를 외치며 적군이 남긴 무기를 모두 불태웠다.

성을 점령하는 데 실패한 비티게스는 작전을 변경해서 로마를 고립시키기로 했다. 이를 위해 로마의 수로까지 망가뜨리는 결단을 내렸지만, 로마는 워낙 큰 도시였기에 사실상 고트족 군대가 로마 성 전체를 포위하기란 불가능한 일이었다. 로마인은 종종 성을 벗어나서 고트족 군대를 습격하고, 성 안을 흐르는 티베르 강을 통해 바다로 나가서 식량을 얻고 지원군의 도움을 받을 수도 있었다.

벨리사리우스는 티부르와 토리노 등지에 수시로 부대를 파견해서 적군의 식량 공급로를 차단했고, 심지어는 비티게스가 로마를 전면 봉쇄한 후에도 부인 안토니나를 남쪽의 나폴리로 보내 지원군을 모집하게 하기도 했다.

지원군이 식량을 가지고 곧 로마군에 합류한다는 소식을 들은 벨리사리우스는 낮에 무서운 기세로 공격하여 고트족 군대에 겁을 주었다. 그리고 밤에 어둠을 틈타 수행원 100명만을 데리고 과감하게 지원군을 맞이했다.

사실 비티게스는 이때 이미 고트족 군대가 로마를 점령할 가망이 없으며, 로마군에 식량과 지원군이 도착함에 따라 성을 포위한 고트

족 군대가 역으로 포위당할 것이라는 사
실을 예감하고 있었다.

그래서 고트족 군대는 538년 3월에 1년
넘게 계속해 온 포위전을 포기하고, 로마
에서 철수했다. 하지만 고트족 군대를 순
순히 보내줄 벨리사리우스가 아니었다.
그는 철수하는 적군을 덮쳐 고트족 군대
의 사기를 땅에 떨어뜨렸다.

539년까지 벨리사리우스는 북부의 라
벤나와 포 강 유역의 리구리아 지역을 제
외하고 이탈리아의 대부분 지역을 평정
했다. 벨리사리우스는 비티게스가 썼던
방법 그대로 라벤나에 포위 공격을 펼쳤
다. 동고트 왕 비티게스는 이러한 상황에
서 엎친 데 덮친 격으로 비상식량이 불에
타자 동로마제국의 황제 유스티니아누스
에게 결국 강화를 요청했다. 그러나 골수
강경파였던 벨리사리우스는 그의 요청을
받아들이지 않았다.

▲ 로마의 노예 시장

한 여성이 나체로 단상 위에 서
있고 왼쪽으로 노예주가 보인
다. 노예주가 값을 외치면 경매
가 시작되고, 구경하던 사람들
이 저마다 좀 더 높은 값을 부르
면서 값이 순식간에 껑충 뛰어
오른다. 이처럼 고대 로마에서
는 노예가 소와 양 등 가축과 마
찬가지로 매매할 수 있는 상품
이었다.

벨리사리우스가 동고트족의 무조건적
인 투항을 요구하며 뜻을 굽히지 않자, 비티게스는 놀라운 제안을
했다. 군대를 거느리고 직접 서로마제국의 황제가 되라는 것이었다.
이에 벨리사리우스는 조건을 받아들이는 척해서 비티게스가 성문을
열게 한 다음, 로마군을 맞이하던 그를 체포하고 라벤나를 손에 넣
었다.

539년 12월에는 고트족의 저항이 이어진 최북단의 파비아를 제외
하고 이탈리아 본토 전체가 동로마제국에 무릎을 꿇었다.

칼집으로 들어간 검

이탈리아에서 승리를 거둔 후 4년 동안 벨리사리우스는 동로마제
국의 동부 전선 총사령관으로서 국경을 침범한 페르시아 대군과 긴
긴 전쟁을 치렀다.

그런데 그 사이에 이탈리아의 정세가 악화했다. 무거운 세금 부담

으로 결국 궁지에 몰린 현지 주민들이 반기를 들고 일어난 데 이어서 좀처럼 뿌리 뽑히지 않던 고트족 저항 세력이 토틸라를 새 국왕으로 추대한 것이다. 토틸라의 군대는 무섭게 몸집을 불려서 로마 군대를 차례로 무너뜨렸고, 승리의 기세를 몰아 로마를 포위 공격했다.

이러한 움직임에 놀란 유스티니아누스 황제는 544년에 벨리사리우스를 불러들여 고트왕국 정벌을 명령했다. 그런데 지난번 이탈리아 정복 전쟁 당시 벨리사리우스가 작전상 비티게스의 제안을 받아들인 것 때문에 그에게 의심을 품고 있던 유스티니아누스 황제는 많은 병력을 내주지 않았다. 당시 로마 성 총독의 협조도 얻지 못하고 적은 병력을 이끌고 분투하던 벨리사리우스의 군대는 끝내 토틸라에게 로마 성을 내주고 말았다.

로마를 점령한 후 토틸라는 강화를 요청하며 콘스탄티노플로 사자를 파견하기도 했는데, 벨리사리우스는 이를 단칼에 거절했다. 강

▼ 로마의 원형 극장

화 요청이 받아들여지지 않자 토틸라는 남북으로 군대를 파견해서
이탈리아의 다른 도시까지 손에 넣으려고 했다. 그러자 벨리사리우
스는 토틸라의 힘이 분산된 틈을 타 불시에 로마를 습격해서 다시
로마 성을 탈환했다.

그러나 그 후에도 유스티니아누스 황제는 끝내 벨리사리우스의
병력 지원 요청을 받아들이지 않았다. 아무리 뛰어난 명장이라도 적
은 병력으로는 실력 발휘를 하는 데 한계가 있었다. 벨리사리우스는
그런 상태로 토틸라와 장장 4년을 대치했다. 긴 싸움에 지칠 대로
지친 벨리사리우스는 부인 안토니나를 콘스탄티노플로 보내서 토틸
라와 결전을 치를 만큼 충분한 병력을 지원해주든지, 아니면 자신을
아예 불러들여 달라는 상소를 올리게 했다. 이에 유스티니아누스가
내린 결정은 그를 불러들이는 것이었다.

이탈리아 전쟁터에서 돌아온 벨리사리우스는 두 번 징집 명령을
받은 것을 제외하면 대부분 시간을 집에서 보냈다. 그중 한 번은 동
부 전선 총사령관으로 임명되어 페르시아군의 침입을 막았고, 또 한
번은 559년에 북방의 불가르족과 훈족의 기병 부대가 남하해서 콘
스탄티노플의 외곽에 도달했을 때 임시 징집한 보병 단 1,000여 명
을 이끌고 2만 명에 달하는 적군의 침략을 막아냈다. 이 전투를 끝
으로 동로마제국에서 가장 날카롭던 '보검' 벨리사리우스는 역사의
현장에서 한발 물러나 방관자가 되었다.

그 후 벨리사리우스는 쉰일곱이던 562년에 횡령죄로 기소되어 감
옥에 갇히는 불운을 겪기도 했다. 물론 얼마 지나지 않아 유스티니
아누스 황제가 특별 사면해주었지만, 벨리사리우스는 이 일로 재산
대부분을 잃었다.

이후로 동로마제국에서 가장 걸출했던 명장은 더 이상 황제의
박해를 받지 않고 남은 재산으로 조용히 여생을 보낸 것으로 전해
진다.

벨리사리우스는 565년 예순 살에 세상을 떠났고, 그가 생을 마감
하고 몇 주 후에 유스티니아누스 황제도 임종을 맞았다. 눈부신 업
적을 세운 군주와 신하가 모두 세상을 떠난 후 위업을 달성한 제국
은 차츰 빛을 잃기 시작했다.

인간 세상의 솔로몬 군권과 신권의 변주

말기의 로마제국은 이빨 빠진 호랑이와 같았다. 나라는 힘을 잃고 민심은 흔들렸다. 그러나 기독교는 이와 달리 한층 직설적인 교리와 열렬한 신앙으로 무장했다. 그리고 점점 시들해져가는 다신교를 대신하며 사람들의 마음을 움직였고, 무너져가는 로마 사회에 혁신의 기운을 불어넣었다. 이렇게 몇 세기 동안 기독교는 제국의 정신적 지주로 자리매김했지만, 복잡하게 뒤엉킨 신앙 투쟁으로 황제들이 골머리를 앓기도 했다.

보편 제국과 보편 종교

3세기 초, 쇠락의 길을 걷던 로마제국과 달리 기독교는 넘치는 생기와 역량을 드러내며 기독교를 위협이라고 여기던 황제들에게 또 다른 길을 암시해주었다. 황제의 권력에 순종하면서도 유례없는 힘을 가진 종교, 기력이 쇠한 제국에 정신적 힘을 불어넣어 줄 수 있는 종교, 보편 제국에 버금갈 만한 바로 그런 보편 종교를 만드는 일이었다.

313년에 콘스탄티누스 대제가 밀라노 칙령을 널리 퍼뜨려 황제법으로 기독교의 합법적인 지위를 인정한 것을 시작으로 후대 황제들은 갈수록 교회에 많은 특권과 부를 부여했다. 심지어 교회에 제국 공식 기관이라는 지위를 부여할 정도였다.

그 후 393년에 테오도시우스 황제가 다신교의 제사와 행사를 금지하는 명령을 내려 올림픽 대회가 종결되었고 이제 기독교가 로마제국 내에서 유일한 합법적인 종교, 즉 제국의 '국교'가 되었다.

그러나 그리스도가 추종자들의 곁을 떠난 후부터 그가 사람들에게 전파한 신앙에 대해 논쟁이 불거졌다.

기독교가 탄생한 초기에 신도들은 그들의 정통을 잇는 주교들과 회의를 열어 교리에 대한 이견을 토론하고, 그에 따른 문제를 처리했다. 그들은 회의가 진행되는 동안, 그리고 토론이 벌어지는 동안에 성령이 강림하여 올바른 결론에 도달하도록 자신들을 이끌어줄 것이라고 믿었다. 그래서 논쟁의 마지막 승리자를 신의 대변인으로, 패자는 이단으로 여겼다.

기독교를 둘러싸고 신앙 분쟁이 일어났을 때, 콘스탄티누스 대제가 합법화된 기독교를 지키기 위해 선택한 방법도 바로 이 종교 회의였다. 기독교의 주교들은 325년에 황제의 명령으로 니케아에서 이른바 니케아 공회의라는 종교 회의를 열었다. 기독교의 교리와 교회의 조직 형태에 대해 토론한 니케아 공회의에서는 훗날 정통 교리의 근간으로 자리 잡은 기본 교리에 대한 공동 강령, 즉 니케아 신경信經이 통과되기도 했다.

보좌 위의 제사장

그런 후에도 기독교 교리에 대한 이견은 여전히 남아 있었다. 5세기 초에 이르러서는 로마제국이 반 동강 나면서 기독교 교회의 분열 또한 날로 심해졌다.

자나깨나 지난날 로마제국의 영광을 재현하기만을 바란 유스티니아누스 황제는 보편 제국을 재건하려면 반드시 교회의 통일이 필요하다는 사실을 깨닫고 있었다.

그래서 그는 아카데메이아를 폐쇄해 이단을 몰아내고, 황제의 권력을 동원해서 기독교 교회의 일에 간섭하기 시작했다. 그는 교회 조직 설립에 대한 세부 사항까지 참견하며 종교 숭배 의식의 형식을 결정하고, 기독교 공의회를 소집하는 것도 모자라 직접 신학 논문을

◀ **고대 로마의 개선문**
고대 로마에는 로마 성 안에만 수십 개가 있을 정도로 개선문이 아주 많았다. 개선문은 주로 전쟁과 같이 중요한 사건을 기념하기 위해 세워졌다.

쓰고 교회를 찬미하는 시에 곡을 붙였다.

하지만 당시 기독교 내에서 정작 가장 시급하게 해결해야 할 문제는 단성론파에 대한 교회의 태도였다. 이른바 '단성론파'는 그리스도의 '인성'이 '신성'에 녹아들어 그리스도에게는 하나의 성질, 즉 '신성'만이 있다는 그리스도 단성설을 주장했다.

이때 칼케돈파가 이와 대립각을 세우며 정통파로 여겨졌다. 칼케돈파는 451년에 칼케돈에서 열린 제3차 기독교 공의회의 결의 내용을 고수하며 그리스도에게는 '신성'과 '인성'이 공존하므로 이를 분리해서 생각할 수 없다는 학설을 주장했다. 칼케돈파는 주로 수도인 콘스탄티노플과 서방에 집중되어 있었다.

초반에 유스티니아누스 황제는 로마 황실에 대한 단성론파의 적의를 완화하기 위해 달래기 정책을 폈다. 그러나 서방 정복 전쟁을 시작하면서 로마 교회의 지지가 필요해지자 정책 방향을 바꾸어 단성론파를 잔혹하게 억압했다. 이와 함께 유스티니아누스는 교구 사이의 권력 분쟁에 끼어들어 제국의 수도인 콘스탄티노플 대주교구를 지원하며 구舊로마사도교회에 다음가는 지위를 획득할 수 있도록 이끌었다.

유스티니아누스 황제의 교회 통일 사업이 정점을 찍은 시기는 그가 콘스탄티노플에서 기독교 공의회를 개최한 553년이다. 이 회의에서 황제는 시종일관 굳건하게 단성론 신앙을 지켜 오던 교회를 회유하여 결국 정통파와 단성론파를 결합한 동방파를 형성하는 데 성공했다. 이렇게 해서 유스티니아누스 황제는 교회의 통일을 실현했다.

로마제국이여, 안녕 로마제국의 서부 통치 종결

민족대이동의 물결 속에서 서로마제국은 한동안 목숨을 부지하다가 끝내 무너지고 말았다. 이에 동로마제국이 유스티니아누스 황제의 진두지휘 아래 로마제국의 서부 지역을 되찾고자 여러 노력을 기울였지만, 결국 실패로 돌아갔다. 그러나 로마의 유산이 게르만족에게 영향을 미치면서 로마는 게르만족의 손에서 다시 한 번 부활했다.

제국에서 왕국으로

게르만 용병 부대의 우두머리 오도아케르가 서로마제국의 마지막 황제 로물루스 아우구스툴루스를 폐위시키고 이탈리아의 왕이 되었다. 그러나 훗날 그는 동로마제국의 제노 황제에게 사주를 받은 동고트족 테오도리쿠스에게 제압되었다. 동고트왕국은 이 공로로 동로마제국의 동맹국이 되었고 실질적으로 서로마제국의 이탈리아 지역을 장악했다. 테오도리쿠스는 여기에 만족하지 않고 어떻게든 반달, 서고트, 부르군트, 수에비 등의 바바리안왕국과 혼인 관계를 맺어 자신의 신생 왕국을 넓히고자 했다.

동로마 황제는 테오도리쿠스의 이러한 행동을 용납할 수 없었다. 테오도리쿠스는 이미 라인 강 유역까지 통치 범위를 넓혔고, 이를 계속 두고 볼 수만은 없었다. 동로마 황제가 이 과거의 맹우를 쓰러뜨릴 용병으로 선택한 적임자는 바로 프랑크족의 클로비스였다.

이제 막 부족을 통합하여 왕국을 세운 클로비스는 그때 군대를 지휘해 알라마니족을 라인 강 상류로 몰아내고 서고트와 부르군트왕국에 맹렬한 공격을 퍼붓고 있었다. 서고트족과 부르군트족이 아리우스파의 신앙을 믿은 것과 달리 클로비스는 기독교 정통 교리를 신봉했다. 그래서 시민들이 그의 진군을 해방의 기회로 여기며 환호했을 정도로 그는 로마 시민에게 널리 환영을 받았다.

그렇지만 클로비스가 이끄는 프랑크군은 테오도리쿠스에게 무릎을 꿇고 말았다. 동고트족은 더 나아가 프로방스와 아퀴타니아를 되찾는 데 성공한 후 한동안 프랑크족이 지중해로 진출하지 못하도록 막았다. 테오도리쿠스가 세상을 떠난 526년, 로마제국의 서부 지역에는 반달, 서고트, 부르군트, 수에비, 동고트, 프랑크 등 여러 바바리안왕국이 들어섰다. 그리하여 로마인은 또 한 번 서쪽 영토에서 쫓겨나는 신세가 되었다.

로마인이 서부 지역을 떠나 있는 동안 프랑크족은 부지런히 세력을 키웠다. 테오도리쿠스에 의해 지중해 진출을 차단당하기는 했어도, 라인 강 유역에서 승승장구하며 알라마니족과 튀링겐족, 바이에른족을 차례로 프랑크 메로빙거 왕조의 기치 아래 굴복시켰다.

555년에는 프랑크족이 독일 남부 전역을 통치권에 넣고 조공을 받으면서 갈리아와 독일이 역사상 최초로 동일 정치권에 포함되었다. 이후 프랑크족이 세운 왕국은 서로마 지역에서 명실상부한 맹주로 부상했다.

통일을 향한 랑고바르드족의 꿈

동로마제국의 유스티니아누스 황제가 막 땅속에 잠든 565년, 그의 가장 충성스러운 신하 나르세스가 이탈리아 북부에 자리 잡은 고트족에게서 항복을 받아냈다. 이로써 로마제국의 통일이 이루어지는 듯했다. 그러나 그로부터 2년 후에 알프스산맥 동쪽에서 랑고바르드족이 색슨족과 불가르족을 휩쓸고 이스트라를 지나서 이탈리아에 발을 들여놓았다.

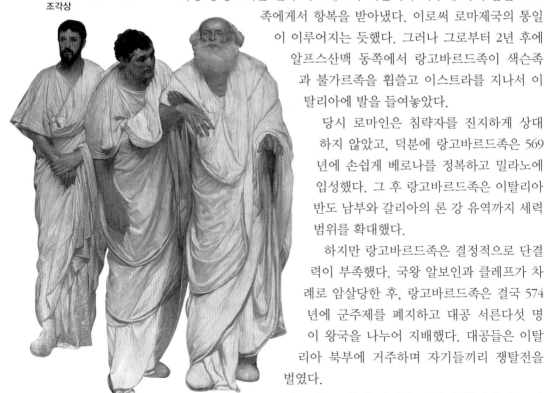

▼ 고대 로마의 귀족 원로들 조각상

당시 로마인은 침략자를 진지하게 상대하지 않았고, 덕분에 랑고바르드족은 569년에 손쉽게 베로나를 정복하고 밀라노에 입성했다. 그 후 랑고바르드족은 이탈리아 반도 남부와 갈리아의 론 강 유역까지 세력 범위를 확대했다.

하지만 랑고바르드족은 결정적으로 단결력이 부족했다. 국왕 알보인과 클레프가 차례로 암살당한 후, 랑고바르드족은 결국 574년에 군주제를 폐지하고 대공 서른다섯 명이 왕국을 나누어 지배했다. 대공들은 이탈리아 북부에 거주하며 자기들끼리 쟁탈전을 벌였다.

랑고바르드족의 이러한 정치적 분란은 동로마

제국이 다시 이탈리아를 손에 넣을 좋은 기회였지만, 동로마인들은 아무런 행동도 하지 않았다. 유스티니아누스 황제가 이탈리아의 고트족을 상대로 공격적인 정책을 펼치면서 랑고바르드족에 대항할 수 있는 유일한 무장 세력을 잃은 데다, 과거에 로마인을 위해서 고트족을 물리쳤던 랑고바르드 용병도 동포인 그들의 편에 섰기 때문이다.

상황이 이렇다 보니 동로마제국은 프랑크족에게 기대를 걸 수밖에 없었다. 이에 동로마제국 황제는 프랑크족이 오스트리아 내의 세력을 끌어모아 랑고바르드족에게서 이탈리아를 되찾도록 선동했다. 그리하여 584년부터 590년까지 프랑크족은 다섯 개의 원정군을 꾸려서 알프스 산맥을 넘어 이탈리아를 침략했다. 비록 결과적으로는 이탈리아를 되찾지 못했지만, 프랑크족은 이 전투로 계기로 랑고바르드족이 갈리아에서 더욱 세력을 확장하지 못하도록 막고 더불어 랑고바르드족에게서 공물로 매년 금화 500파운드를 거둬들이게 되었다.

▼ **콜로세움의 격투 시합**
로마인이 즐기던 격투 시합 중 가장 잔인한 종목은 인간과 동물의 싸움이었다. 이 시합에서 검투사들은 길들지 않은 사자나 호랑이, 들소들과 싸우도록 내몰렸다.

이렇듯 외부적으로 위기에 처하자 랑고바르드족의 대공들은 군주제를 회복시켜서 아우타리를 국왕으로 세웠다. '랑고바르드의 왕', '플라비우스', '최고의 영웅'이라는 호칭을 얻은 아우타리는 자신과 고대 로마 사이에 친인척 관계가 있다고 조작해서 동로마제국과의 거리를 좁히고, 로마 출신 주민과 랑고바르드 주민들에게 모두 호감을 얻고자 했다.

그러나 새로운 왕이 즉위한 후에도 모래알처럼 제각각인 정치적 상황은 크게 달라지지 않았다. 오늘날 롬바르디아라고 불리는 포 강 유역까지 왕의 세력이 뻗어나갔을 뿐, 베네벤토공국과 이탈리아 남부의 살레르노공국, 중부의 스폴레토공국, 동북부의 프리울리공국은 사실상 독립 상태였다. 심지어 랑고바르드 대공들조차 왕에 대한 의무를 다하지 않았다.

하지만 정치적 혼란도 영토를 확장하려는 랑고바르드족의 발걸음을 막지는 못했다. 랑고바르드족에게 줄곧 두려움의 대상이던 프랑크왕국의 메로빙거 왕조가 내란에 휩싸이자 랑고바르드의 왕 리우트프란드는 이탈리아 전역을 통일해서 왕권을 강화하겠다는 뜻을 세웠다. 그리고 조금의 망설임도 없이 곧이어 중부와 남부 지역의 랑고바르드 대공들에게 전쟁을 선포했다.

리우트프란드는 로마인에게 대놓고 맞서지는 않았지만, 이탈리아에 있는 동로마제국의 총독까지 공격 대상으로 삼았고 상황에 따라서는 교황의 영토를 넘보기도 했다.

그의 공격적인 정책이 엄청난 성공을 거두면서 751년에 동로마제국은 매우 불리한 상황에 놓였다. 같은 해 7월, 라벤나가 저항을 포기하여 동로마령은 북부의 베네치아와 형식상으로는 동로마제국을 대표하지만 실질적으로는 교황이 관리하는 중부와 남부의 로마공국만이 남았다. 로마공국을 잃으면 동로마제국은 이탈리아 반도에서 발붙일 곳이 없었다.

리우트프란드 다음으로 왕위에 오른 아이스툴프도 선대 왕의 정책을 계승하여 이탈리아 통일에 박차를 가했다. 그러나 교황 스테파노 2세에게는 다른 계획이 있었다.

753년 10월 14일, 교황 스테파노 2세는 동로마제국 황제 콘스탄티누스 5세가 보낸 사절단의 요청에 따라 로마를 떠나 파비아로 향했다. 라벤나 총독의 관할 구역과 펜타폴리스의 반환 문제를 두고 랑고바르드 왕과 담판을 벌이기 위해서였다. 아이스툴프는 교황의 요구를 단칼에 거절하며 조금도 양보하지 않으려고 했다. 한 달 동안 담판을 진행한 끝에 스테파노 2세는 11월 15일에 파비아를 떠났다. 당시 교황이 향한 곳은 로마가 아니라 북쪽 알프스 산맥 너머에 있는 프랑스였다.

스테파노 2세가 프랑스로 향한 순간, 이탈리아는 이제 동로마제국의 것도, 그렇다고 랑고바르드족에 의해 통일이 될 수도 없는 땅이 되었다. 그리고 통일을 향한 랑고바르드족의 꿈은 얼마 후 북방에서 몰려 온 말발굽 아래 산산조각이 났다.

로마의 유산

서로마제국은 사실상 476년에 그 이름을 잃었다. 그러나 로마제국이 남긴 문명은 바바리안의 우두머리들을 로마인이 개척한 길로 이끌었다. 예컨대 게르만족의 우두머리들은 서로마제국을 무너뜨린 후 서로마의 문명을 받아들여서 로마인의 관리 시스템과 세금 제도, 원로 계급, 노예제, 군대, 토지 자산 제도 등을 이어 나갔다.

특히 로마 법전은 게르만족이 피정복 지역의 로마 시민들에 한해서 영원히 사용할 수 있도록 허락할 정도로 존중받았다. 이뿐만 아니라 로마 법전은 프랑크족과 고트족, 랑고바르드족의 법전 편찬에도 영향을 미쳤다.

로마의 행정 시스템 역시 게르만 왕들에 의해 명맥을 유지해 나갔다. 테오도리쿠스가 이탈리아를 통치하던 시기에, 로마에는 여전히 옛 지방 행정 관직이 남아 있었고 원로원 또한 높은 지위를 누렸다. 테오도리쿠스는 로마의 전통에 따라 매년 집정관을 뽑기 위해 입후보자 두 명을 선출하고, 그중 한 명을 최종적으로 선택해서 집정관직을 맡게 했다.

이렇듯 정복자들은 정복당한 로마의 문명을 존중하고, 또한 답습했다. 그들은 라틴어와 로마의 칭호를 비롯해 로마가 황실 관리에 사용했던 방법까지 그대로 받아들였다. 예를 들어 프랑크왕국은 로마 관료와 고위직 서기를 대거 임용해서 국새 관리와 국가 통신을 책임지게 했다. 세금을 징수하는 데서도 로마의 전통을 유지했다. 이탈리아와 북아프리카, 스페인, 갈리아의 게르만 왕들 역시 세금을 걷는 '수세관'이라는 직위를 남겨두었다. 그들은 지적도와 여러 지

랑고바르드족

랑고바르드족은 게르만족의 한 갈래로 스칸디나비아, 즉 오늘날의 스웨덴 남부가 발원지이다. 약 4세기에 걸친 민족 이동으로 이탈리아 반도에 도착해 그곳을 점령했다. 그들은 1세기에 이미 스칸디나비아에서 독일의 서북부로 남하했는데, 고대 로마의 역사학자 타키투스의 저서 《게르마니아》에서 랑고바르드족이 지금의 독일 엘베 강 하류에 거주했다는 기록을 찾아볼 수 있다. 5세기 말, 오늘날 오스트리아 지역에 분포했던 랑고바르드족은 6세기 초에 오늘날의 헝가리 서부와 체코 지역에 해당하는 판노니아에 정착했다. 568년 봄, 랑고바르드족은 알보인의 지휘 아래 게르만족의 다른 지파支派와 연합하여 알프스 산맥 너머에 있는 이탈리아 북부를 점령했다.

도, 호적, 인구 조사 기록, 개인 납부금 등기부 자료를 토대로 인두세와 토지세를 매기고 이를 관리했다.

로마제국에 발을 들여놓은 수많은 바바리안은 거대한 옛 제국을 복원하는 데는 실패했지만, 서로마 지역에 신선한 분위기를 불어넣었다. 800년 12월에 거행된 샤를마뉴의 대관식은 게르만족의 손에서 서로마제국이 부활했음을 알리는 상징이었고, 이렇게 해서 서로마제국은 수천 년 동안 빛을 발했다.

The Medieval History

History of the World

제 2 장

국왕 겸 집정관

아서 왕의 시대 브리타니아제국의 난투

사람들은 로마인이 오늘날의 브리튼 섬인 브리타니아에서 물러나고 노르웨이인이 이곳을 정복한 기간을 아서 왕과 영웅들의 시대라고 말한다. 당시의 실제 역사는 전설로 내려오는 아서 왕의 이야기처럼 그렇게 낭만적이지만은 않았다. 물론 영웅의 기개를 보이며 위업을 달성하기도 했으나, 브리타니아의 역사는 바람 앞의 촛불처럼 위태위태한 고난의 연속이었다. 당시는 민족의 이동이 일어난 시대이자 혼란 속에서 미래 국가의 발판을 마련한 시대로, 한마디로 역사의 진통기였다.

화를 자초한 켈트족

브리타니아는 서기 초에 로마제국에 점령당해 무려 400년 동안이나 지배당했다. 당시 로마제국은 브리타니아를 점령하고 웨일스족의 선조이자 켈트족의 일파인 브리튼족을 제국에 편입시켰다.

4세기 후반 들어 로마제국은 말을 타고 물밀듯 밀려들어 오는 바바리안의 침략에 조금씩 흔들리기 시작했다. 유럽 대륙의 본국이 위기에 처하자 로마제국은 브리타니아에 주둔했던 군대를 모두 철수시켜 침략자에 대응해야 했고, 이로써 브리타니아는 로마제국의 지배에서 벗어나게 되었다.

로마인이 물러난 후 독립적으로 자치하게 된 브리타니아에는 내부 충돌이 일어났다. 게다가 엎친 데 덮친 격으로 종교가 다른 이민족이 공격해 왔다. 5세기 중엽, 브리타니아의 왕 보티건은 픽트족과 스콧족을 몰아내기 위해 훗날 엄청난 영향을 미칠 결정을 내렸다. 그 결정이란 바로 게르만족의 일파인 색슨족에게 후한 조건을 내걸어 구원 요청을 한 것이다. 색슨족은 보티건의 바람대로 픽트족을 몰아내는 데 성공했다. 이때 보티건은 자신을 도와 픽트족을 몰아낸 색슨족이 브리타니아에 가장 강력한 적이 되리라고는 상상도 하지 못했다.

색슨족이 픽트족을 물리친 후, 브리튼족은 약속대로 엄청난 대가를 주었다. 그러나 큰돈도 색슨족을 만족시키기에는 부족했다. 브리타니아의 비옥한 땅과 부유한 도시를 눈으로 직접 보고 편리한 교통과 지리적 위치의 장점을 몸소 체험한 색슨족은 브리타니아를 욕심내게 되었기 때문

▼ **사람 머리 모양의 성유물상**
34센티미터 높이로 12세기 초 브리타니아 앵글로색슨족의 작품

이다. 결국, 색슨족의 침략을 시작으로 이후 한 세기 동안 브리타니아에는 주트족이나 앵글로족처럼 브리타니아를 정복하려는 게르만족의 시도가 끊이지 않았다. 공교롭게도 이 세 부족은 같은 언어를 사용하며 동일 문화권에 속했기 때문에 당시 브리튼족은 이 세 부족을 일컬어 '색슨족'이라고 불렀다. 이것이 바로 영국 역사에서 말하는 '게르만족의 정복' 또는 '튜턴인의 정복'이다.

▲ 브리타니아 켈트족의 신화 중 한 장면
아서 왕과 원탁의 기사가 성배를 중앙에 두고 함께 둘러앉은 모습

아서 왕의 전설

전설 속의 아서 왕은 게르만족이 브리타니아를 침략했던 그 시기에 혜성과 같이 나타난 켈트족의 영웅이다. 브리타니아의 왕 유서의 아들로, 마법사 멀린과 용맹스럽고 날랜 원탁의 기사들의 도움으로 정복 전쟁에 나서 강대한 통일 왕조를 세웠다고 전해진다.

아서 왕은 신화에 가까울 정도로 전기적인 인물이다. 그가 정말 실존한 인물인지, 또 어디에서 어떻게 이런 이야기가 탄생하게 되었는지는 여전히 미스터리이다. 다만, 아서 왕이 6세기 무렵에 활약한 켈트족의 우두머리이거나 한 명 또는 여러 영웅의 이미지를 합쳐서 만들어진 인물일 것이라는 의견이 지배적이다.

아서 왕의 전설은 극적인 요소와 영웅주의 색채가 무척 강하다. 그러나 한편으로는 이교도의 침략에 맞선 켈트족의 파란만장한 저항을 생생하게 반영하기도 한다.

웨일스의 수도사이자 역사학자였던 넨니우스가 9세기에 저술한 《브리타니아 역사》에는 색슨족에 맞선 전투 열두 번에 대한 기술이 있는데, 그 전투를 지휘한 인물이 아서라고 기록되어 있다. "브리타니아의 여러 왕과 어깨를 나란히 했지만, 전투를 이끈 진정한 수장은 바로 아서였다."라는 언급도 찾아볼 수 있다.

넨니우스가 묘사한 내용을 보면, 아서는 브리타니아의 다른 영주들과 함께 색슨족에 대항했고, 그들의 우두머리로서 전투를 진두지휘했다. 라인 강 입구에서 벌어진 첫 번째 전투를 시작으로 아서는 연달아 열두 번의 전투를 치르며 무패 신화를 써내려갔다. 특히 여덟 번째 전투에서는 예수와 성모의 보호 아래 수많은 이교도를 그의 검 아래 무릎 꿇게 했고, 열두 번째 바도니쿠스 전투에서는 다른 사람의 도움 없이 혼자서 960명의 목숨을 거두며 완승했다고 한다.

이후 수백 년 동안 아서 왕에 대한 이야기는 사람들의 입에서 입으로 전해지며 유럽 전역으로 퍼져 나갔다. 그 과정에서 아서 왕의 전설은 체계적으로 정리되고 아름다운 상상력이 더해진 이야기로 거듭났다. 이렇게 탄생한 여러 가지 버전 중에서도 아서 왕의 전설을 가장 완벽하게 묘사했다고 평가받는 것은 15세기 영국작가 토머스 맬러리의 《아서 왕의 죽음》으로, 《성경》과 셰익스피어의 작품에 버금갈 정도로 서양 세계에 널리 알려져 있다.

칠왕국의 시대

자연의 수호자

기독교가 브리타니아에 전파되기 전까지 켈트족은 드루이드교를 신봉했다. '드루이드'는 참나무를 이해하는 사람이라는 뜻이다. 당시 브리타니아에는 모든 참나무에 요정이 살며 그 요정들이 인간에게 신의 뜻을 전해 준다는 전설이 있었다. 그래서 드루이드교는 참나무를 가장 높은 신의 상징으로 섬겼다. 참나무에 기생하는 식물도 만병통치약이라고 여겨서 신성한 의식을 치르고 나서야 채집할 수 있었다.

드루이드교의 성직자는 고대 켈트족의 최고 제사장으로서 사건 중재, 제사 주관 등 중요한 임무를 수행하며 그에 걸맞은 지위와 권력을 누렸다. 점을 치거나 치료하는 데에도 정통했던 그들은 그야말로 자타가 공인하는 도덕적 수양과 지혜를 갖춘 이들이었다.

유럽인들은 일반적으로 드루이드교 신자를 자연과 중립의 옹호자이자 황야를 제 집으로 생각하는 은사라고 여기며, 그들이 특수한 힘으로 자연을 보호하고 더 나아가 세상의 균형을 유지한다고 믿었다.

아서 왕이 바도니쿠스 전투에서 색슨족을 물리치고 외부 침략자들을 잉글랜드에서 전부 몰아냈다는 전설과 달리, 역사에는 정반대의 내용이 기록되어 있다. 사실, 당시에 켈트족은 게르만족의 침략을 막아내지 못했다.

게르만족에게 패한 후 켈트족은 일부는 웨일스와 잉글랜드 남서부의 콘월 지역으로, 또 일부는 영국 해협을 건너 오늘날 프랑스 브르타뉴 지역으로 도망쳐서 그곳에 정착했다. 한편, 전쟁의 승리자인 앵글로색슨족과 주트족은 유럽 대륙 밖에 외로이 자리한 땅 브리타니아에서 점차 자신들의 통치 체제를 구축해 갔다.

그 후 6세기 초에 브리타니아에는 앵글로색슨족을 중심으로 켄트, 노섬브리아, 이스트앵글리아, 머시아, 에섹스, 서섹스, 웨섹스까지 일곱 개의 국가가 세워졌다. 이때부터 영국 역사에서 말하는 '칠왕국 시대'가 시작되었다.

이 시기의 영국 역사는 중국의 전국 시대에 견줄 만큼 나라 간의 패권 다툼이 치열했다.

켄트는 칠왕국 중에서 가장 처음으로 생겨난 독립 왕국이자 가장 유명한 왕국이기도 했다. 이 왕국을 세운 사람은 바로 브리튼족의 왕 보티건과 우호 협정을 체결하고 픽트족을 몰아내는 데 힘을 보탰지만 끝내 총부리를 돌려 브리타니아를 겨냥한 색슨족의 우두머리

헹기스트이다.

켄트왕국은 가장 먼저 브리타니아를 차지한 왕국이기도 하며, 6세기 말에 제5대 통치자인 에설버트가 브리타니아를 제패하고 험버 강이남 지역까지 세력을 뻗쳤다고 전해진다.

이 밖에도 에설버트는 579년에 수도 캔터베리에서 로마 교황 그레고리우스가 선교 사절로 보낸 아우구스티누스 일행을 맞이해 세례를 받고, 일곱 왕국의 지도자 가운데 처음으로 기독교에 귀의한 국왕이 되었다.

에설버트에 이어 두 번째로 기독교를 받아들인 왕은 노섬브리아의 4대 왕 에드윈이다. 흥미롭게도, 그는 일곱 왕국의 지도자 중 켄트의 에설버트 다음으로 두 번째로 패권을 장악한 왕이기도 하다.

노섬브리아는 템스 강을 경계로 각각 베르니시아와 데이라라고 불리던 두 소왕국을 베르니시아의 국왕 에셀프리스가 통합한 왕국

▼ **영국 윌트셔 주 솔즈베리 평원의 스톤헨지**
이 거대한 석조물들이 차지하는 면적은 약 11헥타르에 달한다. 무게 50톤, 길이 8미터에 육박하는 사암석 여러 개로 구성된다. 영국인들에게 스톤헨지는 한없이 신비로운 대상이다.

▲ 전투용 도끼와 방패를 든 게르만족 전사

이다. 또 에셀프리스는 스코틀랜드와 웨일스를 점령해 노섬브리아의 영토를 넓히기도 했다. 하지만 얼마 못 가 나라를 잃는 굴욕을 겪고 복수를 다짐하며 군대를 일으킨 데이라왕국의 왕자 에드윈에게 패해서 노섬브리아왕국의 왕위를 내주고 말았다.

노섬브리아의 왕위를 차지한 에드윈은 627년에 세례를 받고 기독교도가 되었다. 에드윈이 어진 정치를 펼친 덕분에 노섬브리아는 잉글랜드에서 빠르게 패권을 형성했지만, 좋은 시절은 그리 오래가지 못했다. 632년에 웨일스의 귀네드왕국과 동맹을 맺은 머시아왕국이 노섬브리아를 공격해서 에드윈이 전쟁 중에 목숨을 잃은 것이다. 그가 세상을 떠나자 교회에서는 그를 성도로 추서해 노섬브리아의 성聖 에드윈이라고 불렀다. 그 후 노섬브리아왕국은 잇단 전쟁으로 점점 국력이 약해졌다.

이 시기에 두각을 나타낸 국왕이 웨섹스의 에그버트다. 에그버트는 소년 시절에 왕위 쟁탈전을 피해서 프랑크 왕 샤를마뉴의 왕국에 가서 지내다가 웨섹스의 왕 베어르트릭이 세상을 떠나자 돌아와서 왕위를 계승했다. 그는 일곱 왕국의 일부를 정복해서 잉글랜드라는 나라를 세웠다.

불행히도, 잉글랜드는 통일을 이룬 지 얼마 지나지 않아 새로운 적의 출현으로 길고 긴 고통의 세월을 보내게 되었다. 그 적은 바로 잉글랜드인들이 데인인이라고 부른 덴마크와 노르웨이 출신의 바이킹 해적이었다.

이후 수백 년 동안 잉글랜드는 내부 안정이라는 목표도 제대로 달성하지 못한 채 외적의 침입을 막는 데 온 힘을 쏟아 부어야 했다. 잉글랜드인은 해적의 무자비한 침략과 노략질에 맞서 힘겨운 싸움을 이어 나갔다.

집정관과 로마인의 우호적 관계
클로비스의 귀의와 프랑크왕국의 발전

로마제국을 침략한 게르만의 여러 민족 가운데 프랑크족은 소규모에 문명화가 덜 된 집단이었다. 그러나 작은 고추가 맵다는 말이 있듯이, 프랑크족은 규모가 큰 종족들을 제치고 가장 큰 성과를 거두었다. 시기를 잘 탄 덕분도 있을 것이다. 어쨌든 게르만과 로마 문명의 융합이라는 사명은 결국 프랑크족에게 돌아갔고, 이로써 클로비스와 그의 메로빙거 왕조가 역사책의 한 줄을 장식하게 되었다.

프랑크족

라틴 민족 사이에서는 '게르만의 제국 침입'으로, 게르만족 사이에서는 '민족대이동'으로 불리며 당시 서양 세계의 판도에 엄청난 영향을 미친 이 사건은 5세기에 이르러 거의 종착점에 다다랐다.

사실 로마인에게 게르만족은 낯선 존재가 아니었다. 콧대 높은 로마 사령관과 그의 군대, 그리고 산속에서 자그마한 땅을 부쳐 생계를 꾸리며 오로지 전쟁밖에 모르는 이 민족의 인연은 이미 로마 공화정 시대부터 시작되었기 때문이다. 물론 이 거칠고 사나운 적들을 상대로 로마 사령관이 항상 승리를 거두기는 했지만, 게르만족은 로마인에게 충분히 골치 아픈 존재였다.

▼ 497년에 클로비스가 부하 3,000명을 이끌고 기독교로 개종하는 장면을 묘사한 판화

1세기부터 4세기에 이르기까지 오르막길과 내리막길을 모두 경험한 로마제국에 게르만족이 물밀듯 밀려오기 시작한 것은 5세기에서 6세기였다. 게르만족의 침입은 안 그래도 무겁던 로마제국의 수비 부담을 가중시켰다. 그러나 누군가의 꼬드김에 넘어가 황위 찬탈을 시도한 로마 병사나 로마 장군에 비해 게르만족의 위협이 훨씬 미미했는지, 로마제국은 게르만족이 그들의 풍속과 신앙, 생활방식 등을 그대로 유지하며 제국의 영토 내에서 거주하는 것을 허락했다. 단, 로마군으로 복무해야 한다

▲ 독특한 디자인과 정교함이 돋보이는 프랑크왕국 시대의 은 브로치

는 조건이 있었다.

이렇게 해서 게르만의 각 부족, 즉 고트족, 반달족, 부르군트족, 그리고 프랑크족이 로마제국이라는 무대에 발을 들여놓았다.

스칸디나비아의 옛말에서 '프랑크'는 '용감하다'는 뜻이 있는데, 실제로 프랑크족은 제국으로 이동해 온 게르만족의 한 파라는 것을 증명하듯이 용감하고 호전적인 성향을 보였다. 그런데 프랑크족은 부족 전체가 고향 땅을 등지고 정복 지역으로 이동한 고트족이나 반달족과 달리 라인 강변의 기존 영토를 지키며 조금씩 로마의 영토를 그들의 땅으로 편입시켜 나갔다. 그렇다. 그들은 침략자보다 훨씬 무서운 정복자였다.

로마제국으로 이동해 온 프랑크족은 두 무리였다. 한 무리는 라인 강 중류에 거주하던 '리부아리족'이었고, 다른 한 무리는 라인 강 하류에 거주하던 '살리족'이었다.

살리족은 358년에 로마제국 황제 율리아누스가 내건 병역 복무 조건을 받아들여 뫼즈 강 주변의 땅에 정착할 수 있었다. 그 후 445년 무렵에 살리족의 왕 클로디오가 캉브레와 아라스를 포함해 솜 강에 이르는 땅을 정복하며 서남쪽으로 영토를 확장했다.

클로디오 국왕이 세상을 떠나자 그의 작은아들 메로비스가 왕위를 찬탈하기 위해 철저히 로마인의 추종자가 되었다. 이에 클로디오의 장자는 훈족과 동맹을 맺어 451년에 동생과 한 판 승부를 벌였다. 그 결과 훈족의 후퇴로 승부가 일단락되면서 프랑크왕국의 왕위는 메로비스에게 돌아갔다. 메로비스는 왕위를 계승한 한편, 훈족을 물리치는 데 큰 도움이 된 로마 영웅 아이티우스와 동맹을 맺었다.

그 후 프랑크족은 496년에 로마인과 힘을 합쳐서 루아르 강을 건너려던 서고트족에 맞섰다. 그러자 아이티우스의 아들 시아그리우스는 프랑크족이 고트족을 상대하던 틈을 타고 갈리아 북부에 로마인의 왕국으로 불린 독립 왕국 수아송을 건설했다.

신성한 프랑크족의 왕

프랑크의 통치자는 '메로빙거 가문' 출신이었다. 하지만 다른 오래된 게르만 왕실이 그러하듯 메로빙거 가문의 뿌리는 이미 신화의 일부분이 되어 정확성을 파악하기가 어려운 상태이다. 사실 '메로비스'는 프랑크족의 전설에 등장하는 반신반인半神半人의 이름이다. 전설에 따르면 클로디오 국왕의 아내, 즉 메로비스의 어머니는 그를 임신했을 당시 바다 요괴의 유혹에 넘어간 적이 있다고 한다. 그래서 메로비스는 왕과 요괴의 피를 모두 받았고, 이런 특이한 출생의 비밀 때문에 메로빙거 가문의 사람들은 모두 초인적인 신통력이 있었다고 전해진다.

전설에서 묘사하는 메로빙거 가문 사람은 각종 기이한 마술에 정통했다. 그들은 왕권을 상징하는 마법 목걸이를 목에 걸고 다녔고, 신통력을 발휘하여 사나운 야수는 물론 숲의 모든 생물과 이야기를 나눌 수 있었다. 또 천 리 밖을 내다보고, 다른 사람의 속마음을 꿰뚫어 볼 수도 있었다. 이뿐만이 아니었다. 그들이 상처 부위에 손을 가져다 대면 거짓말처럼 상처가 치유되었고, 심지어 망토 자락을 휘둘러도 병이 나았다. 그래서 신하와 백성은 메로빙거 왕조의 왕을 '마법사 왕' 또는 '점성가 왕'이라고 불렀다.

▼ 보석이 가득 박힌 금 십자가

이 밖에 그들에게는 두드러지는 점이 또 하나 있었는데, 바로 긴 머리였다. 메로빙거 가문의 사람들은 하나같이 머리를 길게 드리웠고, 프랑크족 사람들은 그들의 긴 머리카락에서 신비한 힘이 나와 메로빙거 가문 사람들이 왕권이라는 최고의 권위를 거머쥘 수 있었다고 믿었다.

481년에 프랑크 왕 힐데리히 1세가 세상을 떠나고 클로비스가 그 뒤를 이었다. 클로비스는 왕위에 오르자마자 왕국의 분열이라는 큰 문제에 부딪혔다. 부르군트족이 갈리아 동부에 나라를 세웠고, 고트족이 갈리아 남부와 서남부를 손에 넣고 이탈리아 동고트왕국의 지지를 얻어내며 프랑크왕국을 위협했기 때문이다.

게다가 동부에 자리 잡은 튀링겐족은 과거에 훈족과 동맹을 맺고 갈리아를 침략해서 프랑크족의 국토를 짓밟고 난

폭한 행동을 서슴지 않았던 일이 있어 프랑크족에게는 철천지원수나 다름없었다. 이렇게 사방이 강적으로 둘러싸여서 클로비스는 어느 한 곳에 집중해서 전투를 치를 수가 없었다.

하지만 클로비스에게는 적들에게 없는 장점이 많았다. 먼저 그는 갈리아 북부에 있는 로마제국의 드넓은 황실 장원을 점령해 재정적으로 여유가 있었다. 또 과거에 로마인이 군사적 필요로 라인 강변에 건설한 도로 일부를 보존하고 있어 행군에서든 군수물자 관리에서든 훨씬 유리한 위치에 설 수 있었다. 고트족이나 반달족과 비교해 인원이 적은 것도 장점이었다. 인원이 적다 보니 폐허가 된 땅에서도 충분히 정착할 수 있어서 원주민과 격렬한 충돌을 피할 수 있었던 것이다. 로마제국으로 이주한 여러 민족 중에 프랑크족이 원주민에 대해서 가장 온화한 정책을 폈다고 평가받는 것도 바로 이러한 이유에서이다.

프랑크족은 왕의 명령에 따라 왕실 직속 관할 영지와 점령지에서 무리 지어 생활했다. 그들은 언제든지 왕의 소집 명령에 응해 전쟁에 나갈 의무가 있었고, 왕은 최고 군사 사령관으로서 그들을 효율적으로 관리하기 위해 모든 지역에 군관을 한 명씩 임명했다. 군관은 로마식으로 '백작'이라는 직함을 받아 전쟁 시에는 군대를 소집하고, 평소에는 사건 심판 및 질서 유지를 담당했다. 백작들은 각기 호위병을 두어 신변을 보호했고, 전쟁이 일어나면 해당 관할 구역의 군사들을 이끌고 왕의 군대에 합류해서 전투를 치렀다.

토템을 숭배하던 프랑크족은 일찍이 기독교를 받아들인 고트족에 비해 문명 수준이 낮은 편이었다. 그러나 열혈 정통파인 로마-갈리아인의 눈에는 이단인 아리우스파[5]를 신봉하는 고트족보다 이교도이기는 해도 토테미즘을 믿는 프랑크족이 그나마 나은 존재였다.

그래서 프랑크족은 종교적 미개함과 원주민에 대한 온화 정책으로 로마인에게서 더 관대한 대우를 받았고, 심지어는 도움도 얻었다. 반면에 프랑크족의 적수인 고트족은 로마 시민의 증오를 한몸에 받았다.

왕위를 이은 후 클로비스가 가장 먼저 창을 겨눈 곳은 국력이 약하고 지리적으로도 고립된 수아송왕국이었다. 486년에 수아송으로 진군한 클로비스는 결전을 벌일 장소를 지정하고 시아그리우스에게

---

5) 기독교 정통파를 제외한 분파

도전장을 내밀었다. 이에 시아그리우스는 조금도 망설임 없이 바로
군대를 이끌고 나섰으나, 프랑크족에게 무참히 무너지고 말았다. 겨
우 전쟁터를 빠져나온 그는 서고트왕국의 알라리크 2세에게 보호를
요청했다. 그러나 당시 알라리크 2세는 이미 전쟁을 일으키겠다는
클로비스의 협박을 받고 있었기에 결국 두려움을 이기지 못하고 클
로비스에게 시아그리우스를 팔아넘겼다. 얼마 지나지 않아 시아그
리우스는 클로비스의 손에 숨을 거두었고 수아송은 클로비스의 차
지가 되었다.

　그 후 클로비스는 다른 프랑크 부족으로 눈을 돌려 게르만족의

▼ 전쟁터의 클로비스
486년에 클로비스 1세는 북부
갈리아를 통치하던 로마제국의
마지막 통치자 시아그리우스를
물리쳤다. 이 승리로 프랑크족
은 루아르 강 북쪽 지역까지 통
치권을 확대했다.

▲ **프랑스 카르카손 성채**
원래는 프랑크족 영지에 자리
잡고 있던 성이었으나, 460년에
서고트족에게 점령당했다가 훗
날 다시 프랑크왕국의 손아귀로
돌아왔다.

잔인함과 난폭함을 여실히 보여주었다. 그가 꾸민 암살 계획과 각
종 음모로 당시에는 잔인한 사건이 끊이지 않았다고 한다. 이 모든
것은 프랑크의 여러 부족을 통일해서 절대 왕권을 거머쥐기 위함이
었다.

프랑크족의 통일에 대한 클로비스의 최종 목표는 아주 명확했다.
다른 게르만 민족 국가의 왕들처럼 남쪽으로 내려가서 로마 문화가
발달한 지중해 연안 지역을 손에 넣고, 더불어 그 지역에 남아 있는
로마의 도시 문명과 안정적인 세금 수입, 비옥한 황실 토지와 원로
들의 농장을 차지하는 것이었다. 다만, 그 지역은 당시 서고트족이
통치하고 있었으므로 반드시 서고트족을 물리쳐야 했고 이에 성공
하려면 먼저 상대의 동맹을 무너뜨리는 것이 관건이었다.

이에 프랑크족이 생각해낸 방법은 바로 정략결혼이었다. 493년에
프랑크족은 두 번의 정략결혼식을 치렀다. 한 번은 클로비스의 누이

아우도프레다와 동고트족 테오도리쿠스 대제의 결혼식이었고, 또한 번은 클로비스 자신과 부르군트왕국의 공주 클로틸드의 결혼식이었다. 클로비스가 이 두 번의 결혼식을 통해 동고트족과 동맹 관계를 맺고 부르군트족까지 자신의 편으로 끌어들이면서 그의 적은 확실하게 분열했다.

이렇게 자신에게 유리한 상황을 만들어 놓은 클로비스는 뒤탈이 없도록 먼저 대비했다. 497년에 게르만족의 또 다른 분파인 알라마니족을 상대로 전쟁을 일으킨 것이다. 이 전쟁에서 프랑크족은 알라마니족에게 밀려 한때 붕괴 직전까지 내몰렸다. 상황이 악화하자 클로비스는 이 전쟁에서 이기게만 해준다면 기독교로 귀의하겠다고 하늘에 맹세했다고 한다. 투르 주교 게오르기우스가 남긴 역사 기록을 보면 "클로비스가 맹세한 그 순간, 그의 눈에는 일제히 몸을 돌려 달아나는 알라마니족의 모습이 들어왔다. 왕이 전사하는 장면을 목격한 알라마니족은 '더 이상의 사상자가 나오지 않게 해주십시오. 이제 우리는 당신의 신하입니다.'라고 외치며 클로비스에게 항복했다."라고 한다.

전투가 끝난 후, 클로비스는 전쟁에서 살아남은 부하 3,000명과 함께 기독교로 귀의했다.

로마인의 친구, 그리고 국왕 겸 집정관

프랑크왕국의 왕 클로비스는 498년 크리스마스에 랭스의 주교 레미기우스에게 세례를 받고 정식으로 기독교도가 되었다. 로마제국으로 이동해온 게르만족과 로마-라틴족 사이의 마지막 장벽이 무너지는 순간이었다. 게르만의 여러 부족 가운데 가장 강력한 프랑크족이 로마-라틴족에 가장 큰 영향력을 행사하는 정통 기독교파로 귀의하면서 게르만-로마제국의 역사가 시작되었다.

기독교로 개종한 후 클로비스는 정통 신앙을 수호하는 모습을 보였다. 그는 이단인 아리우스파에 반대하는 구호를 외치며 남쪽으로 진군했다. 부르군트족도 그와 뜻을 같이했으며, 비잔틴제국의 아나타시우스 황제까지 가세해서 고트족에 맞섰다. 507년에 클로비스는 서고트왕국을 공격했고, 당시 정통 신앙을 신봉하던 서고트왕국 내의 로마-갈리아인은 클로비스의 정복 전쟁을 해방 전쟁이라고 여겼다.

금 붓꽃 문장

프랑스 왕실을 상징하는 문장인 금 붓꽃 세 송이에 대한 전설은 클로비스 시대부터 전해내려 온다. 클로비스가 군사를 이끌고 출정했을 때였다. 한 천사가 방패 하나를 들고 나타나 독실한 정통파 신자였던 왕후 클로틸드에게 건네면서 이 방패를 지니면 백전백승할 수 있다고 말했다. 바로 그 방패에 새겨진 문장이 바로 금 붓꽃 세 송이었다고 전해진다.

클로비스는 이 방패를 들고 전쟁에 나섰고 정말로 승리를 거머쥐었다. 그래서 이때부터 금 붓꽃 세 송이를 프랑크를 보호하는 하나님의 상징물로 삼아 항상 몸에 지녔다고 한다.

그런데 이 금 붓꽃 세 송이가 정말로 붓꽃인가에 대해서는 논란이 있다. 항간에는 붓꽃이 아니라 스파이크일 것이라는 설도 있다. 하지만 사실이야 어떻든지 간에 금 붓꽃이 중세에 가장 인기 많은 문양이었던 것은 분명하다. 기사의 무공도 갑옷도 모두 과거가 된 오늘날, 금 붓꽃 문양만큼은 여전히 나부끼는 퀘벡의 깃발에서 빛나고 있다.

▲ 프랑크 왕조 시대의 상아 조
각품

한편, 고트족은 클로비스의 공격을 눈앞에 두고 엄청난 혼란에 빠졌다. 클로비스와의 결전을 준비하던 알라리크 2세도 일단 프랑크족의 날카로운 공격을 피하고 보자는 부하의 조언대로 퇴각하기로 했다. 그러나 고트족 군대의 철수로 쉽게 강을 건넌 클로비스는 끝까지 그들의 뒤를 쫓았다. 당시 클로비스는 이스라엘인들이 사막에서 불기둥을 쫓아 길을 찾아갔듯이 유성을 길잡이 삼아 한밤중에도 쉬지 않고 진군했다고 한다. 프랑크족 군대는 결국 푸아티에 근처의 부예에서 고트족의 군대를 따라잡았다. 곧바로 프랑크족의 맹렬한 공격이 이어졌고, 고트족은 불리한 상황에서 허둥지둥 공격을 받아냈다. 하지만 고트족은 이 싸움에서 용기를 보여 주기도 했다.

알라리크 2세가 전선으로 돌진해서 클로비스와 일대일로 결투한 것이다. 고트족과 프랑크족 군대는 날카롭게 대립하며 밤을 새워 악전고투했다. 치열한 싸움 끝에 클로비스가 알라리크 2세의 숨통을 끊었고, 그 순간 그는 왕의 복수를 하겠다고 달려든 고트족 전사들에게 포위당했다. 클로비스는 단단한 흉갑과 발 빠른 전투마 덕분에 겨우겨우 고트족 전사들의 공격에서 벗어날 수 있었지만, 이 전투로 시체가 산을 이루고 온 땅이 피바다가 되었을 만큼 많은 사람이 목숨을 잃었다. 기강이나 전술이랄 것도 없이 오로지 잔인한 본성과 타고난 전투력으로 승부가 결정된 이 싸움은 결국 고트족의 패배로 돌아갔고, 그들은 왕국마저 잃었다.

전쟁터에서 도망친 알라리크 2세의 아들은 툴루즈로 돌아갈 엄두를 내지 못하고 그 길로 곧장 스페인으로 향해서 그곳에서 서고트왕국의 통치권을 회복시켰다. 한편, 정통 기독교를 신봉하던 갈리아 서남부 사람들은 프랑크족 출신의 정복자를 열렬히 환영했고, 알라리크의 왕성과 금고까지 모두 클로비스의 차지가 되었다.

그의 기세는 동고트 군대가 도착한 뒤 한풀 꺾였다. 동고트 왕 테오도리쿠스의 간섭으로 서고트왕국은 더 큰 화를 피해 피레네 산맥 북쪽의 좁고 길쭉한 땅에서 주권을 보전할 수 있었다. 그러나 피레네 산맥에서 루아르 강에 이르는 아키텐 지역은 프랑크왕국에 편입되었다.

투르에서 승리를 거둔 클로비스는 508년에 비잔틴 황제 아나타시우스 1세가 보낸 사절단으로부터 '명예 집정관'으로 임명되었다. 이때, 임명장과 함께 그에게 왕의 의복과 로마식의 자주색 망토가 수여되었다.

클로비스는 이 하사품을 로마-갈리아 시민들에게 내보이며 자신이 로마를 통치하는 '정통성'을 증명했다. 로마제국과 기독교에 대한 클로비스의 열정이 얼마나 깊었는지에 상관없이 그의 시민들이 그에게 '콘술 아우구스툴루스'[6]라고 환호를 보내기에는 충분했다. 로마 교회가 한 술 더 떠서 그를 '새로운 유스티니아누스'로, 그리고 그의 국가를 '제국'으로 여겼던 것처럼 말이다. 말년에 클로비스는 파리로 수도를 옮겨서 그곳에 성 베드로 대성당을 세우고, 살리족의 관습법인《살리카 법전》을 편찬했다. 최초의 정통 기독교 군주로서 511년에 마흔다섯의 나이로 세상을 떠나 자신이 세운 성당에 안장되기까지, 국왕 겸 집정관 클로비스와 그의 메로빙거 왕조는 중세의 서유럽에 많은 영향을 미쳤다. 메로빙거 왕조는 교회의 축복을 받은 최초의 왕조로서 후대의 왕들에게 본보기가 되기도 했는데, 특히 그들이 사용한 수정구와 마법 목걸이를 흉내 낸 이가 많았다. 또 그들의 특징인 긴 머리는 오늘날까지 영국 법관의 가발로 남았다.

---

6) 집정관 겸 국왕

그레고리오 교황국의 발전

그레고리오는 위태로운 시대를 살다 간 인물이다. 당시는 야심에 찬 영웅 호걸들이 피바람을 일으켜 정치적으로 불안했던 데다 자연재해까지 빈번하게 발생해서 사람들이 겪는 고통은 이루 말할 수가 없었다. 그래서 사람들은 더욱 정신적인 구원을 갈망했다. 그레고리오와 그의 교회는 이러한 시기에 사람들의 바람에 부응하며 영원한 '하나님의 도시'를 구축했다.

청운의 꿈

그레고리오(Gregorius)는 같은 이름의 수많은 로마 교황 중에 가장 처음 이 이름을 사용한 인물로, 로마의 한 귀족 가문에서 태어났다. 천주교의 영향을 많이 받은 그의 가문은 교회에서도 막강한 권세를 누렸고, 이렇게 화려한 출신 배경은 젊은 나이의 그레고리오를 로마 시장의 자리에 올려주었다. 하지만 그는 얼마 지나지 않아 세상이 말하는 명예에 염증을 느끼기 시작했다. 종교적으로 무언가를 더 많이 이루고 싶었던 그레고리오는 로마 시장에서 물러나 베네딕트파 수도사가 되었다. 그리고 가난한 사람을 구제하고 수도원을 짓는 데 써달라며 재산과 자택을 기부한 후, 그는 교리 공부와 고행에 전념했다.

그 후 579년에 콘스탄티노플 주재 로마 주교의 전권대사로 임명되자 그는 이를 계기로 동로마제국으로 건너가 외교 사절로서 6년을 일했다. 당시 그레고리오는 막중한 사명을 짊어졌다. 그 사명이란 바로 당시 동로마제국의 황제 티베리우스 2세를 설득해서 랑고바르드족 내부에 분열이 일어난 틈을 타 그가 이탈리아 내륙을 정복하게 하고, 더 나아가 로마와 동로마제국 총독의 관할 지역인 라벤나의 관계를 회복시키는 것이었다.

하지만 사산 왕조 페르시아를 상대하는 데 온 정신을 집중하던 동로마제국에는 동시에 서부 지역에서 대규모 전쟁을 일으킬 여력이 없었다. 그래서 그레고리오는 사명을 완수하지 못한 채 이탈리아로 돌아갔다. 585년에 이탈리아로 돌아온 그레고리오는 계속해서 수도원에 머물며 하나님의 약속을 이행해나갔다. 그러다 590년에 로마 교황 펠라지오 2세가 세상을 떠나자 그레고리오는 수도사와 원로원의 원로들, 그리고 시민들의 환호 속에 새 로마 교황으로 추대되었다. 그러자 그는 당시의 동로마 황제 마우리키우스에게 편지를 보내 임명 건을 부결해달라고 부탁했는데, 이러한 행동은 사람들에게서 더 많은 지지를 이끌어내는 결과를 가져왔다. 전해지는 말에 따르면, 황제의 명이 로마에 도달했을 때 그레고리오는 친구에게 자신을 광주리에 넣어서 로마 성 밖으로 내보내달라고 부탁해 한동안 산속에서 숨어 지냈다고 한다. 하지만 하늘의 계시로 로마인은 결국 그를 찾아내서 성 베드로의 보좌에 앉혔다.

하나님의 도시

그레고리오는 혼란한 시대를 살았다. 이탈리아는 랑고바르드족의 약탈에 시달렸고, 스페인과 아프리카는 무정부 상태였으며, 프랑크에서는 남북 간에 전쟁이 한창이었다. 교황으로 재직한 13년 6개월하고도 열흘의 시간 동안 그는 하루도 쉴 틈 없이 골치 아픈 정무들을 처리하느라 동분서주했다. 친구에게 보내는 편지에서 묵상할 시간도 없다고 한탄했을 정도로 그는 바쁜 나날을 보냈다.

그레고리오는 외교 사절로 콘스탄티노플에 갔던 경험을 통해 더는 동로마제국에 기대서 로마를 보호하고 랑고바르드족에 저항할 수 없다는 사실을 분명히 깨달았다. 다른 누군가에게 기대서

▼ 성 베드로 대성당

가 아니라 로마와 교회가 스스로 자신을 지켜야 한다는 사실을 깨달은 것이다. 그래서 그레고리오는 과감하게 로마의 행정 기구와 교회 조직을 병합해서 로마 교황을 로마의 실질적인 통치자 위치에 올려 놓았다. 그 후 그레고리오는 경찰을 장악하고, 법정과 감옥을 통제하는 한편, 화폐 주조를 책임져 시장을 관리하고, 성벽과 수로를 건설했으며, 학교와 병원을 지어 사회 구제에 나서기도 했다. 심지어 직접 무장 세력을 이끌고 전쟁을 지휘하기도 했다.

외교 활동과 담판을 총동원해서 그는 599년에 랑고바르드족과 강화 조약을 맺는 데 성공했다. 이는 로마 교회가 처음으로 동로마제국 황제의 참여 없이 단독으로 달성한 강화 조약이기도 했다.

이후 그레고리오는 점차 로마의 영향력을 서부 지역 전체로 확대해나갔다. 그 결과 고트족과 서고트족, 프랑크족, 아일랜드족이 모두 천주교로 개종하는 쾌거를 이룩했다. 하지만 무엇보다도 가장 큰 성공은 베네딕트파 수도사 성 아우구스티누스와 수도사 40명을 브리타니아로 보내서 켄트왕국의 왕 에설버트가 세례를 받고 기독교로 귀의하게 한 것이다.

그레고리오는 기회가 생길 때마다 이를 잘 이용해서 로마의 정치적 지위를 높였다. 동로마제국에서 포카스가 정변을 일으켜 새로운 황제가 되었을 때도 그레고리오는 잊지 않고 그에게 축하 메시지를 보냈다. 그 보답으로 포카스는 기독교 교회에서 로마 교황이 최고의 권력을 행사한다는 점을 인정하고, 그레고리오를 '로마의 목자'로 존중해주었다. 이는 로마와 콘스탄티노플의 두 목자가 기독교의 최고 지위를 두고 싸우던 상황에서 로마 교황이 이긴 것이나 마찬가지였다.

이 밖에도 그레고리오는 《교황청 법규》를 집필해 각 교구의 주교들이 체계적으로 일을 처리하도록 도왔으며, 각지의 주교와 교회에 대한 관리 감독을 강화하기도 했다. 한 예로 사르데냐의 한 주교는 신도들의 토지를 강제로 꿰차고 장례 주관 비용을 받는 등의 행동으로 그레고리오 1세에게 여러 차례 호된 질책을 받았다. 로마는 이러한 그레고리오의 지도 아래 '하나님의 도시'가 되어 제국의 서쪽 영토 구석구석에까지 그 영향력을 퍼뜨렸다.

성 베네딕트 유럽 수도원 제도의 발전

유스티니아누스 황제가 역사에 길이 남을 《유스티니아누스 법전》을 널리 전파하고 제국을 재건하는 파란만장한 길을 걷고 있을 때, 저 멀리 이탈리 아에서 자신의 길에 발을 들여놓은 사람이 있었다. 그는 황제도 아니고, 혁 혁한 무공을 세우려 하지도 않았다. 다만, 고난의 도시에서 망자를 위로하 고 산자를 어루만졌다. 그는 바로 베네딕트다. 유스티니아누스의 제국이 자 취를 감춘 후에도 그의 이름은 사람들의 마음속 깊이 새겨져 "영혼은 검보 다 강하고, 사랑은 살인보다 오래도록 기억에 남는다."라는 말을 증명했다.

기독교 수도 생활의 발전

속세에서 벗어나 모든 근심과 걱정, 그리고 고통을 덜어버리는 것, 자연으로 돌아가 고요함 속에서 안정을 찾고 초조한 영혼을 위로하 는 것, 이것은 모든 종교가 공통으로 추구하는 바이다. 그러나 초기 에만 해도 기독교도들은 전혀 이러한 것을 추구하지 않았다. 2세기 에 기독교 신학자 테르툴리아누스는 기독교도들에게 심오한 명상에 빠져들지 말라는 주의를 주기도 했다. '기독교도는 속세의 삶을 버 린 브라만도, 인간이 인위적으로 정한 사회의 관습이나 전통, 도덕, 법률, 제도들을 부정하는 시니시즘도, 숲 속의 은사도 아니기 때문' 이라는 것이었다.

그러나 동서양 간에 긴밀하게 이루어진 무역 거래가 문화 교류의 물꼬를 틀고, 3세기에 로마제국이 혼란의 소용돌이에 휘말리면서 수도 생활의 발전을 부추기는 결과를 낳았다. 불안하기만 한 사회 분위기에 초조함을 느끼던 사람들이 갈수록 일상생활에서 벗어나 영혼의 평안과 사후의 안녕을 바라기 시작했기 때문이다.

3세기에 '로마의 초대 주교' 시몬(베드로)과 '수도승' 성 안토니우 스가 그들의 추종자를 이끌고 사막과 황야를 벗어난 사건이 기독교 수도 생활의 발전을 알리는 자그마한 싹이었다면, 이 싹은 한 세기 도 안 되어 잎과 가지가 무성한 나무로 성장했다. 그리고 6세기에 이르러 이집트에서는 수도사의 수가 이미 도시의 인구를 따라잡을 만큼 수도 생활이 크게 발전했다.

기독교의 수도 생활은 불교와 브라만의 영향을 많이 받았지만, 나름의 방식으로 독특하게 발전해나갔다.

4세기 인물인 성 바실리우스는 기독교에서 '수도 생활의 아버지'라고 불린 인물이다. 그는 약 330년경에 태어나 어려서부터 신학 연구에 뛰어들었고, 결국에는 모든 재산을 버리고 수도사가 되었다. 370년 즈음 바실리우스는 카이사레아의 총 주교가 되어 수도원 관리의 기본 규칙을 정했다. 그가 정한 규칙에는 공동 거주, 공동 노동, 공동 식사, 그리고 하루 일곱 번의 공동 기도가 포함되었다.

바실리우스가 제정한 이 규칙은 '바실리우스의 규칙'이라고 불리며 수도원 제도의 첫 규정으로서 동방 교회에서 널리 준수되었다.

성 베네딕트

성 베네딕트는 480년에 태어났다고 전해진다. 그의 출생연도를 증명할 만한 근거는 없지만, 그가 5세기 말에서 6세기 초 즈음에 이탈리아에서 생활했다는 것은 대체로 믿을 만하다.

▼ 파리 노트르담 대성당
파리 노트르담 대성당은 프랑스 파리의 중심인 시테 섬에 위치한 건축물이자 천주교 파리 총 교구의 주성당이기도 하다. 1163년에 공사를 시작해서 180여 년을 거쳐 1345년에 완성되었다. 많은 소설과 영화, 뮤지컬의 단골 소재로 등장하기도 한다.

▲ 〈최후의 만찬〉, 이탈리아 레오나르도 다 빈치

폭풍전야의 시대에 있었던 일이다. 476년에 게르만 용병 부대의 우두머리가 서로마제국의 마지막 황제를 폐위하고 황제 권력의 상징물을 콘스탄티노플로 보냈다. 한편, 콘스탄티노플은 그들에게 귀순한 제노 황제를 받아들였는데 제노 역시 바바리안 출신이었다. 그후 고트족의 우두머리 테오도리쿠스는 제노 황제의 도움을 받아 이탈리아로 진군해서 그곳에 고트족의 왕조를 세우고 로마 귀족들과 함께 나라를 통치했다. 하지만 고트족은 로마 시민이 이단으로 여기는 아리우스파를 신봉했기 때문에 정통파인 로마 시민과 고트족의 사이는 돌이킬 수 없을 만큼 멀어졌고, 이는 유스티니아누스 황제의 정복 전쟁과 게르만족이 세운 왕국의 멸망에 화근이 되었다.

베네딕트는 이렇게 혼란한 시대에 움브리아의 소귀족 가문에서 태어났다. 그는 청년 시절 로마에서 유학하기도 했는데, 테오도리쿠스의 통치 아래 조금씩 다시 발전해가던 로마는 이 젊은이를 만족시켜주지 못했다. 오히려 계속되는 전쟁에 뒤따르는 어려움과 국가와 국민 사이의 대립으로 그는 불안감을 느꼈다.

베네딕트는 곧 학업을 포기하고 수비아코의 산속 동굴로 들어가서 은거하기 시작했다. 사람들이 다시 그를 발견했을 때, 그의 학식과 신념은 탄복할 만한 경지에 이르러 있었다고 한다. 산에서 우연히 베네딕트를 만나 그와 이야기를 나눈 한 신부가 수도와 종교에

수호 성인

다신교를 신봉하던 시절, 사람들은 어떠한 방식을 통해 여러 신 중 한 신과 특별한 관계를 맺을 수 있다고 믿었다. 그리고 이렇게 관계를 맺은 신령이 자신을 특별히 보살펴주고 자신의 기도를 현실로 이루어준다고 생각했는데, 이러한 믿음에서 탄생한 것이 바로 수호신이다.

기독교가 로마제국의 국교가 된 후, 유일신에 대한 믿음을 지키던 기독교 역시 사람들의 이러한 믿음에 어쩔 수 없이 적당히 타협하고 말았다. 다만, 수호신을 신령에서 성인으로 살짝 바꾸었을 뿐이다. 기독교도들은 개인이나 조직, 도시나 국가 할 것 없이 특정한 방식을 통해 고대인과 수호신의 관계와 비슷한 인연을 성인과 맺을 수 있다고 믿었다. 한편, 성인은 그가 수호하는 사람 또는 조직을 대신해서 기도해준다고 여겨졌는데 이러한 성인이 바로 이른바 '수호 성인'이다.

예를 들어 성 토마스 아퀴나스는 전체 천주교 교육 기관의 수호 성인으로, 성 요한은 피렌체의 수호 성인으로, 그리고 성 조지는 영국의 수호 성인으로 봉해졌다.

대한 그의 견해에 깊이 감명했다는 이야기도 전해진다. 그로부터 베네딕트의 명성은 널리 퍼져 나갔고, 각지에서 많은 추종자가 모여들었다.

훗날 근처의 한 수도원 원장이 세상을 떠나자 수도사들은 베네딕트를 그들의 지도자로 모셨다. 베네딕트는 그곳에서 처음으로 수도원 제도를 마련했다. 그는 수도사들에 대한 엄격한 규정을 정하는 데 그치지 않고 몸소 그 규정들을 실천에 옮겼다. 하지만 이미 나태한 생활에 익숙해진 수도사들은 불만이 이만저만이 아니었다. 결국, 불만이 쌓일 대로 쌓인 수도사들은 베테딕트를 죽이려 음모를 꾸몄다. 당시 그들은 베네딕트에게 독주를 가득 따른 술잔을 권했는데, 베네딕트가 술잔을 향해 축복을 내리자 갑자기 술잔이 깨져 수도사들의 음모가 탄로 났다고 한다.

죽음의 위기를 피한 베네딕트는 수도원을 떠나 자신이 지내던 동굴로 돌아갔다. 하지만 진실한 추종자들의 발길은 계속되었다. 그들은 베네딕트의 곁에 모여서 그의 수도 방식을 거울삼아 함께 수도 생활을 했다. 이렇게 해서 베네딕트는 산속에 작은 수도원을 십여 군데 세웠다.

529년에는 과거에 이교를 신봉하던 몬테카시노 산 주민들까지도 베네딕트에게 감화되어 기독교로 개종했다. 그래서 베네딕트는 태양신을 모시던 신전의 옛터로 유명한 자리에 몬테카시노 수도원을 세웠는데, 이곳은 그가 인생의 마지막 시간을 보낸 곳이기도 했다.

몬테카시노에서도 베네딕트는 초심을 잃지 않고 수도원을 위한 상세하고도 엄격한 제도를 확립했다. 이 제도들은 전부 글로 옮겨졌고, 이것이 바로 그 유명한 '베네딕트 규정'이다. 이 규정은 훗날 베네딕트 수도회를 따르는 수도사들의 회칙이 되어 '베네딕트 회칙'이라고도 불렸다.

▼ 잉글랜드 햄프셔에 있는 윈체스터 성당
윈체스터 성당은 유럽에서 가장 큰 성당으로 900년이 넘는 역사를 자랑한다. 《오만과 편견》의 저자인 제인 오스틴의 묘비가 세워져 있는 곳이기도 하다.

유스티니아누스 황제가 로마제국의 재건을 꿈꾸며 정복 전쟁을 일으키면서 이탈리아는 점점 피로 물들어갔다. 계속되는 전쟁으로 사람들이 받는 고통도 날로 커져만 갔다. 그러나 혼란한 속세와 달리 몬테카시노 수도원은 평온하기만 했다. 차분하게 절제된 생활을 해나가는 몬테카시노 수도원은 마치 지상의 낙원 같았다. 그곳의 수도사들은 병든 사람을 치료하고, 부상자를 보살폈으며, 죽은 자는 묻어주었다. 갈 곳 없는 가난한 사람들을 받아들여주기도 했다. 사람들은 그곳에서 또 다른 모습의 하나님을 본 듯하다고 느꼈다. 고고하고 위엄 있는 모습으로 높은 곳에 앉아 있는 하늘나라의 군주가 아니라 그리스도처럼 고통받는 사람들 속에서 그들의 슬픔을 나누고, 그들의 아픔을 동정하고, 그들과 함께 생활하며 조용히 그들의 더 많은 행복을 빌어주는 그런 하나님을 말이다. 베네딕트와 그의 수도원은 이 불안정한 시대에 사람들을 위로하고, 또 그들에게 신앙생활의 길잡이가 되어주었다.

벨리사리우스와 고트족의 왕이 이탈리아에서 일으킨 전쟁이 교착 상태에 빠졌을 때, 베네딕트는 547년에 몬테카시노 산에서 숨을 거두었다. 그 후 수도원은 한때 침략자 랑고바르드족의 공격으로 무너지기도 했지만, 베네딕트를 따르는 사람들에 의해 빠르게 복구되었다.

베네딕트는 세상을 떠났지만, 그가 남긴 규정은 서유럽에서 수도원 제도의 본보기가 되어 유스티니아누스의 《민법대전》이 로마법과 동일시된 것처럼 수도사의 법칙으로 대우를 받았다.

이로부터 300여 년 후 수도원 부흥 운동이 일어났을 때 클뤼니 대수도원의 수도사들은 "성 베네딕트가 제시한 기본으로 돌아가자."라며 목소리를 높이기도 했다. 그리고 한때 베네딕트는 거의 모든 수도사의 총칭처럼 사용되었다.

베네딕트가 세상을 떠나고 몇 세기가 지난 1220년에 그는 성인으로 선포되었다. 이제 베네딕트는 전 세계 사람들에게 자랑스럽게 이야기할 수 있지 않을까 싶다. 자신이 살던 시대부터 지금까지 약 1,000여 년에 이르는 시간 동안 베네딕트 수도회에서 교황 24명과 주교 4,600여 명, 그리고 성인 5,000여 명이 탄생했다고 말이다. 1964년에 교황 바오로 6세는 성 베네딕트의 업적을 기려 그를 '유럽의 수호 성인'으로 선포하고, '서유럽 수도 생활의 시조'라고 칭송했다.

기독교 국가와 아랍제국의 충돌
'철추' 카를 마르텔과 카롤링거 왕조

피핀의 활약으로 카롤링거 가문은 프랑크왕국에서 지위를 굳건히 다졌다. 하지만 피핀은 카롤링거 왕조의 기반을 닦아 놓았을 뿐이다. 카롤링거 가문이 패권을 장악하고 왕조로 거듭나는 데 결정적인 역할을 한 인물은 바로 '철추鐵椎' 카를 마르텔이었다. 그는 단순히 왕조만 세운 것이 아니라 아랍의 군대로부터 기독교 국가의 국경선을 지켜내어 서양 문명을 구원했다.

국왕과 궁재

클로비스가 세상을 떠난 후, 메로빙거 왕조의 프랑크왕국은 한동안 그의 네 아들인 테우데리히와 클로도미르, 힐데베르트, 클로타르에 의해 분할 점령되었다. 524년에 클로도미르가 전사하자, 클로비스의 막내아들 클로타르는 미망인이 된 형수를 가로채고 두 조카를 살해한 후 클로도미르의 영토를 나머지 두 형과 나눠 가졌다. 이후 테우데리히와 그의 아들, 손자가 각각 534년, 548년, 그리고 555년에 세상을 떠나고 자식이 없던 힐데베르트마저 558년에 숨을 거두면서 프랑크족의 영토는 전부 클로타르 1세의 손에 들어 왔다.

클로타르 1세는 형제들에게뿐만 아니라 자녀에게도 무정하고 잔인한 인물이었다. 한 예로, 클로타르는 560년에 아들이 일으킨 반란을 진압하고 주모자인 아들과 며느리, 그리고 손자들을 모두 불태워 죽였다.

▼ 카를 대제가 썼던 순금 왕관

클로타르 1세가 죽고 그의 자식들이 왕국을 분할 통치하던 571년에 하리베르트가 세상을 떠났을 때에도 남은 형제들은 선조가 그러했듯이 하리베르트의 영토를 나눠 가졌다. 하지만 575년에 아우스트라시아의 국왕이 된 지게베르트가 힐페리히의 부인이 보낸 암살자에 의해 세상을 떠났을 때만큼은 상황이 달랐다. 부르군트왕국의 왕이 내정에 간섭하여 지게베르트의 어린 아들 지게베르트 2세에게 아우스트라시아왕국이 돌아간 것이다. 얄궂은 운명의 장난인지, 힐페리히 역시 584년에 암살당했고, 그의 아들 클로타르 2세가 왕위를 물려받았다. 클로타르 2세는 아우스트라시아 국왕 지게베르트 2세의 두 후계자가 613년에 차례로 세상을 떠나자 그들의 국토를 넘겨

받아 다시 전 프랑크왕국의 주인이 되었다.

6세기부터 7세기까지 분할과 통일을 거듭한 끝에 프랑크왕국은 아우스트라시아, 네우스트리아, 부르군트의 세 분국으로 세력이 편성되었다.

한편, 분할과 통합이 반복되면서 왕국을 이끌어 나가는 주체도 왕에서 귀족으로 바뀌었다. 메로빙거 왕조는 잔인한 방법으로 왕조의 경쟁자들을 제거했는데, 이는 기존의 귀족 계층에 엄청난 타격을 입히기도 했다. 왕실은 로마제국의 황실 소유 토지를 빼

▲ 로마의 성 베드로 대성당에서 대관식을 치르는 카를 대제

앗고, 전쟁에서 공을 세우거나 궁정을 위해 일하는 사람들에게 로마의 장원을 수여했다. 이때 프랑크왕국의 왕실에서 로마 장원을 받은 사람 중에는 프랑크족뿐만 아니라 로마인 영주도 적지 않았다. 이렇게 공을 세워 귀족이 된 이들은 프랑크족의 기존 귀족들과 함께 프랑크왕국의 새로운 귀족 계층을 형성했다.

정통 기독교로 귀의한 프랑크왕국의 왕들은 로마식의 국가 개념으로 프랑크왕국을 바꾸려 시도하기도 했다. 왕들의 이러한 노력이 가장 큰 결실로 이어진 것은 네우스트리아였다. 네우스트리아의 귀족 대부분은 로마의 전통적인 국가 개념을 바탕으로 군주에게 복종하며 왕권 강화를 지지했다. 반면에 아우스트라시아의 귀족들은 게르만족 전통의 귀족의 자유를 고수하며 자신들의 특권을 지키고 왕의 통치에 관여할 수 있는 권력을 얻어내는 데 여념이 없었다.

메로빙거 왕조의 통치 아래 왕국의 분할이 거듭되고 분할된 세력 간에 쟁탈전이 빈번하게 발생하면서 귀족의 독립성이 빠르게 강화되었다. 전쟁이 자주 일어나면서 군대를 제공하는 귀족에 대한 왕의 의존도가 갈수록 높아지는 데다 왕의 암살 사건이 자주 발생해서 나이 어린 왕이 집권하는 경우가 부쩍 늘어났기 때문이다. 이는 결국 귀족들이 섭정으로서 독립성을 강화할 기회가 되어 네우스트리아와

등자가 처음 만들어진 것은 기원전 2세기 후반 인도에서였다. 그후 중국으로 전해진 등자는 5세기에 오늘날과 같은 완전한 모양을 갖추었고 7세기 후반에 중국에서 서양으로 전파되었다. 694년 아랍 군대는 이미 이 등자를 사용하고 있었는데, 훗날 이들이 갈리아를 침략하면서 프랑크왕국에도 등자가 전해졌다.

732년에 투르푸아티에 전투에서 전통적인 프랑크 보병 부대를 앞세워 아랍 군대를 물리친 카를 마르텔은 등자를 사용하는 아랍 기병 부대의 위력을 깨닫고 이를 적극적으로 도입하기로 했다. 그 후, 그는 교회의 땅을 몰수해서 군사들에게 나눠 주라고 명령했다. 단, 반드시 이 새로운 방법으로 전투해야 한다는 조건이었다. 무기에서든 전술에서든 당시 카를 마르텔의 기병 부대는 아직 걸음마 단계였지만, 이로부터 기사 제도가 모습을 갖춰가기 시작했다.

아우스트리아라는 양대 귀족 집단을 형성하는 배경이 되었다.

귀족 집단의 알력 다툼은 주로 그들이 선택한 궁재[7]들 사이에서 벌어졌다.

두각을 나타내기 시작한 카롤링거 가문의 궁재들

궁재는 왕을 보필하던 비자유인, 즉 하인이었다. 그러나 왕의 곁에서 일한다는 이유로 그들은 점차 권력을 손에 넣기 시작했다. 원래 궁재는 왕이 임명하는 직위였으나, 왕권이 약해지면서 귀족의 추천으로 선발되었다. 그래서 궁재들은 자신을 추천한 귀족의 지역 성향에 영향을 받았다. 예를 들어 로마의 영향을 많이 받은 네우스트리아의 귀족이 추천한 궁재는 왕권 강화를 지지하며 귀족의 세력 확장에 반기를 들었다. 이와 반대로 아우스트라시아의 귀족이 추천한 궁재는 귀족 편에 서서 왕권 강화를 반대했다.

카롤링거는 바로 왕권 강화에 반대하는 아우스트라시아 귀족의 추천으로 역사의 무대에 등장한 가문이다. 그들이 이른바 벼락출세를 할 수 있었던 것은 피핀 1세가 클로타르 2세의 고문 겸 아우스트라시아의 궁재가 되었기 때문이었다.

614년에 왕은 귀족의 강요에 못 이겨 앞으로 해당 지역의 대지주 중에서만 행정장관을 임명한다는 내용의 법령에 서명했다. 이로써 로마의 색채가 강하던 '백작'의 직무에 큰 변화가 발생했다. 이제 왕의 관료가 아닌 각 관할 구역의 통치자가 되면서 철저히 그들만의 색채를 띠게 된 것이다.

아우스트라시아의 궁재가 된 피핀 1세는 또 다른 실력자인 메츠의 주교 아르눌프 가문과의 정략결혼으로 세력 굳히기에 들어갔다. 624년에 피핀 1세와 아르눌프는 아우스트라시아의 다른 고위 관리들과 연합하여 클로타르 2세가 '부副왕'으로 임명한 다고베르트를 지지하고, 대귀족 가문의 실세인 인물들을 처형해 아우스트라시아에서 입지를 더욱 공고히 했다.

629년에 클로타르 2세가 세상을 떠나고 '부왕' 다고베르트 1세가 즉위하면서 한창 상승 가도를 달리던 피핀 1세와 카롤링거 가문에 급제동이 걸렸다. 한때 귀족들과 힘을 모았던 다고베르트였지만, 막상 왕위에 오르자 귀족들의 손아귀에서 벗어나고자 했던 것이다. 다

---

7) 메로빙거 왕조에서 최고 궁정직

고베르트는 파리로 수도를 옮겨 아우스트라시아 귀족의 영향에서 벗어나는 한편 네우스트리아 궁재의 도움으로 국고를 불리고 왕권을 강화했다. 다고베르트가 재임하는 동안 피핀 1세는 궁재 직위에서 해임되어 왕에게 아무런 영향력도 행사하지 못했다.

아우스트라시아의 귀족들은 자연히 다고베르트의 통치에 불만을 느끼게 되었고, 이는 곧 반란으로 이어졌다. 왕이 슬라브족과 전쟁을 치르던 때, 아우스트라시아 귀족들은 공개적으로 왕에 반기를 들며 군사를 일으켜 631년에 왕의 군대가 아우스트라시아 귀족들이 이끄는 반란군에게 무릎을 꿇었다. 슬라브족의 침략이 눈앞에 닥친 위기 상황에서 왕이 내릴 수 있는 결정은 귀족과 타협하는 것뿐이었다. 다고베르트는 결국 왕자 지게베르트 3세를 아우스트라시아의 왕으로 임명하고 메스로 수도를 옮겼다. 이와 함께 피핀은 다시 궁재가 되어 실권을 장악했다.

그 후 639년, 다고베르트 국왕의 죽음으로 프랑크왕국은 혼란에 빠졌다. 양대 귀족 집단 사이에 묵은 원한과 증오가 폭발하면서 끝내 분열한 것이다. 네우스트리아의 궁재 에브로인과 피핀 1세의 외손자 피핀 2세를 필두로 하는 아우스트라시아 귀족들은 서로 주도권을 잡기 위해 군대를 일으켰다. 680년에 에브로인이 아우스트라시아 군대를 무찌르고 샹파뉴 공작 마틴을 처형했으나, 그 자신도 곧 칼에 찔려 숨을 거두었다. 그리고 687년에 벌어진 테르트리 전투에서 피핀 2세는 에브로인의 후계자를 물리치고 카롤링거 가문의 권위를 세웠다.

피핀 2세는 프랑크왕국의 실질적인 통치자나 다름없는 배후 세력으로서 권력을 휘두르며 다음 왕위에 오른 아우스트라시아의 국왕 몇 명을 자신의 꼭두각시로 만들었다. 또 부인이 혼수로 가져온 메스 주변에서 베르됭까지의 '아르눌프 가문 소유지'와 아르덴 산맥 북쪽의 '카롤링거 가문 소유지'를 연결해서 아우스트라시아에 넓은 카롤링거 가문의 영지를 만들고, 훗날 카롤링거 왕조의 권력 기반을 다졌다.

카를 대제의 집권

714년에 피핀 2세가 세상을 떠났다. 그의 합법적인 아들들은 모두 그보다 먼저 세상을 등졌기 때문에 후계자 자리는 잠시 공석으로 남아 있었다. 네우스트리아의 귀족들은 이러한 기회를 놓치지 않고 즉각 카롤링거 가문에 대항하여 반란을 일으켰다. 이때, 피핀의 사생아 카를 마르텔이 아우스트라시아 귀족 일부의 지지를 받고 일선에 나섰다. 네우스트리아 군대와 치른 전투에서 잇달아 승리를 거머쥐며 그는 마침내 카롤링거 가문을 지켜냈다.

카를 마르텔이 큰 성과를 올리자 카롤링거 가문은 그를 후계자로 인정할 수밖에 없었다. 이렇게 해서 궁재의 자리에 오른 카를 마르텔은 네우스트리아에 대항하기 위해 자신의 꼭두각시 왕으로 클로타르 4세를 추대하기도 했다. 719년에 수아송에서 네우스트리아를 상대로 최종 승리를 거둔 카를 마르텔은 네우스트리아의 땅을 자신의 지배 아래 두고, 프랑크왕국 전체의 궁재가 되었다. 그 후 그는 국고를 손에 넣고 자신의 이름으로 왕실 법령을 선포하는 등 누구도 대적할 수 없는 막강한 권력을 휘둘렀다.

투르푸아티에 전투

프랑크왕국이 카롤링거 가문의 통치 아래 안정기에 접어들 무렵, 동방에서 세력을 확장하던 아랍제국이 프랑크왕국을 향해 조금씩 다가왔다. 661년에 아라비아 반도에서 패권을 잡고 이슬람제국을 통치하기 시작한 우마이야 왕조는 북아프리카 전역을 정복했다. 그 후 아랍 군대는 711년에 스페인을 침략하고, 720년에 피레네 산맥을 넘어 갈리아 남부에도 모습을 드러냈다. 이로써 프랑크왕국은 여태껏 만나보지 못한 강적과 맞닥뜨리게 되었다.

아랍 군대가 스페인을 정복했을 때, 아키텐 공작 에우데스는 피레네 산맥을 지키는 무어인과 동맹을 맺어 함께 아랍인에 맞설 준비를 했다. 그러나 732년에 아랍군 지휘관 압두르 라흐만이 피레네 산맥으로 군대를 보냈을 때, 에우데스의 동맹자는 적의 공격에 오래 버티지 못하고 무너졌다. 에우데스도 군대도 마찬가지였다. 군대를 잃은 에우데스는 프랑크 궁재 카를 마르텔에게 도움을 요청했다. 그러자 프랑크왕국을 전혀 대수롭지 않게 여긴 거만한 아랍 군대는 주저함 없이 프랑크왕국의 심장부를 향해 돌진했다.

전쟁에 뛰어든 카를 마르텔은 서둘러 군대를 소집했지만 섣불리 전투에 나서지는 않았다. 그는 부하들과 에우데스에게 아랍 군대와 정면으로 맞붙을 생각을 하지 말고, 그들이 승세를 잡을 수 있노록 기다렸다가 공격을 개시하라고 당부했다. 다시 말하면, 약탈한 재물 생각에 각자 꿍꿍이속을 차릴 때이므로 승산이 있다는 것이었다.

카를 마르텔은 일단 아랍 군대가 아키텐과 프랑크왕국의 영토를 짓밟는 것을 가만히 두고 보다가 그들의 약탈이 끝날 즈음에 군대를 일으켜서 바람처럼 진격했다. 투르푸아티에 지역에서 아랍 군대를 발견한 곧장 기습을 시도했다.

그렇게 시작된 전투는 장장 7일에 걸쳐 계속되었다. 앞선 6일간의 싸움에서 아랍군의 기병 부대와 궁수 부대는 프랑크군을 제압하며 우세를 차지했다. 하지만 압두르 라흐만이 보병 부대를 움직여서 프랑크군에 최후의 일격을 가하려는 순간, 우람한 몸집에 철 갑옷을 두른 프랑크 군사들이 세찬 기세로 반격하기 시작했다. 그런 와중에 압두르 라흐만이 전사하면서 아랍 군대는 완전히 무너졌다.

카를 마르텔의 승리는 아랍인의 세력 확장에 커다란 타격을 안겨주었다. 이후 이슬람제국이 분열하면서 아랍인은 피레네 산맥을 넘겠다는 생각을 접었고, 이로써 기독교 국가의 서부 국경선은 안정을 되찾았다. 카를 마르텔도 투르푸아티에 전투에서 혁혁한 공을 세운 덕분에 '철추 카를'이라는 별명을 얻고 기독교 사회의 영웅이 되었다. 741년에 숨을 거두기까지 카를 마르텔은 궁재 직위를 유지하며 왕과 다름없는 삶을 살았다.

부대의 위력을 깨닫고 이를 적극적으로 도입하기로 했다. 그 후, 그는 교회의 땅을 몰수해서 군사들에게 나눠주라고 명령했다. 단, 반드시 이 새로운 방법으로 전투해야 한다는 조건이었다. 무기에서든 전술에서든 당시 카를 마르텔의 기병 부대는 아직 걸음마 단계였지만, 이로부터 기사 제도가 모습을 갖춰가기 시작했다.

▼ 카를 대제

프랑스 루브르 박물관에 있는 청동 조각상을 본떠 그려진 초상화이다. 건장한 체격의 카를 대제는 왼손에 왕권을 상징하는 금 공을 들고 오른손으로는 힘을 상징하는 보검을 짚은 채 부리부리한 눈으로 전방을 바라보고 있다.

The Medieval History

History of the World

제 3 장

제2의 로마

헤라클리우스 황제의 복수 비잔틴 암흑 시대의 시작

유스티니아누스 집권 당시 로마제국은 마지막 생기를 내뿜으며 부흥의 기미를 보이기도 했지만, 보편 제국을 향한 노력은 끝내 실패로 돌아갔다. '세계 제국'이라는 목표는 로마 문명이 감당하기엔 너무 무거운 짐이었다. 결국 유스티니아누스의 제국 부흥 운동이 실패함에 따라 제국의 운명도 말로에 접어드는 듯했다. 그런데 이렇게 벼랑 끝에 서 있던 제국에 다시 생기를 불어넣은 사람이 있었다. 그는 로마제국을 전설로 만들고 비잔틴제국의 천 년 역사를 시작했다. 하지만 7세기 전반에 대한 역사 자료가 많이 부족하기 때문에 역사학자들은 이 시기를 '비잔틴의 암흑 시대'라고 부른다.

새로운 왕조의 탄생

602년, 한 군대가 황제 타도를 외치며 수도인 콘스탄티노플로 향했다. 이 군대는 당시 비잔틴제국에 반기를 든 수많은 반란군 중 하나였다. 도나우 강 맞은편 기슭에 군영을 세우고 온갖 고생을 하며 겨울을 보낸 군사들은 드디어 백부장 포카스의 지휘 아래 폭동을 일으켰다. 이들은 곧장 제국의 수도로 진군해서 황제의 목숨을 노렸다.

당시 동로마제국의 통치자는 마우리키우스 황제였다. 마우리키우스 황제의 통치 시기에 동로마제국은 나라 안팎에서 전쟁이 일어나 하루도 바람 잘 날이 없었다. 제국 북쪽에서는 아바르족과 슬라브족이 내려와 침략하고, 동쪽에서는 여러 해 동안 페르시아의 습격이 계속되고 있었다. 제국 내부의 상황도 어렵기는 마찬가지였다. 기근이라 사람들이 굶주림에 허덕이고 전염병까지 도는 데다 황제의 탐욕과 박해로 제때 군량을 받지 못한 병사들의 불만이 극에 달하면서 시시때때로 소요 사태가 벌어졌다. 그래서 포카스의 군대가 성 근처에 도달했을 때 마우리키우스 황제를 증오하는 콘스탄티노플의 군인과 시민들은 포카스 군대의 편에 섰다. 그리고 얼마 후, 마우리키우스 황제와 그의 자녀, 황제의 편에 섰던 대표

▼ 콘스탄티노플 교회의 모자이크
비잔틴제국의 관리와 그 조수가
명단에 납세자를 기록하는 모습

70

적 인물들이 줄줄이 단두대에 올라 형장의 이슬로 사라졌다. 이 사건을 계기로, 이전까지 이름 없는 하급 장교이던 포카스가 제국의 새로운 황제가 되었다.

이렇다 할 명분 없이 황제의 자리에 오른 포카스는 재임 초기부터 원로원을 비롯해 대귀족과 관리들의 강력한 반대에 부딪혔다. 그들은 제각기 시리아와 팔레스타인, 슐레지엔, 소아시아, 이집트 등지에서 내전을 일으켰다. 게다가 동로마제국의 오랜 적수인 사산 왕조 페르시아의 황제 호스로 2세까지 포카스의 황위 계승에 대해 합법적 정통성이 있는지를 거론하고 나섰다. 호스로 2세는 마우리키우스 황제의 아들 테오도시우스가 자신의 군대에 있다고 말하며 이를 빌미로 동로마제국에 전쟁을 선포했다. 이러한 나라 안팎의 공격에 돌파구를 찾지 못한 포카스 황제는 잔인한 학살로 명문 귀족들의 반란을 잠재울 수밖에 없었다. 그러나 황제의 이러한 결정은 불난 집에 부채질하는 격이었다. 이 일로 황제에 반대하는 목소리가 날로 커지면서 동로마제국은 최악의 상태에 빠져들었다.

모두 포카스 황제의 통치를 끝내줄 구세주의 출현을 기대하던 이때, 아프리카 총독의 아들 헤라클리우스가 최적의 시기를 놓치지 않고 사람들의 기대를 한몸에 받으며 역사의 무대 한가운데로 발을 들여놓았다.

609년에 헤라클리우스 부자가 포카스 황제를 반대하는 봉기를 선동하자 사람들은 마치 기다렸다는 듯 몰려들었다. 610년에 손쉽게 콘스탄티노플을 점령한 아들 헤라클리우스의 군대는 로마 원로원과 시민의 열렬한 환호를 받고, 그 후 포카스 황제는 단두대에 올랐다. 같은 해 가을에 헤라클리우스가 왕위에 올라 헤라클리우스 왕조를 세우면서 비잔틴제국 천 년 역사의 서막이 열렸다.

성지의 슬픈 노래

비잔틴 역사상 가장 위대한 군주로 손꼽히는 헤라클리우스가 황제로 즉위했을 때, 동로마제국은 이미 폐허나 다름없었다. 백성은 가난에 허덕였고, 국가 기관도 거의 제구실을 하지 못했으며, 간담을 서늘하게 하는 아랍과 페르시아라는 두 강적이 언제 공격해올지 알 수 없는 상황이었다.

6세기 말까지만 해도 발칸 반도에 거주하는 슬라브족은 많지 않았

▲ 〈성십자가가 안겨준 기쁨〉 이탈리아 피에로 델라 프란체스카

사산 왕조 페르시아의 왕에게서 십자가를 되찾은 헤라클리우스 왕이 십자가를 예루살렘에 되돌려 놓으라고 명령한 순간을 묘사한 그림이다.

다. 그러나 7세기 초에 치러진 도나우강 전투에서 마우리키우스 황제가 참패한 후로는 슬라브족과 튀르크족의 분파인 아바르족이 남하해서 아드리아 해를 휩쓸고, 발칸 반도의 에게 해 연안에 자리한 여러 도시를 차례로 함락했다. 614년에는 아드리아 해 연안의 달마티아 지역이 슬라브족에게 정복되었는데, 이는 발칸 반도 서부 지역에서 비잔틴제국의 통치권과 영향력이 약해졌다는 것을 의미하기도 했다.

그러나 서남아시아에서의 패배만큼 비잔틴제국에 치욕적이고 가슴 아픈 일은 없다. 여러 해 동안 비잔틴제국과 페르시아 사이에는 거의 전쟁의 불길이 꺼진 적이 없었다. 613년에 안티오키아 지역에서 페르시아 대군에 참패한 비잔틴제국은 그 후 다마스쿠스와 아르메니아, 갈리시아 지역까지 페르시아에 내주어야 했다.

사기가 하늘을 찌를 듯한 페르시아 대군이 예루살렘까지 밀고 들어오면서 양측 사이에는 또 한 번 치열한 전투가 벌어졌다. 성지의 수호자들이 죽을힘을 다해서 예루살렘을 지켜 내려 했지만, 페르시아의 공성추와 전통 칼인 곡도를 막아내기에는 역부족이었다. 페르시아 군대는 3주 동안 포위 공격을 펼친 끝에 총공격을 시작했고, 예루살렘의 성벽은 오래 버티지 못하고 힘없이 무너져 내렸다. 성 안으로 진입한 페르시아 군대는 사방에 불을 지르고 약탈할 뿐 아니라 눈에 보이는 대로 사람들을 죽이며 성지를 그야말로 초토화했다. 특히 페르시아 군대는 유스티니아누스 대제가 건축한 성묘 교회를 불태우고, 기독교의 최고 성물인 성십자가를 빼앗아 가서 기독교도들을 충격에 빠뜨렸다. 페르시아인은 예루살렘의 진귀한 성물과 그 밖의 여러 전리품을 페르시아의 수도 크테시폰으로 옮겨갔다.

그 후 615년에 페르시아군의 선봉대가 보스포루스 해협을 휩쓸며 다시 제국의 수도인 콘스탄티노플을 위협하자 헤라클리우스 황제는 한때 카르타고 천도하는 것을 심각하게 고려할 만큼 절망에 빠졌다.

파죽지세로 승승장구하던 페르시아 군대는 비잔틴제국에서 가장 부유한 지역인 이집트까지 점령하기에 이르렀다. 이로써 수도 콘스탄티노플에 원활한 식량 공급이 이뤄지지 못하면서 비잔틴제국에는 가난과 굶주림, 추위에 시달리며 생사를 오락가락하는 사람들로 넘쳐나게 되었다. 여기에 전염병까지 돌면서 제국의 운명은 바람 앞의 촛불처럼 위태롭게 흔들렸다.

둔전병제와 성전

곤경에 빠진 제국을 구하기 위해 헤라클리우스는 과감하게 개혁을 시작했다. 비잔틴제국에 새로운 활력을 불어넣어 페르시아에 마지막 반격을 가하기 위한 일종의 준비인 셈이었다.

헤라클리우스는 제일 먼저 북아프리카에서 실시하던 '총독 제도'를 제국의 동부 각지에도 적용하여 확대 실시했다. 소아시아 지역과 연해 도서 지역에 잇따라 네 개의 군관구를 세우고, 각 군관구를 총독에 해당하는 '사령관'의 지휘 아래 두었다. 당시 군관구의 사령관들은 해당 지역의 민사民事와 군사 부문에서 모두 최고 지휘권을 부여받았다.

이와 함께 헤라클리우스는 병역의 의무와 봉건 의무를 하나로 합친 둔전병 제도를 시행했다.

그동안 비잔틴제국은 외국 용병을 고용하느라 엄청난 경제적 부담을 지면서도 항상 필요한 만큼 용병을 모으지 못해서 용병 부족 문제에 시달렸다. 이러한 점을 고려한 헤라클리우스는 농민을 대거 군대에 보내 병역의 의무를 지게 하고, 전쟁 중에 몰수한 대귀족의 땅을 군량으로 삼아 그들에게 나눠 주었다. 전쟁이 일어나면 전투에 나서고, 평소에는 그 땅에서 농사를 지어 황실에 세금을 내는 것으로 강제 노동을 면제받는 조건이었다. 비잔틴제국은 이 정책으로 군대를 확충하고, 제국의 국고를 불

▼ 비잔틴제국의 군대가 성을 공격하는 데 사용했던 일명 '거북이'라는 기계로 공성탑을 적군의 성벽까지 밀고 나아갔다. 기원전 8세기에 아시리아인이 최초로 사용했으며 방화 도구의 일종이었다.

73

▲ **비잔틴제국의 은화**
성모 마리아가 머리 위로 후광이 드리운 그리스도를 안고 있는 모습

려 재무 위기를 해결할 수 있었다. 특히 주목할 점은 둔전병제가 소小농경제의 발전을 이끌어 비잔틴제국이 노예 사회에서 봉건 사회로 전환하는 발판을 마련했다는 사실이다. 즉, 과거에 귀족들이 대토지를 소유하던 체제에서 자영농민들이 소규모 토지를 소유하는 체제로 바뀐 것이다.

헤라클리우스는 개혁을 성공적으로 이끌었을 뿐아니라 로마 교회의 강력한 지지를 얻는 데에도 성공했다. 무엇이든 근본이 있어야 존재할 수 있듯이 로마 교회는 비잔틴제국의 보호가 없으면 자신들도 언젠가는 이교도들에게 끌려다니는 신세가 될 것이라는 사실을 분명히 파악하고 있었다. 그래서 교회의 각 세력은 그 어느 때보다도 똘똘 뭉쳐서 자신들의 재산을 국가에 귀속시키는 한편, 헤라클리우스의 군대 개혁을 도와 캅카스의 하자르족, 압하스족 등을 용병으로 끌어들였다. 이후에 벌어진 전쟁은 여태껏 볼 수 없던 열광적인 종교적 분위기에서 시작되었다.

예루살렘을 위한 복수

복수를 위한 비잔틴제국의 설욕전이 시작되었다!!

622년 4월에 성대한 부활절 성찬 예배를 마친 후 헤라클리우스는 수도를 떠나 출정에 나섰다. 그의 목표는 동방 세계였다.

여름 내내 신병을 훈련하고 전술을 짜는 데 몰두한 헤라클리우스는 같은 해 가을부터 공식적으로 전투를 시작했다. 그는 탁월한 전술로 아르메니아로 가는 길을 뚫고, 페르시아가 소아시아 산간 지역의 요지에 세운 거점을 손에 넣었다. 이렇게 계속 비잔틴제국 군대의 공격에 당하던 페르시아 군대는 아르메니아에서 헤라클리우스에게 호된 공격을 받았다.

623년 3월에 헤라클리우스가 페르시아에 평화를 상징하는 올리브 가지를 건넸다. 하지만 사산 왕조 페르시아의 황제 호스로 2세는 이를 거절하고, 헤라클리우스에게 기독교 신앙을 모독하고 치욕적인 말로 가득한 편지를 보냈다.

이에 분노한 헤라클리우스는 다시 군대를 일으켜서 아르메니아의 도시들을 차례로 폐허로 만들어버리고, 남쪽으로 발길을 돌려 페르시아의 종교 중심지인 간자크를 함락했다. 이 과정에서 페르시아인의 주요 성지인 조로아스터교의 불의 신전도 파괴되었다. 과거에 페르시아인이 기독교 성지 예루살렘을 무참히 짓밟은 것처럼 말이다.

그 후 1년 동안 비잔틴 군대와 페르시아 대군의 힘겨운 시소 게임이 계속되었다. 헤라클리우스는 슐레지엔을 돌아서 페르시아 영토로 진입하려고 시도했지만, 성공하지 못했다. 결국 비잔틴 군대는 625년 겨울이 다가올 무렵 흑해의 폰토스 지역으로 물러났다.

626년에 헤라클리우스가 줄곧 우려했던 일이자 어떻게든 피하려고 했던 일이 벌어졌다. 페르시아가 다시 전쟁을 일으킨 데 이어 아바르족까지 신의를 저버리고 비잔틴제국을 침략한 것이다. 양쪽에서 적들이 압박해오자 헤라클리우스는 굴욕적인 조건을 내세워서라도 아바르족 몇몇을 매수해 해상에서의 우위를 차지해야 했다. 그렇게 비잔틴 군대는 페르시아와 아바르 군대의 공격을 여러 차례 물리쳤다.

그해 8월 10일, 아바르족의 함대가 비잔틴제국 군대의 인정사정없는 공격에 처참히 무너졌고 보병 부대도 퇴각하던 중에 된서리를 맞았다. 아바르족이 무너지자 페르시아 군대도 시리아로 퇴각할 수밖에 없었다.

위기의 순간이 지나가고 비잔틴 군대는 드디어 대대적인 반격에 나섰다!

627년 가을, 헤라클리우스는 군대를 이끌고 페르시아의 심장부로 진군했다. 그리고 12월 초에 고대 아시리아제국의 수도였던 니네베에 이르렀다.

627년 12월 1일, 티그리스 강 동쪽의 니네베 광야에서 헤라클리우스가 이끄는 비잔틴제국의 대군과 페르시아 군대 간에 운명을 결정짓는 대전이 벌어졌다.

격전이 벌어지는 중에 헤라클리우스는 긴 창에 입술이 찢기고 다리에도 부상을 당했다. 그러나 그는 이에 굴하지 않고 말을 달려 적의 삼중 방어진을 뚫고서 페르시아 군대의 우두머리 세 명을 죽인 후 승전보를 가지고 진영으로 돌아왔다. 황제가 보여준 용맹함은 비잔틴제국 군사들의 사기를 높이는 동시에 페르시아군에게는 절망을 안겨주었다.

동틀 무렵에 시작된 전투는 한밤중이 되어서야 끝이 났다. 이 전투에서 비잔틴제국 군대는 페르시아군의 군기軍旗 28개를 빼앗았고, 페르시아 군사를 거의 전멸시켰다. 지휘관을 잃은 페르시아의 패잔병들은 살 길을 찾아 뿔뿔이 흩어졌다.

페르시아 군대는 그야말로 철저하게 무너져 내렸다. 628년 봄, 사산 왕조 페르시아에 내란이 일어났다. 호스로 2세는 폐위와 함께 죽임을 당했고, 그의 아들 카바드가 왕위를 이어 카바드 2세가 되었다. 그는 즉위한 후 곧 헤라클리우스와 강화 조약을 맺었고, 덕분에 비잔틴제국은 아르메니아, 메소포타미아, 시리아, 팔레스타인, 이집트를 포함해 예전에 잃었던 모든 영토를 순조롭게 되찾을 수 있었다. 몇 개월 후, 카바드는 죽음을 앞두고 병상에 누워 비잔틴제국 황제를 자신의 아들의 보호자로 임명했다. 한때 호스로 2세가 비잔틴제국의 황제를 자신의 노예라고 말한 석이 있는데, 이제 카바드는 그와 정반대로 자신의 아들과 왕위 계승자를 비잔틴제국 황제의 노예라고 선포했다.

헤라클리우스는 수도를 떠난 지 6년 만에 승리의 기쁨을 안고 비잔틴제국으로 돌아갔다. 당시 그의 아들 콘스탄티누스와 대사제 장 세르지오 그리고 교회의 성직자들과 원로들, 시민들은 올리브 가지와 촛불을 손에 들고 소아시아 연해의 길 양쪽에 늘어서서 목청껏 그의 업적을 기리는 노래를 부르며 위대한 황제의 개선을 환영했다.

로마 땅에서 페르시아인들을 쫓아낸 후, 630년 봄에 헤라클리우스는 예루살렘으로 향했다. 그리고 3월 21일, 페르시아인의 손에서 되찾은 성십자가를 다시 신성한 땅 위에 세웠다.

기독교도의 위대한 첫 번째 성전聖戰은 이렇게 승리로 막을 내렸다.

로마의 그리스화

광란의 전쟁과 달리 변화는 소리 없이 찾아왔다.

비잔틴제국은 지리상 로마에서 멀리 떨어졌지만, 초기에는 여전히 라틴어를 공식 언어로 사용했다. 그러나 사실상 라틴어는 황실과 군대 내에서만 사용될 뿐 대부분 사람이 사용한 언어는 그리스어였다.

이러한 상황을 잘 알고 있었던 헤라클리우스는 그리스어를 비잔틴제국의 공식 언어로 선포했다. '공식 언어는 라틴어'라는 제약을 벗어던지자 겨우 한 세대 만에 라틴어 사용자를 거의 찾아볼 수 없을 정도로 빠르게 그리스화가 진행되었다. 원래 라틴어를 사용했던 지식 계층 사이에서도 라틴어가 사용되는 경우는 매우 드물었다.

한편, 이러한 그리스화의 영향으로 비잔틴제국 황제의 호칭에도 중요한 변화가 생겼다. 헤라클리우스가 복잡한 라틴어식 호칭 대신 '바실레우스'라는 그리스어 호칭을 사용하기 시작한 것이다. 이로써 과거 비공식 호칭이었던 '바실레우스'가 전통적으로 로마 황제를 가리키는 칭호, 즉 '카이사르', '아우구스투스' 등을 대신해 황제를 지칭하는 공식 호칭이 되었다.

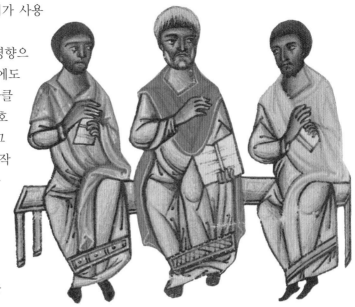

▲ 중세 비잔틴제국의 교사와 대학생
로렌티안의 친필 원고는 이탈리아 피렌체의 로렌티안 도서관에 소장되어 있다.

'바실레우스'라는 호칭은 헤라클리우스에서 그의 아들 콘스탄티누스에게로 이어졌고, 그 후 비잔틴제국의 모든 황제가 이를 사용했다.

이렇게 문화적으로 또 정치적으로 변화의 바람이 불면서 비잔틴제국에는 비잔틴만의 역사가 시작되었다!

성십자가의 전설

성십자가(True Cross)는 기독교 최고의 성물로 실제로 그리스도가 못 박혀 죽은 십자가라고 전해진다. 콘스탄티누스 대제의 어머니 헬레나가 326년 즈음에 성지 예루살렘을 순례하던 중에 발견했다.

613년에 예루살렘을 침략했던 페르시아인의 손에 들어가기도 했지만, 헤라클리우스 황제가 630년에 되찾아 결국에는 다시 성지의 땅에 세워졌다.

그 후 십자군이 동방 원정을 하던 시기에 성십자가는 다시 한 번 예루살렘을 침략한 침략자의 손에 들어가게 된다. 당시 성십자가를 지키던 성전기사단이 강력하게 저항했지만 군대가 전멸하면서 끝내 성십자가가 훼손되고 말았다.

그러나 성십자가가 성물로 여겨지며 숭배를 받았던 만큼 그 조각도 성물로 여겨졌다. 일부 천주교 신학자들은 십자가에 스민 그리스도의 피가 성십자가의 부식을 막아주기 때문에 절대 그 부피가 줄어들지 않는다고 주장하기도 했다. 그래서 중세의 기독교도들은 성십자가 조각을 지니는 것을 영광으로 생각했다.

콘스탄티누스의 도시

기원전 656년경, 그리스의 항해가 비자스(Byzas)가 신의 부름에 따라 유럽과 아시아가 만나는 곳, 육지와 바다가 만나는 곳에서 이상적인 땅을 찾아냈다고 한다. 그는 그 땅에 도시를 건설하고 자신의 이름을 따서 비잔틴(Byzantine)이라 이름 지었다고 전해진다.

330년에 콘스탄티누스 대제가 비잔틴으로 수도를 옮긴다고 선포하고, '콘스탄티누스의 도시'를 뜻하는 콘스탄티노플로 도시의 이름을 바꿨다. 콘스탄티노플은 '신로마'라는 별칭도 있었다. 그 후, 콘스탄티누스 대제는 어마어마한 돈과 시간을 들여 이 새로운 도시를 확장하기 시작했다. 서양에서 초빙한 아카데미 교수가 도시 전체의 건축양식을 디자인했고, 광장과 교회, 목욕탕, 공연장 등이 들어섰다. 특히 대리석으로 만들어진 콘스탄티노플의 항구는 견고하고도 아름다운 외관을 뽐냈다.

395년에 동로마제국이 공식적으로 분열한 후, 콘스탄티노플은 잇따라 동로마제국과 비잔틴제국의 수도가 되어 지중해 동부의 정치, 경제, 문화 중심이 되었다.

그러나 1453년 4월에 콘스탄티노플이 오스만족의 손에 들어가면서 휘황찬란했던 비잔틴제국의 천 년 역사도 끝이 났다.

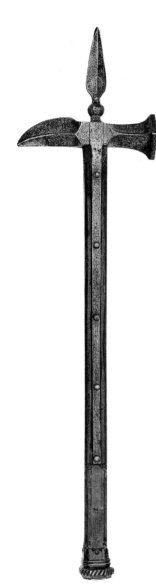

▲ 중세의 전쟁 망치
비잔틴제국 군대의 기독교 전사들이 사용한 무기이다.

아랍인의 등장 틈새에 끼인 비잔틴제국

헤라클리우스의 화려했던 통치는 끝내 비극으로 막을 내렸다. 오랜 힘겨루기에 기력이 쇠할 대로 쇠한 비잔틴과 페르시아는 기세 좋은 새 적수의 등장에 힘이 부쳤다. 과거에 사람들의 간담을 서늘하게 하던 강국 사산 왕조 페르시아는 모든 이의 예상을 깨고 아랍과의 첫 번째 전쟁에서 멸망하고 말았다. 이후, 성전을 치르는 아랍 군대의 칼날은 바로 비잔틴으로 향했고, 이로부터 비잔틴제국의 수난 시대가 시작되었다. 황제들은 모든 힘을 다해 새로운 적의 계속되는 도전을 막아내야 했다. 스스로를 지키고 뒤숭숭한 유럽을 지키기 위해서였다.

영웅의 만년

젊은 헤라클리우스가 비잔틴제국의 왕위에 오른 해에 동방의 아라비아 반도에 있는 메카 성에는 선지자가 나타났다. 그는 자신을 알라가 보낸 사신이라고 말하며 사람들에게 진리를 전파했다.

당시 헤라클리우스는 사산 왕조 페르시아를 갓 정복하고 넘치는 자신감으로 자신의 통치권을 절정으로 끌어올리고 있었다. 그러나 뜻밖에도 새로운 강적이 빠른 속도로 부상하고 있었다.

634년, 신생국인 아랍제국이 일으킨 전쟁의 불꽃이 비잔틴제국을 덮쳤다. 자칭 '알라 사자의 제2대 후계자'라는 칼리파 우마르의 지휘 아래 수만 병력의 아랍군은 비잔틴제국이 이제 막 페르시아인의 수중에서 되찾은 도시들을 무서운 속도로 점령해나갔다. 그들이 가는 길에 따라 시리아의 주요 도시인 다마스쿠스와 안타키아, 알레포가 차례로 함락되었다.

이 소식은 곧 콘스탄티노플로 전해졌다. 이에 매우 놀란 헤라클리우스는 곧바로 5만여 대군을 소집했고, 황제의 동생 테오도루스가 이 군대를 이끌고 아랍군에 맞섰다.

636년 8월 20일, 요르단 강 동쪽 지류인 야르무크 강변에서 전쟁은 막바지에 달했다. 그날은 유난히 무덥고 바람이 잦은 날이었다. 거센 바람으로 온 사방이 흙먼지에 휩싸이는 통에 사막을 누비던 아랍인들에게 유리한 상황이었다. 전쟁에 따라온 신부들이 옆에서 찬송가를 부르고 기도하며 계속 용기를 북돋아주었지만, 무서울 정도로 맹렬한 유목민의 공격 앞에 비잔틴제국 군대는 끝내 대형이 무너

▼ **중세기의 비잔틴 병사**
로마의 갑옷을 입고, 머리에는 철로 만든 투구를 쓰고, 손에는 무기를 들어 언제든지 전투에 돌입할 수 있게 준비한 모습이다.

▲ 헤라클리우스 황제의 모습
그의 머리 뒤에 있는 후광은 종
교적 권위를 상징하며, 왕관은
세속의 권력을 대표한다.

지고 말았다. 단 몇 명만이 아랍인의 칼을 피해 목숨을 건졌을 뿐, 비잔틴제국의 군사 대부분이 전사했고 테오도루스 역시 아랍인의 칼에 숨을 거두었다.

이렇게 비잔틴제국은 시리아 땅을 영영 잃고 말았다. 헤라클리우스는 시리아를 떠나며 이렇게 말했다고 한다. "시리아여, 잘 있거라! 적군에게 이 얼마나 아름다운 곳이냐!"

같은 해, 성지 예루살렘도 이교도의 공격에 성문이 뚫리는 수모를 겪었다. 비잔틴제국의 손으로 돌아간 지 6년 만의 일이었다. 이로부터 370여 년 동안 예루살렘은 여러 차례 주인이 바뀌었지만 줄곧 이슬람 세력의 지배를 받았다.

파죽지세의 아랍인들은 동쪽으로 발을 옮겨 페르시아제국과 비잔틴제국의 메소포타미아 지역을 정복하고, 북쪽의 아르메니아를 공격했다. 또 640년 10월에는 아르메니아의 한 요새를 빼앗았다. 그리고 이와 동시에 이집트 공격을 시작했다.

과거 페르시아제국 원정 때 직접 군대를 이끌고 출정했던 헤라클리우스도 아랍 군대 앞에서는 그러한 용맹함을 잃은 듯했다.

당초 헤라클리우스는 안티오키아에 주둔해 직접 전투를 지휘하려고 했지만, 야르무크 전투에서 패하자 잃어버린 땅을 되찾는 것을 포기하고 완전히 철수했다.

비잔틴제국 역사상 가장 위대한 대제로 손꼽힌 헤라클리우스는 자신이 평생 쌓아올린 업적이 한순간에 무너지는 모습을 목격하고야 말았다. 그가 사산 왕조 페르시아와 혈전을 치러 힘겹게 되찾은 땅을 아랍인에게 넘겨주고, 그것도 모자라 그가 그토록 지키고자 노력했던 기독교 성지까지 이교도의 손에 넘어간 것이다.

시리아에서 돌아온 후, 헤라클리우스는 한동안 소아시아 연해에 있는 행궁에 머물렀다. 물을 무서워하는 공수병(Hydrophobia) 때문에 보스포루스 해협을 건너 콘스탄티노플로 돌아올 수 없었기 때문이다. 수도 콘스탄티노플에 정변이 일어났다는 소식을 듣고서야 헤라클리우스는 가까스로 두려움을 극복하고 배를 타고 콘스탄티노플로 돌아갔다.

통치 말기에 그의 삶은 참담하기 짝이 없었다.

수십 년 전, 헤라클리우스는 비잔틴제국 황제로 즉위하면서 파비아 유도키아와 혼인해 사이에 아들과 딸을 두었다. 그중에 아들이 바로 헤라클리우스 노부스 콘스탄티누스이다. 유도키아는 간질을 앓다가 612년에 세상을 떠났다.

그 후 1년쯤 지나서 황제가 재혼을 선포했는데, 그가 선택한 상대는 제국을 큰 충격에 빠뜨렸다. 재혼 상대가 다름 아닌 조카 마르티나였기 때문이다. 근친상간은 명백한 교회법 위반이자 국가 공공법 위반으로 당시 헤라클리우스는 엄청난 반대에 부딪혔다.

그러나 헤라클리우스는 신하와 백성의 반대에 아랑곳하지 않고 꿋꿋하게 마르티나와 결혼식을 올렸다. 마르티나는 훗날 헤라클리우스의 아이 9명을 낳았는데, 그중 4명이 어린 나이에 세상을 떠났고 장성한 두 아들은 장애가 있었다. 그래서 사람들은 이를 두고 하늘이 노해 내린 벌이라고 입방아를 찧었다. 특히 마르티나가 유도키아의 아들들을 몰아내고 자신의 아들들이 황위 계승권을 차지하게 하자 그녀에 대한 백성의 적의는 최고조에 달했다.

이러한 궁정 싸움 속에서 늙은 황제는 고통스러운 시간을 보냈다. 641년 2월 11일, 일대의 영웅 헤라클리우스는 병으로 세상을 떠났다. 향년 예순여섯이었다. 그 후 비잔틴제국은 한층 더 치열한 내분에 휩싸였다.

털보 콘스탄스

헤라클리우스가 세상을 떠난 후, 그의 장성한 두 아들이 제국을 물려받았다. 그가 유도키아의 스물여덟 살 된 아들 콘스탄티누스와 마르티나의 열다섯 살 난 아들 헤라클로나스를 공동 황제로 세우겠다는 유언을 남겼기 때문이다. 그는 이렇게 두 아들에게 동등한 지위와 권력을 부여한 동시에 두 황제의 어머니이자 황태후인 마르티나에게도 수렴청정할 수 있는 일부 권한을 주었다.

그러나 비잔틴제국의 신하와 백성은 그의 유언을 따르길 거부했 비잔틴제국에서는 오래전부터 전해지는 "한 하늘에 두 개의 태양이 있을 수는 없다."라는 말과 정반대인 제도가 있었다. 바로 공동 황제 제도이다. 이는 로마제국 시대부터 이어진 제도로, 둘 또는 다수가 황제가 되어 집권하도록 규정한다.

비록 법률적으로 명확한 규정은 없었지만, 역대 비잔틴제국 황제들은 일반적으로 생전에 공동 황제를 결정해 후계자로 삼았다. 공동 황제는 황제의 관복을 입고 황제의 왕관을 쓰고, 황제라는 호칭을 공유하며, 동전에 초상이 새겨지는 것이 일반적이었다. 또한, 물론 주황제와 어깨를 나란히 하고 있었고, 그의 이름도 황제의 법령에 항상 등장했다. 그러나 사람들은 비공식적인 자리에서 공동 황제를 '둘째 황제' 또는 '작은 황제'라고 불렀다.

주황제가 세상을 떠나면 공동 황제가 황제의 모든 권력을 계승했다.

다. 마르티나가 제국을 대표해 외국의 사자들을 만난다는 것은 있을 수 없는 일이라는 이유에서였다. 결국 마르티나는 대의에 굴복했지만 그렇다고 권력을 포기한 것은 아니었다. 나라 밖에서 강적들이 호시탐탐 비잔틴제국을 노리는 가운데, 제국 내부에서는 한창 피비린내나는 투쟁이 벌어졌다.

641년 5월 말, 즉위한지 3개월도 안 된 콘스탄티누스가 중병으로 세상을 떠나고, 어린 헤라클로나스가 제국의 유일한 군주가 되었다. 그러나 사실상 권력은 마르티나가 장악했고, 콘스탄티누스 지지자들은 대부분이 그의 사후에 귀양을 갔다.

마르티나를 증오한 신하들과 백성은 그녀가 콘스탄티누스를 독살했다고 비난하며, 사사건건 마르티나와 헤라클로나스에게 맞섰다. 콘스탄티누스의 어린 아들에게 황제의 자리를 넘겨주어야 한다며 끊임없이 요구하기도 했다. 콘스탄티누스의 지지자이던 아르메니아 장군 발렌티누스는 그 요구를 이루기 위해 군사 반란까지 일으켰다.

이에 헤라클로나스가 콘스탄티누스의 아들을 공동 황제로 임명했으나, 641년 9월에 그와 마르티나는 원로원에 의해 폐위되었다. 그것도 모자라 이 모자에게는 각각 혀와 코를 베이는 형벌이 내려졌다. 당시 절단형을 받은 사람은 다시는 공직을 담당할 수 없었다. 그후, 마르티나와 헤라클로나스는 로도스 섬으로 유배되었다.

이렇게 해서 콘스탄티누스의 열한 살 난 아들이 원로원의 지지를 받으며 비잔틴제국의 권력을 한 손에 틀어쥐었다. 이 어린 황제는 세례명이 헤라클리우스였고, 대관식을 하면서 콘스탄티누스라고 이름을 바꾸었다. 그런데 사람들이 그를 '작은 콘스탄티누스'라는 뜻의 콘스탄스 2세라 불러 역사에서는 그를 콘스탄스 2세라고 기록한다. 콘스탄스 2세는 성년이 된 후 수염을 길고 덥수룩하게 길러 '털보'라는 별명을 얻기도 했다.

이집트의 배신

642년 9월 12일, 이집트의 수도 알렉산드리아에서 철수한 비잔틴제국의 군대가 무거운 발걸음으로 바닷길을 건너 로도스 섬으로 물러났다. 그로부터 17일 후인 9월 29일, 아랍제국의 장군 아므르는 과거 알렉산드로스 대왕이 그랬듯 오랜 전통과 아름다움을 자랑하는 항구 도시에 의기양양하게 발을 들여놓았다.

이야기는 헤라클리우스 황제가 살아 있을 당시로 거슬러 올라간다. 639년, 아므르 장군의 지휘 아래 이집트로 진군한 아랍 군대는 나일 강 콥트 지구에 있는 바빌론 요새까지 파죽지세로 나아갔다. 요새에 가로막혀 더 이상 진군할 수 없게 되자 아랍군은 전략을 바꿔 포위 공격에 돌입했다. 어쩔 수 없는 상황에서 내린 이 결정은 뜻밖에도 바빌론 요새에 지원사격을 나섰던 알렉산드리아 주교 겸 총독 시루스의 발을 꼼짝없이 묶어 두었다.

시루스는 곤경에서 벗어나려면 콥트 지구로 사람을 보내 적과 강화를 맺고 아랍에 공물을 바치는 수밖에 없다고 판

▲ 중세 비잔틴제국의 수도이자 동방 정교회의 중심이었던 콘스탄티노플

단하고, 헤라클리우스에게 이 의견을 전달했다. 그러나 헤라클리우스 황제는 이를 단칼에 거부하고 매국이라는 죄명으로 시루스를 추방했다.

그러나 강화를 거부한 비잔틴제국은 끝내 아랍의 공격을 막아내지 못했다. 7개월 동안 포위 공격을 퍼붓던 아랍 군대가 "세상에서 가장 위대하신 알라"를 외치며 마침내 바빌론 성에 들이닥친 것이다. 이후 아랍군은 계속해서 빠르게 이집트 여러 도시를 정복해 나갔다.

이 사이 비잔틴제국에서는 내부의 황위 쟁탈전이 끝나고 어린 콘스탄스가 제위에 올랐다. 그의 통치 시기에 시루스는 다시금 신임을 받고 알렉산드리아로 돌아왔다. 복직한 후 그는 아랍과 손을 잡고 콘스탄티노플과의 종주 관계에서 벗어나 자신의 나라를 다스리고 싶어 했다.

결국, 시루스는 어린 콘스탄스 2세를 설득해서 641년 11월 8일에 바빌론 성에서 아므르와 조약을 맺었다. "성인 1인당 인두세 2디나르를 내고, 토지세를 물납物納한다."라는 조건을 받아들이고 비잔틴제국의 군대가 다시 이집트로 들어오거나 잃어버린 땅을 되찾으려 하지 않는다는 내용이었다. 어린 콘스탄스 2세는 주권 상실과 다름

없는 이 치욕적인 조건을 받아들이며 가장 풍요로운 제국의 땅을 내주었다.

644년 11월, 아랍인의 제2대 칼리파 우마르가 세상을 떠나고 그 뒤를 이은 우스만이 아랍 군대의 아므르를 불러들였다. 이 기회를 틈타 콘스탄스 2세는 마누엘과 방대한 함대를 파견해서 이집트를 공격했다.

마누엘은 아랍 군대의 순찰 부대를 기습해서 그들을 격파하는 데 성공했고, 알렉산드리아를 되찾아 이곳을 아랍 공격의 군사 기지로 삼았다. 이 소식을 들은 우스만은 서둘러 아므르를 다시 이집트로 보냈다. 이에 비잔틴제국 군대는 또 한 번 아므르의 손에 무너졌다. 아랍 군대의 무자비한 학살 와중에 간신히 목숨을 건진 마누엘은 콘스탄티노플로 달아났다.

한편, 단성론을 신봉하는 알렉산드리아 주교 벤저민을 선두로 한 단성론파 신도들은 자발적으로 이슬람교로 개종하여 정식으로 항복을 선언했다. 이집트인은 이로써 비잔틴의 통치를 거부하고 자국 스스로 자주를 이루겠다는 의지를 분명히 밝혔다.

알렉산드리아가 두 번째로 아랍의 세력권에 들어간 후, 이집트는 영원히 아랍 사회의 영토가 되었다. 그리고 이와 함께 비잔틴제국은 가장 풍요로운 식량 창고를 영영 잃게 되었다.

실패한 천도

어린 나이에 황제의 자리에 오른 콘스탄스 2세는 성인이 될 때까지 거의 힘을 쓰지 못했다. 그래서 비잔틴제국은 이집트부터 아르메니아, 소아시아, 키프로스, 북아프리카로 옮겨가며 기세등등하게 공격을 펼치는 아랍 군대를 상대로 제대로 된 반격을 하지 못했다. 그러다 655년에 아랍군이 해상으로 접근해 오자 콘스탄스 2세는 직접 함대를 이끌고 리키아 해안으로 출동했다. 전투를 벌여 아랍군을 몰아내려고 했던 것이다. 그러나 해상 전투는 비잔틴제국의 패배로 끝났고 콘스탄스 2세는 가까스로 목숨을 건져 달아났다.

이듬해인 656년에 이러한 상황을 뒤집을 기회가 찾아왔다. 그해에 아랍제국에서 치열한 내분이 일어난 것이다. 비잔틴제국은 이 기회를 틈타 오랜 적과 강화 조약을 맺고, 심지어 아랍에서 공물을 받아내기까지 했다. 658년에 콘스탄스 2세는 발칸 반도에서 슬라브족을

▲ 9세기, 그리스 파트라스의 재력 가가 비잔틴제국 황제에게 선물을 바치러 가고 있다.

모두 몰아냈다. 비잔틴제국을 20년 가까이 통치한 콘스탄스 2세는 이로써 한숨 돌릴 기회를 얻었고 이때 과감한 결단을 내렸다. 바로 콘스탄티노플을 떠나 황궁을 제국의 서쪽으로 옮긴다는 것이었다.

후대 사람들은 그가 천도를 결심한 동기에 대해 콘스탄티노플에서 민심을 잃었기 때문이라고 본다. 653년에 콘스탄스 2세가 로마 교황 마르티누스 1세와 정통파의 지도자로 유명한 막시무스를 체포했는데, 이 사건이 바로 백성의 민심을 잃은 원인으로 손꼽힌다. 당시 콘스탄스 2세는 마르티누스 1세가 총독의 동의를 구하지 않은 채 비합법적으로 로마 교황이 되고 라벤나 전 총독 올림피오스의 반란을 지지했다는 이유로 그를 체포했다. 한편, 막시무스에게는 북아프리카 총독 그레고리우스의 반란을 지지하고 교회의 신앙 분쟁을 해결하기 위한 목적으로 황제가 반포한 티포스 칙령을 인정하지 않았다는 죄명이 선고되었다. 이 일로 마르티누스 1세와 막시무스는 유배되어 굶주림과 가난, 질병에 시달리다가 세상을 떠났다.

그러나 콘스탄스 2세가 콘스탄티노플의 민심을 잃게 된 결정적 계기는 제국의 통치권을 놓고 벌어진 또 한 번의 내부 분쟁이다. 당시 풍속으로는 황제의 형제가 공동 황제로 임명될 권리가 있었다. 하지

▲ 중세 비잔틴제국의 독실한 기
독교도

만 콘스탄스 2세는 자신이 가진 황권에 위협이 될 것이 불 보듯 뻔한
이 풍속을 인정할 수 없었다. 그래서 660년에 그는 자신의 형제인 테
오도시우스에게 성직자가 되기를 강요했고, 뒤이어 그를 죽인 후 아
들 콘스탄티누스 4세를 공동 황제로 세웠다. 이러한 그의 행동은 사
람들의 비난을 불러일으켰고 백성은 황제를 또 다른 카인[8]이라고 불
렀다.

아들에게 콘스탄티노플을 맡기고 떠난 콘스탄스 2세는 첫 번째로
테살로니키를 방문했고, 그다음에는 그리스에서 상당 기간을 머물
렀다. 663년에 황제는 베네벤토에 도착해서 이곳을 거점으로 삼고
랑고바르드족을 공격하기 시작했다. 장기전을 치르면서 콘스탄스 2
세의 비잔틴제국 군대는 승리를 거두기도 했다. 하지만 군사와 재정
이 부족한 상태였기에 결국에는 랑고바르드족의 손에서 이탈리아
영토를 되찾는 데는 실패하고 말았고, 어쩔 수 없이 나폴리로 물러
났다.

그 후 콘스탄스 2세는 서로마제국이 멸망한 후 처음으로 옛 서로
마 영토를 방문했다. 새로운 로마 교황 비탈리아노는 로마 성직자들
을 이끌고 성 밖으로 나가 성대한 의식을 치르며 황제를 맞이했다.

8) 《성경》 속 인물, 아담의 아들로 동생을 시기하여 죽였다.

콘스탄스 2세는 로마에서 단 12일만 머물다가 663년 7월 17일에 이 영원의 도시를 떠나 시칠리아로 향했다. 그리고 이곳에서 시칠리아의 수도 시라쿠사를 제국의 새로운 수도로 삼기로 했다. 황제의 이 결정은 물론 콘스탄티노플 시민의 강한 반대에 부딪혔다. 게다가 황실과 군대가 황제를 따라서 서부의 시라쿠사로 이동하면 그 일대의 사람들이 엄청난 세금 부담을 지게 될 것이 뻔했기에 시라쿠사 현지인들에게도 분노를 불러일으켰다.

이 무렵, 콘스탄스 2세의 근위대 내부에서 조용히 음모가 싹트고 있었다. 668년 9월 15일, 콘스탄스 2세는 욕조에서 칼에 찔려 죽었다. 이 음모에는 비잔틴과 아르메니아의 많은 명문 귀족이 연관되었다. 그 후 아르메니아에서 온 호위 백작 미시시우스가 곧 군대에 의해 황제로 옹립되었다.

그 후, 콘스탄스 2세의 시신은 콘스탄티노플로 옮겨져 성사도 성당에 묻혔다.

콘스탄스 2세가 세상을 떠난 후, 그전에 공동 황제로 임명되었던 그의 둘째 아들 콘스탄티누스 4세가 아버지의 뒤를 이어 유일한 황제가 되었다. 그의 통치 시기에 세계 역사와 비잔틴제국의 역사에 매우 중요한 국면이 시작되었다.

바로 이 시기에 아랍제국과 비잔틴제국의 대립 구도에 결정적인 변화가 생겼기 때문이다.

높은 벽과 그리스의 불 콘스탄티노플 구하기

콘스탄티노플의 높은 벽이 유럽 문명의 가장 훌륭한 바람막이였다고 한다면, 이 바람막이는 효력을 발휘한 적이 한두 번이 아니다. 아랍 대군이 콘스탄티노플의 코앞까지 밀고 들어왔을 때, 이 바람막이는 유럽을 삼켜 인류 문명의 발전 흐름을 바꿔놓으려 했던 거센 바람을 막아냈다. 그리하여 알라 숭배자들의 성전은 콘스탄티노플의 높은 벽에 부딪혀 처음으로 패배의 쓴맛을 보았다. 이와 비교했을 때 카를 마르텔이 투르푸아티에 전투에서 거둔 승리는 세상의 변방에서 일어난 작은 에피소드나 마찬가지다.

유럽을 지키는 신비의 불꽃

668년의 어느 날, 콘스탄티노플 성 밖으로 피난민들이 허둥지둥 도망을 갔다. 거리에는 사람들과 마차, 패잔병과 군수품을 실은 수레로 넘쳐났다. 그런데 이 와중에 칼리니코스라는 시리아의 장인은 그 인파를 거스르며 콘스탄티노플로 바삐 걸음을 옮겼다. 물 위에서도 활활 불타오르는 검은색의 끈적끈적한 액체를 발견하고 이를 알리기 위해 콘스탄티노플로 향한 것이다. 비잔틴에서는 이 액체를

▼ '그리스의 불'은 비잔틴제국이 해전에서 사용한 화력 무기이다. 7세기에 콘스탄티노플에서 유황, 질산칼륨, 정제유 등을 혼합해 처음 만든 것으로 전해진다. 그러나 제조 기술에 대한 보안이 철저해서 배합 방법에 관한 기록은 찾아볼 수 없다. 호스와 같은 관을 이용해 화염을 분출하거나 항아리에 담아 적의 함선에 날려 보냈고, 물에서도 잘 불타올랐다.

'들불' 또는 '바다의 불'이라고 불렀고, 아랍에서는 '그리스의 불'이라고 불렀다. 당시 이 검은 액체의 발견이 비잔틴제국의 천 년 역사에 얼마나 중요한 순간이었는지 아무도 예상하지 못했다.

▲ 콘스탄티노플에 모인 베네치아 상인들

중세의 삽화. 출처는 파리 국가 도서관에 수장되어 있는 마르코 폴로의 《기적의 책》 친필 원고이다.

이 일이 있기 전, 아랍제국에서는 드디어 내부의 분란이 끝나고 전 시리아 총독이었던 무아위야가 새로운 칼리파 자리에 올랐다. 국내를 안정시킨 무아위야는 비잔틴제국으로 눈을 돌려 집중공격을 퍼부었다.

670년에 무아위야는 장교를 파견하여 비잔틴의 가장 가까운 이웃인 키지쿠스 반도를 손에 넣었다. 이로써 콘스탄티노플을 공격할 최적의 기지를 마련한 셈이다. 672년에 그는 함대를 파견해서 리키아와 슐레지엔 등지를 점령했다.

한편, 674년을 시작으로 4년 동안 매해 여름이 되면 아랍의 대규모 함대가 출정하여 콘스탄티노플을 포위했다. 이는 '콘스탄티누스 성의 첫 포위'라고 불리기도 했다.

그리하여 678년 6월 25일, 가장 처참했던 해전이 발생했다. 이날 아랍 함대는 콘스탄티노플을 향해 총공격을 시작했다. 이에 비잔틴제국의 해군은 작은 배 여러 척을 바다로 내보내 왔다갔다 하게 했다. 이 배들은 절대 평범하지 않았다. 갑판 아래에는 그리스의 불이 담긴 유조통이 설치되었고, 이 통에 긴 도관을 연결했다. 그리고 힘 좋은 병사들이 뱃머리에 설치된 도관 반대편을 들고 있었다.

해전이 시작되자 비잔틴제국의 배들은 성을 공격하는 용도의 무기와 병사를 가득 싣고 적군의 함대에 접근하기 시작했다. 그 후 한 병사가 궁수들의 엄호를 받으며 펌프질로 유조통의 액체를 도관으로 뽑아냈다. 이어서 다른 한 병사가 입구의 점화 장치를 켰고, 뱃머리에 앉은 병사는 도관을 들어 목표를 조준하고 발사했다. 그러자 도관은 마치 거대한 입을 벌리고 불꽃을 뿜어내는 화룡처럼 불을 뿜어 아랍 군함을 집어삼켰다. 오래전 시리아 장인이 발견한 신비의 액체가 비잔틴제국 군대의 비밀무기가 된 것이다!

수많은 아랍 병사가 큰 불길에 휩싸여 일부는 그대로 불타 죽고, 일부는 바다로 뛰어들었다. 바다 곳곳에서 처참한 부르짖음이 들려왔다.

아랍 군대는 황급히 철수했지만, 때는 이미 늦었다. 약 3분의 2에 해당하는 수많은 전함이 불길에 휩싸여 활활 타올랐다. 설상가상으로, 후퇴하던 중에 팜필리아 해안 근처에서 폭풍우의 습격까지 받았다. 해군이 엄청난 타격을 받은 동시에 해군의 지원을 받지 못한 아랍 육군 역시 소아시아 지역에서 비잔틴 군대에 격파당했다.

이후 무아위야는 어쩔 수 없이 비잔틴제국과 30년 강화 조약을 맺으며 매년 비잔틴제국에 금괴 3,000개를 바치는 데 동의했다. 이 밖에도 전쟁 포로 50명과 말 50필을 넘겨주었다.

이 전투는 비잔틴제국이 엄청난 기세의 아랍을 상대로 거둔 진정한 첫 승리였다. 이 전투로 비잔틴제국의 위력을 절실히 느낀 아바르족과 발칸 반도의 슬라브족도 잇따라 콘스탄티노플에 사절을 보내 비잔틴제국의 신하가 되길 자청했다.

불가르족의 왕

강력한 아랍 군대를 물리쳤지만, 비잔틴제국에는 아직 평화의 순간이 다가오지 않았다. 동방의 강적이 물러나기가 무섭게 북방의 새로운 적수 불가르족이 나타난 것이다.

불가르족은 튀르크족과 슬라브족이 합쳐져 형성된 민족으로 일찍이 흑해와 카스피 해 일대에 제1 불가리아라는 나라를 세웠다. 이 나라는 헤라클리우스 황제 시대에 비잔틴제국과 빈번하게 왕래하며 한때 좋은 관계를 유지했다. 헤라클리우스 황제는 불가리아 추장 올가나와 그의 조카 쿠브라트[9]의 대부가 되기도 했다.

그러나 7세기 중엽 즈음, 튀르크족의 또 다른 분파인 하자르족이 세력을 뻗으면서 제1 불가리아는 멸망했다. 이후 불가르족 일부는 쿠브라트의 셋째 아들 아스파루크를 따라 도나우 강의 북쪽으로 이동했다.

---

9) 훗날 제1 불가리아의 칸

아스파루크는 비잔틴제국과 교섭하여 트라키아 평원의 일부 토지에서 방목할 수 있게 해 달라고 요구했다. 비잔틴은 여러 가지를 고려하여 그들의 요청을 수락했지만, 동시에 제국을 위해서 도나우 강을 지키고 언제든 징병에 응하여 아랍에 대한 공격을 지원하라는 조건을 덧붙였다. 이때부터 불가르족은 도나우 강 나루에 자리를 잡았다.

그러나 비잔틴제국이 터무니없이 무거운 세금 부담을 지워 불가르족은 날로 불만이 커졌고, 결국에는 제국에 반발하기 시작했다. 아스파루크의 지휘로 불가르족과 현지의 슬라브 귀족들이 협의를 맺고 슬라브–불가리아 연합국을 세워 함께 비잔틴제국에 저항했다.

비잔틴 황제는 불가르족이 자신의 통치에서 벗어나 북방에서 자국을 위협하는 것을 용인할 수 없었다. 그래서 그동안 대립하던 아랍과 조약을 체결하고 곧바로 불가르족 원정을 준비했다.

680년 여름, 콘스탄티누스 4세는 해군과 육군을 합쳐 8만 대군을 조직했다. 그리고 해군은 함대를 이끌고 흑해의 북쪽으로, 육군은 트라키아로 진군하여 동시에 도나우 강을 공격하게 했다. 목표는 불가르족의 거주지인 온구르(Ongur)였다.

아스파루크는 이 소식을 듣고 장군들과 긴급 회의를 열어 주도면밀한 계획을 세웠다. 한편, 목적지에 도착한 콘스탄티누스 4세는 불가르족이 도나우 강변의 소택지 주변에 견고한 요새를 세우고 요새 밑에 깊이 2미터가 넘는 참호를 파 놓은 것을 발견했다. 하지만 승리를 확신하던 콘스탄티누스 4세는 이를 대수롭지 않게 여겼다.

콘스탄티누스 4세는 잠시 휴식하며 군대를 정비하고, 곧이어 불가

▲ 중세 콘스탄티노플 교회의 그림
박사 세 명이 황금과 유향을 가지고 황제를 알현하러 가는 모습

불림국에서 온 사신

중국의 역사책을 보면 불림국에서 사신이 왔다는 기록을 쉽게 찾아볼 수 있다. 당나라 시대만 보더라도 《구당서》와 《신당서》 등에 모두 관련 기록이 남아 있다. 그 기록에 따르면 불림국은 중국의 장안에 7차례 사신을 파견해 당나라 황제에게 붉은 유리와 신비한 전설의 만병통치약 등을 바쳤다고 한다.

학계에서는 이른바 불림국이 바로 동로마, 즉 비잔틴제국을 말하며 당시 양국 간의 관계가 매우 밀접했을 것으로 추정한다. 실제로 비잔틴제국에서 사용하던 금화가 중국 내에서 잇따라 발견되어 이에 힘을 실어주고 있다. 발견된 금화는 빠르게는 4세기 초반에서부터 8세기 중반에 통용되었던 것들이다. 그 후의 금화를 찾아볼 수 없는 것으로 미루어 7세기 중반 이후에 아랍 세력이 비잔틴제국의 지중해 동부 연안 지역과 북아프리카 영토, 페르시아를 정복하면서 비잔틴제국과 중국의 경제적 왕래가 끊어진 것으로 보인다.

르족의 요새를 공격하라고 명령했다. 그리고 자신은 막사 안으로 들어가 전투 상황을 지켜보았다. 그런데 생각지도 못한 일이 벌어졌다. 요새 안의 불가르족이 돌과 뾰족하게 깎은 나무 방망이, 펄펄 끓는 등유로 비잔틴제국 군대의 공격을 하나 둘 막아낸 것이다.

비잔틴제국 군대가 이렇다 할 성과를 올리지 못하자 콘스탄티누스 4세는 전술을 바꾸어 군사들에게 방진을 형성해 불가르족의 공격을 막아내고, 무슨 수를 써서든 요새에 진입하라고 명령했다. 이에 대응하여 불가르족도 틈틈이 기습 공격을 했다. 그들은 군사들을 여러 무리로 나누어 번갈아가며 성을 수비했다. 자신들의 힘은 비축하면서 상대는 지치게 하려는 방법이었다. 요새의 성벽 위에서 통나무와 커다란 바윗덩이가 굴러 내려오고 뜨거운 기름이 비처럼 쏟아지자 성벽을 기어오르던 비잔틴제국의 병사들은 비명을 지르며 떨어졌다.

뒤이어 콘스탄티누스 4세가 전혀 예상하지 못한 일이 또 일어났다. 아스파루크가 발 빠른 기마 부대를 보내 비잔틴제국 군대의 군영을 습격한 것이다. 100여 명으로 구성된 이 기마 부대는 말꼬리에 버드나무 가지를 묶어 거대한 먼지바람을 일으키며 비잔틴제국 군대의 군영 근처에 나타났다. 그 순간 그들이 몰고 온 엄청난 먼지구름 사이로 화살이 날아와 장막에 꽂혔고, 군영은 순식간에 불바다로 변했다. 군영이 불타오르는 것을 확인한 불가르족의 기마 부대는 다시 먼지를 일으키며 재빨리 후퇴했다.

콘스탄티누스 4세는 거대한 먼지바람으로 상황을 제대로 파악하지 못한 채 서둘러 1만 대군을 내보내 불가르족을 뒤쫓게 했다. 이로써 비잔틴제국 군대는 적의 꾐에 보기 좋게 넘어가고 말았다. 적군 기마 부대를 쫓아 넓은 평원으로 나갔을 때 불가르족이 미리 설치해 둔 밧줄에 걸려든 것이다. 제국의 기마병들이 우수수 말에서 떨어지자 근처에 매복해 있던 궁수들이 나타나 화살을 비처럼 쏘아댔다. 이에 비잔틴제국 군대는 속수무책으로 당할 수밖에 없었고, 결국 엄청난 사상자가 발생했다.

콘스탄티누스 4세는 어쩔 수 없이 살아남은 병사들을 이끌고 후퇴했다. 이들이 도나우 강을 건널 때, 다시 불가르족이 습격해 왔다. 그들은 콘스탄티누스 4세를 뒤쫓아 강을 따라 바르나에 발을 들여놓았다.

이렇게 해서 콘스탄티누스 4세는 골칫거리를 없애기는커녕 도리어 적이 제국의 중심 지역에 진출할 수 있게 도와준 셈이 되었다.

그는 당장 불가르족을 몰아낼 수는 없다는 사실을 깨닫고 그들과 강화 조약을 맺었다. 이 조약에서 비잔틴제국 황제는 바르나에 대한 불가르족의 소유권을 인정하고, 불가르족에게 공물을 바치기로 약속했다.

이는 비잔틴제국에 주권을 빼앗긴 것이나 다름없는 치욕이었다. 그래서 비잔틴제국 사람들은 이 일을 두고 '로마의 명예에 먹칠했다'고 평가했다. 어쨌든 이 일을 계기로 비잔틴제국의 영토였던 곳에서 처음으로 비잔틴제국의 인정을 받은 독립국가가 탄생했다.

식민 제국

685년 9월, 비잔틴제국을 17년 동안 통치한 콘스탄티누스 4세가 향년 서른셋의 젊은 나이에 세상을 떠났다. 그 후 그의 아들 유스티니아누스 2세가 황위를 계승했다. 유스티니아누스 2세는 그의 아버지처럼 황제라는 최고의 자리에 올랐을 때 열여섯이 채 안 된 어린 나이였지만, 할아버지와 매우 닮은 성격과 천성을 보여주었다.

당시 동방에서는 무아위야가 죽은 후 아랍제국이 다시 내란을 겪고 있었다. 유스티니아누스 2세가 즉위한 이듬해에 새로 칼리파가 된 압둘 말리크가 다시 비잔틴제국과 강화 조약을 맺었다. 아랍제국은 비잔틴제국에 매년 바치는 공물의 액수를 예전보다 늘리고, 키프로스와 아르메니아, 이베리아 지역의 세금을 양측이 공평하게 나눠 가지는 데 합의했다.

이로써 찾아온 평화는 유스티니아누스 2세에게 콘스탄티누스 4세가 미처 끝내지 못한 일에 마침표를 찍을 기회를 주었다.

688년 즈음 유스티니아누스 2세는 군대를 이끌고 발칸 반도의 슬라브족 점령 지역으로 원정을 갔다. 이번 군사 행동은 성공적이었다. 유스티니아누스 2세는 발칸 반도 남부 지역에서 비잔틴제국의 영향력을 강화하여 주변의 슬라브 부족들도 자신의 통치권에 포함시켰다.

그 후, 유스티니아누스 2세는 무술을 숭상하는 이 용맹한 부족을 정착시키기 시작했다. 일부는 비티니아로 이주시키고, 또 일부는 군관구에서 둔전병으로서 토지를 개간하게 했다. 이렇게 해서 연이은 전쟁으로 줄어든 인구를 확충하고 제국의 군사력을 강화하고자 했다.

▲ 《로마제국 쇠망사》의 작가 에드
워드 기번의 통계에 따르면 콘
스탄티노플 성 안에는 극장 2곳
과 집회장 4곳, 호화로운 공중
목욕탕 8곳, 개인 목욕탕 153
곳, 도로변 콜로네이드[11] 52곳,
식량 창고 5곳, 교회 14곳, 궁전
14곳, 그리고 귀족 저택 4,388
곳이 있었다고 한다.

유스티니아누스 2세의 식민 정책은 슬라브족 외에 레바논 산지에
거주하던 마론파[10]에게도 적용되었다. 마론파는 아마누스 지역에서
활동하던 화적 무리로, 한때 비잔틴제국의 군대에 복무하며 아랍제
국과의 전쟁에 참가하기도 했으나 점차 이슬람교로 귀의했다. 그러
나 황제의 정착 사업으로 이들은 비잔틴제국의 변경에 배치되어 제
국을 지키기 시작했다.

이 밖에도 유스티니아누스 2세는 키프로스 주민을 키지쿠스 지역
으로 이주시켰다. 해안 지역인 키지쿠스는 콘스탄티노플이 포위되었
을 때 항만 등이 심각하게 훼손되어 경험이 풍부한 일손이 필요했기
때문이다. 그러나 당시 유스티니아누스 2세와 함께 키프로스를 공유
하던 아랍제국으로서는 당연히 인력이 줄어드는 것이 달갑지 않았

---

10) 원문에는 마론파가 화적이었으며 점차 이슬람교로 귀의했다고 이야기하지만, 백과사전에서 마론파
를 찾아보면 이슬람교의 전파를 피해 산악 지역으로 이동했으며 이슬람 세력에 저항했다고 이야기
됩니다.
11) 지붕이 있는 긴 복도

다. 이 일로 691년 즈음에 두 제국의 군대가 다시 충돌하게 되었다.

비록 이민자들이 제국을 배신하거나 도망치는 일이 나타나기도 했지만, 헤라클리우스 황제의 군관구 제도와 둔전제를 발전시킨 유스티니아누스 2세의 식민 정책은 이민자 중에서 병사를 징집해 당시 황제에게 가장 필요했던 군사력을 보충하고 강화해주었다. 그뿐만 아니라 전쟁으로 한동안 쇠퇴했던 농촌 지역의 경제도 발전시켜주었다.

이렇게 '농병'은 자유 농민과 함께 하나의 계급으로 발전해나갔고, 훗날 비잔틴제국에 실질적인 힘이 되었다.

그리스도의 하인

유스티니아누스 2세는 신앙이 독실한 군주이기도 했다. 그는 비잔틴제국에서 처음으로 그리스도의 초상을 제국에서 발행하는 동전 뒷면에 새기고, 자신이 '그리스도의 하인'이라는 글귀를 넣었다.

691년에서 692년까지 유스티니아누스 2세는 '제6차 공의회'라고 불리는 교회회의를 열었다. 이 회의는 트룰로 궁에서 거행되었기 때문에 '트룰로 공의회'라고 불리기도 한다.

이 공의회에서 교회 사무에 대한 동서 양측의 입장 차이가 명확히 드러났다. 당시 비잔틴 교회는 성직자의 결혼을 허락하고, 로마 교회가 토요일을 단식일로 정하는 것에 반대한다는 뜻을 분명히 했다. 그래서 로마 교황은 공의회에서 결정된 사항을 받아들이길 거부했고, 동서 교회 사이에 다시금 격렬한 논쟁이 벌어졌다.

유스티니아누스 2세는 할아버지의 경험을 거울삼아 로마에 특사를 파견했다. 로마 교황을 체포해 콘스탄티노플로 압송하고 자신이 그를 심판하려고 한 것이다.

그러나 시간이 흐르면서 상황도 많

▼ 콘스탄티노플 도시 복원도

이 변했다는 것을 유스티니아누스 2세는 미처 알지 못했다. 당시 이탈리아에서 유스티니아누스 2세의 영향력이 크게 약해진 반면, 로마 교황의 지위는 엄청나게 강화되어 있었다.

황제가 보낸 특사가 로마 교황을 체포하려고 하자 분노한 로마와 라벤나 시민은 적극적으로 행동에 나서 교황을 보호했다. 유스티니아누스 2세의 특사는 성난 군중에게서 몸을 피할 길이 없자 로마 교황 앞에 무릎을 꿇고 목숨을 구걸할 수밖에 없었다. 40년 전에 로마 교황 마르티누스 1세가 비잔틴 황제에게 모욕을 받은 때처럼 말이다.

그러나 유스티니아누스 2세에게는 더 큰 굴욕이 기다리고 있었다.

황제가 시행한 식민 정책과 이민 정책이 말썽이었다. 제국의 이익을 위한 것이기는 했지만 귀족의 이익에 반하는 데다 타지로 강제 이주한 사람들에게는 엄청난 고통이자 재난이었기 때문이다. 또한 유스티니아누스 2세는 역대 동명의 황제와 마찬가지로 호화로운 각종 대형 건축물을 세우는 것을 좋아해서 이를 위해 엄청난 세금을 거둬들이는 등 백성의 등골을 휘게 했다.

695년 말, 결국 유스티니아누스 2세에게 반대하는 봉기가 일어났고 그 결과 그리스 군관구의 장군 레온티우스가 새로운 황제로 추대되었다.

레온티우스는 천만 시민이 지켜보는 경기장에서 유스티니아누스 2세의 코를 베었다. 당시 신체에 훼손된 부분 등 이상이 없어야 공직에 오를 수 있다는 관습이 있었으므로 유스티니아누스 2세가 다시는 황제의 자리에 오르지 못하도록 절단형을 내린 것이다. 이렇게 해서 유스티니아누스 2세는 이후 공직에 오를 수 있는 자격을 완전히 박탈당하고, '리노트메투스' [12]라는 별명을 얻은 채 크림 반도의 케르소네수스로 유배되었다. 이곳은 과거에 로마 교황 마르티노 1세가 세상을 떠난 곳이다.

와신상담한 황제

그 후 2년 동안 비잔틴제국에서는 그야말로 하루가 멀다고 정권 교체가 이뤄졌다. 레온티우스는 적을 막아낼 능력이 없어 곧 무너졌고, 제국 카라비시안 해상 군관구의 함대 사령관 아프시마루스가 황

---

12) 코가 잘린 사람

제로 옹립된 후 이름을 로마식으로 티베리우스 3세로 개명했다.

한편, 케르소네수스에서 빈곤하게 유배 생활을 하던 유스티니아누스 2세는 가슴속에 활활 타오르는 불꽃을 주체할 수 없었다. 그는 결코 운명이 정해 놓은 대로 살지 않겠다며 자나깨나 다시 일어나서 복수할 일만 생각했다.

케르소네수스 지역 당국은 유스티니아누스 2세의 움직임이 심상치 않다는 것을 알아채고 그를 콘스탄티노플로 보내 만일에 대비하기로 했다. 그러나 그들이 움직였을 때 유스티니아누스 2세는 이미 그곳을 빠져나간 후였다.

전 황제는 천신만고 끝에 하자르족의 영지로 도망치는 데 성공했고, 이곳에서 운 좋게도 하자르한국 왕의 예우를 받게 되었다. 하자르한국 왕은 심지어 그에게 자신의 여동생을 시집보내기까지 했다.

여기서 주목할 점은 유스티니아누스 2세가 자신을 유스티니아누스 대제에 견주어 자신의 부인을 '테오도라'[13]로 개명시켰다는 것이다.

티베리우스 3세는 이 소식을 듣고 하자르족에 사자를 보내 전 황제를 넘겨달라고 요구했다. 이에 하자르한국 왕은 비잔틴제국과의 좋은 관계를 무너뜨릴까 걱정되어 이 요구를 받아들이기로 했다.

그러나 이 소식을 미리 접한 유스티니아누스 2세는 재빨리 흑해 서해안으로 도망쳤다. 그곳에서 당시 아스파루크의 아들인 불가르한국의 칸(군주) 테르벨을 만났는데, 그는 유스티니아누스 2세가 황제의 자리를 되찾도록 돕기로 했다.

705년 가을, 불가르한국의 기마병 1만여 명의 보호를 받으며 유스티니아누스 2세가 콘스탄티노플에 나타났다. 그러나 그들은 오랜 공격에도 콘스탄티노플을 손에 넣지 못했다. 폐위된 전 황제의 황권 회복 요구는 사람들에게 풍자되며 비웃음을 샀다. 사흘 후, 유스티니아누스 2세는 성 밖에서 안으로 통하는 수도관이 있다는 사실을 떠올렸다. 연결 지점의 수비가 매우 허술했기 때문에 그곳을 공략하면 승산이 있을 것 같았다. 그날 밤, 그는 어둠을 틈타 충성스럽고 용맹한 병사 수백 명을 이끌고 수도관을 통해서 성 안으로 숨어들었다. 그의 전략은 과연 성공적이었다. 유스티니아누스 2세와 그의 병사들은 그곳의 수비병들을 기습해 무력화하고 단번에 콘스탄티노

---

13) 유스티니아누스 대제의 부인이자 공동 통치권자

플을 점령했다. 상황이 심상치 않게 돌아가는 것을 느낀 티베리우스 3세는 황급히 도망쳤다.

먼 곳으로 망명한 지 10년 만에 유스티니아누스 2세는 드디어 제국의 수도로 돌아왔다. 그는 다시 자신의 옛 지지자들을 기용하고 새로이 황제의 자리에 올랐다. 정변에 성공한 후 유스티니아누스 2세는 사자를 보내 테오도라를 데려왔고, 유배 시절에 그들이 낳은 아들 티베리우스가 아버지의 공동 황제로 임명되었다.

복수한 미치광이

다시 황제가 된 유스티니아누스 2세는 유배 시절 자신이 밤낮으로 그리고 그리던 일들을 실현할 기회를 얻었다.

먼저 불가르한국의 군주 테르벨에게 약속한 대로 비잔틴제국이 불가르한국에 매년 공물을 바쳤고, 테르벨에게는 카이사르라는 호칭을 내렸다. 비록 아무런 실권도 없었지만 이 호칭은 황제 다음가는 직함으로, 다른 민족의 군주에게 수여된 것은 역사상 최초였다.

그다음으로 유스티니아누스 2세는 10년을 억눌러 온 무시무시한 복수의 불꽃을 분출했다. 체포된 티베리우스 3세와 7년 전에 폐위된 레온티우스는 함께 이곳저곳을 끌려다니다가 사형되었고, 많은 신하와 귀족의 목이 수도의 각 성벽에 내걸렸다. 한편, 레온티우스를 황제로 옹립하는 데 큰 역할을 한 대사제 장 칼리니쿠스에게는 눈을 멀게 하는 참형이 내려졌다.

당시 황제는 복수에 눈이 멀어 이성을 잃은 듯했다. 그는 복수의 광기에 사로잡혀 헤어나오지 못했고, 제국 외부의 적들은 전혀 염두에 두지 않았다. 이때 아랍제국이 비잔틴제국에 불어닥친 피바람을 알아챘다. 709년에 승승장구하던 아랍 군대가 비잔틴제국 카파도키아 전선의 주요 요새인 티아나를 포위했다. 당시 비잔틴제국 군대는 훌륭한 지휘관 대부분이 유스티니아누스 2세의 대학살로 목숨을 잃었기에 아랍 군대에 대항할 힘이 턱없이 부족했다. 결국, 티아나가 함락되고 아랍 군대는 계속 전진하여 콘스탄티노플까지 밀고 들어왔다.

이렇게 심각한 상황을 마주하고도 유스티니아누스 2세는 어떻게 아랍 군대를 물리칠지는 생각하지 않고, 그저 당시에 자신의 체면을 땅에 떨어뜨린 로마 교황과 라벤나 시민들에게 어떻게 복수할지만을 생각하고 있었다. 그리고 라벤나는 곧 비잔틴제국 황제의 군대에 약탈과 유린을 당했다. 수많은 사람이 사슬에 묶여 줄줄이 콘스탄티노플로 끌려간 후 그곳에서 집단 학살당했다. 로마 교황 역시 두 눈알을 뽑혀 눈이 멀었다.

황제의 유배지였던 케르소네수스 역시 화를 피하지 못했다. 이곳은 유스티니아누스 2세가 개인적으로 가장 굴욕적인 시간을 보낸 어두운 기억이 있는 장소로 그는 이를 항상 마음에 두고 있었다. 황제는 케르소네수스로 군대를 보내 대대적으로 학살과 약탈을 자행했다. 그러자 참고 참던 현지 주민들이 결국에는 황제에게 저항하기 시작했다.

저항의 불꽃은 빠르게 퍼져나가 제국의 육군과 해군까지 쿠데타를 일으켰다. 군사 작전이 실패할 때마다 의심 많은 황제가 무정하고도 잔인하게 군대 지휘관들을 벌했기 때문이다. 이 봉기는 하자르족에게서도 지지를 받았다. 당시 하자르족은 크림 반도를 포함한 더 넓은 지역으로 세력을 확장하려던 중이었다.

이후 아르메니아인 바르다네스가 새로운 황제로 옹립되었다. 그가 함대를 이끌고 위풍당당하게 콘스탄티노플에 도착했을 때, 성 안의 군사들과 백성은 성문을 열고 그들을 환영했다.

이런 혼란 속에서 유스티니아누스 2세는 근위병인 군관에게 살해당했고, 그의 목이 로마와 라벤나로 보내져 대중에게 공개되었다. 그의 아들이자 후계자인 티베리우스도 죽임을 당했다. 유스티니아누스 2세가 다시 황위에 오른 지 겨우 6년 만의 일이었다. 황제로부터 시작된 복수의 불꽃은 끝내 자기 자신과 수백 년을 이어온 헤라클리우스 왕조까지 모두 불태우고 말았다.

▼ 유스티니아누스와 그 수행원
역사적 실존인물인 유스티니아누스 대제를 묘사한 그림이다. 그의 실제 생활을 묘사했다기보다 정신적인 면에서 비잔틴제국의 왕권 신성화를 반영한 작품이라고 할 수 있다.

루스족

'루스'는 일반적으로 바이킹 해적선의 선장 겸 전사라는 뜻의 단어라고 해석된다. 바이킹 왕공이 슬라브족의 통치자로서 슬라브족의 영토에 발을 들여놓고, 바이킹의 전사들이 왕공의 근위대가 되면서 루스가 바이킹 왕공과 근위대를 통칭하는 단어가 되었기 때문이다. 키예프 루시 시대만 해도 비잔틴제국의 사람들과 기타 민족이 루스족이라고 부르던 사람들은 바로 이 슬라브족의 북쪽 영토를 통치하던 바이킹이었다.

그러나 시대가 흐르면서 슬라브족을 통치하던 바이킹들은 점차 슬라브족에게 동화되기 시작했고, 그때부터 루스족은 북방 지역의 슬라브족을 통칭하는 이름이 되었다. 이 루스족이 바로 러시아 민족의 조상이다.

고대에 유럽 정벌에 나섰던 몽골인은 튀르크족의 발음을 따 루스를 '오루스'라고 번역했는데, 근대 학자들이 다시 이를 바탕으로 '러시아'라 부르게 되었다.

다. 이뿐만 아니라 불가르한국의 흥기도 슬라브족 연방에 새로운 위협이 되었다.

이때, 드네프르 강을 따라 바이킹 일파가 남하했다. 이들은 대부분이 약탈을 일삼았지만, 흑해를 무대로 무역도 하고 용병으로도 일하면서 드네프르 강 유역의 슬라브 연방이 고용한 용병의 핵심이 되었다. 용병으로 충당된 바이킹이 결국에는 슬라브족의 도시를 빼앗고 통치자가 되었는데, 아마도 이것이 '외국의 이민족 왕이 초청을 받고 왔다는 전설'보다 더욱 사실적일 것이다.

키예프공국의 건립

류리크 형제뿐 아니라 다른 바이킹 부족의 추장도 슬라브족의 땅에 자신의 나라를 세웠다. 하지만 그들의 건국 이야기는 류리크 형제처럼 전기적인 색채를 띠지 못했다.

특히 바이킹 아스코리드와 지르가 '루스가 일군 모든 도시의 어머니'라는 찬사를 받던 키예프에 공국을 건설한 과정은 훨씬 현실적이다.

편년사에 기록된 전설에 따르면 바이킹의 지도자 아스코리드와 지르는 호위병을 동반하고 드네프르 강을 따라 진군하다가 크지 않은 도시를 발견했다. 그들이 "이건 누구의 도시오?"라고 묻자 현지 주민들은 이렇게 대답했다. "그 누구의 것도 아니오." 그래서 그들은 '아무도 관리하지 않는' 이 도시에 정착하고 근처의 슬라브 부족을 정복했다. 이는 슬라브족의 다른 도시에서도 재연되었고, 몇십 년 안에 크고 작은 공국이 하나 둘 생겨났다.

한편, 처음으로 각 공국을 통일시킨 사람은 바로 영명한 올레크였다. 노브고로드를 통치하던 류리크는 자신의 아들이 나라를 통치하기에는 아직 부족하다고 판단하고, 897년에 세상을 떠나면서 친척인 올레크에게 공국을 물려주었다고 전해진다. 단, 훗날 올레크가 이고리에게 나라를 넘겨주는 조건으로 말이다.

나라를 이어받은 올레크는 곧 다른 바이킹 왕공에게 칼을 겨누었다. 북방의 바이킹으로부터 지지를 받은 그는 빠른 속도로 드네프르 강 유역의 각 공국과 슬라브족의 도시를 정복했다. 그리고 이어서 키예프로 눈을 돌렸다. 올레크가 키예프를 공격한 방식은 그야말로 바이킹 해적과 같았다. 882년에 올레크는 자신의 군대를 흑해로 향하는 상인으로 위장해서 배를 타고 드네프르 강을 따라 키예프로 남하했다. 아스코리드와 지르가 강가에 도착했을 때, 올레크는 병사들과 일제히 공격을 시작하여 마침내 키예프를 손에 넣었다.

그 후, 올레크는 키예프 근처의 각 부족도 정복했다. 그리하여 바이킹이 건설한 각 공국과 슬라브족의 전 지역이 모두 올레크의 통치하에 놓였다. 올레크는 스스로 자신을 키예프 왕공으로 봉해 각 공국의 통치자가 되었다. 후대 사람들이 말하는 키예프 루시가 탄생한 것이다.

말 위의 왕공

올레크의 키예프 루시 지배는 훗날 그들이 노르망디에 정착하고 잉글랜드와 아일랜드의 노르만족을 정복하기 위한 예행연습이라고 할 수 있었다. 그가 키예프 루시 영토 곳곳에 세운 크고 작은 목재 울타리는 중세에 노르만족이 돌을 쌓아 올린 높고 큰 성벽의 원형이다.

전해지는 말에 따르면 올레크는 한 지역을 정복할 때마다 성루를 지었다고 한다. 이 성루는 해당 지역의 수도이자 외부의 공격을 막아내는 요새가 되었다. 그러나 올레크와 이후의 키예프 루시 통치자들은 가만히 요새 안에 앉아 도시를 지키기보다는 말이나 배를 타고 전투를 벌이는 시간이 많았다. 그들은 과거에 바이킹 추장이 그러했듯, 때로는 정복에 나서기도 하고 때로는 약탈을 일삼았으며, 또 때로는 용병이 되기도 했다.

슬라브족의 도시는 드네프르 강을 둘러싸고 무역이 이루어지면서 생겨났다. 이 무역의 종착지는 바로 흑해 북부 해안을 차지한 비잔틴제국이었다. 콘스탄티노플은 바이킹과 슬라브족에게 전혀 낯선 곳이 아니었다. 슬라브족은 일찍이 비잔틴제국과 교류했고, 바이킹도 드네프르 강을 통해 콘스탄티노플로 가서 교역하거나 용병으로 활약했다. 올레크에게 죽임을 당한 키예프 통치자 아스코리드와 지르는 생전에 비잔틴 황제가 무역에서 자신들의 권리를 인정하게 하려고 콘스탄티노플로 원정을 가기도 했다.

키예프 루시를 성립하고 통치한 올레크는 비잔틴제국과의 무역을 지속해나갔다. 그리고 그 역시 비잔틴제국의 황제가 새로운 키예프 루시의 무역권을 인정하도록 907년에 콘스탄티노플로 진군했다. 당시의 비잔틴제국은 안팎으로 궁지에 몰린 상황이었다. 그래서 올레크가 함대를 이끌고 갑자기 콘스탄티노플에 나타났을 때, 무방비 상태이던 비잔틴제국 사람들은 침략자들이 콘스탄티노플 성 곳곳을 약탈하는 것을 가만히 눈 뜨고 지켜볼 수밖에 없었다.

비잔틴제국의 새로운 황제 레오 6세는 결국 키예프 루시에 굴복했다. 그리고 키예프 루시에 엄청난 보상금을 주어야 했을 뿐만 아니라 새로 통상 조약을 맺기까지 했다. 이 조약에 따라 비잔틴제국 황제는 키예프 루시의 왕공이 파견한 사절과 키예프 루시에서 온 상인들까지 떠받들어야 했다. 그나마 비잔틴제국을 배려한 조항은 상인들이 무기를 소지할 수 없다는 것이었다.

이렇게 비잔틴제국을 약탈하는 데 성공한 올레크는 철수하기 전에 자신의 방패를 콘스탄티노플의 성문 위에 걸어 공적을 과시했다. 그리고 그는 수많은 전리품을 챙겨가 부하들에게 존경을 받았고, 이는 훗날 키예프 루시 왕공들에게 본보기가 되었다.

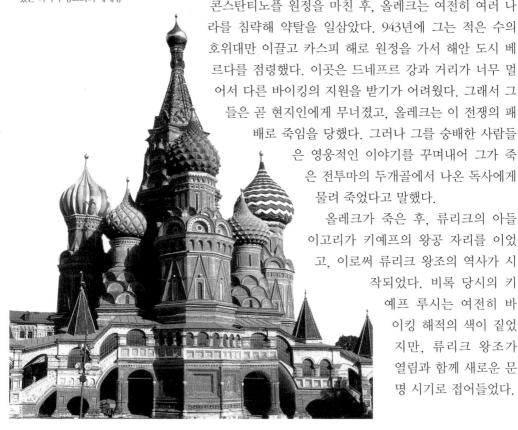

▼ 상크트 바실리 대성당
모스크바 크렘린 궁 붉은 광장에 있는 러시아 정교회의 예배당

콘스탄티노플 원정을 마친 후, 올레크는 여전히 여러 나라를 침략해 약탈을 일삼았다. 943년에 그는 적은 수의 호위대만 이끌고 카스피 해로 원정을 가서 해안 도시 베르다를 점령했다. 이곳은 드네프르 강과 거리가 너무 멀어서 다른 바이킹의 지원을 받기가 어려웠다. 그래서 그들은 곧 현지인에게 무너졌고, 올레크는 이 전쟁의 패배로 죽임을 당했다. 그러나 그를 숭배한 사람들은 영웅적인 이야기를 꾸며내어 그가 죽은 전투마의 두개골에서 나온 독사에게 물려 죽었다고 말했다.

올레크가 죽은 후, 류리크의 아들 이고리가 키예프의 왕공 자리를 이었고, 이로써 류리크 왕조의 역사가 시작되었다. 비록 당시의 키예프 루시는 여전히 바이킹 해적의 색이 짙었지만, 류리크 왕조가 열림과 함께 새로운 문명 시기로 접어들었다.

칸에서 카이사르까지 불가르한국의 침몰

불가르족은 유럽에 출현한 이후 수도 없이 세력 확장과 축소를 반복하다가
결국 주변의 적들과 연합해 불가르한국을 세웠다. 불가르한국은 몇 차례
혹독한 시련을 겪으며 수많은 영웅호걸을 배출했지만 끝내는 역사라는 긴
긴 강 속에 가라앉고 말았다.

세례받은 칸

4세기에 일어난 민족 대이동의 물결 속에서 중앙아시아에서 이주
해 온 유목 민족과 슬라브족은 점차 불가르족이라는 하나의 새로운
민족을 형성해갔다. 초기에 불가르족은 높은 사기로 비잔틴제국의
발칸 영토로 돌진했지만, 559년에 비잔틴제국 군대의 정면 공격을
받고 라인 강 하류 지역으로 철수했다. 그 후 불가르족은 자신들의
첫 거주지였던 흑해와 카스피 해 사이의 초원으로 돌아가 현지 민족
에 종속되었다.

그러나 저 멀리 콘스탄티노플에 있는 비
잔틴제국의 황제가 그들의 전략적 가치를
알아보면서 불가르족은 새로운 국면에 접
어들었다. 626년, 불가르족이 콘스탄티노
플을 포위한 아바르족의 전투에 참가한 지
얼마 지나지 않았을 때 불가르족의 칸 올
가나는 콘스탄티노플에서 온 사신을 맞이
했다. 사신은 황제 헤라클리우스 1세의 초
청장을 전달했다.

초청에 응해 콘스탄티노플로 향한 올가
나 일행은 과연 융성한 대접을 받았다. 이
를 계기로 콘스탄티노플의 번영한 모습과
비잔틴제국의 문명에 푹 빠진 불가르족은
이내 기독교로 귀의하여 성 소피아 대성당
에서 세례를 받았다. 이에 헤라클리우스 1
세는 올가나와 그의 조카 쿠브라트의 대부
가 되어주었다.

▼ 도자기 성상
세기 말, 불가리아 프레슬라브
의 한 수도원에 수장되어 있던
성상

불가리아 동북부에 있는 플리스카 고성은 제1 불가리아의 수도로 681년에 건설되었다. 평생 비잔틴 제국의 황실을 동경하던 불가리아 황제 시메온이 제2의 콘스탄티노 플이 되기를 희망하며 심혈을 기 울여 만들었던 성이다.

고고학 발굴 결과에 따르면 고성 은 23제곱킬로미터의 면적에 내 성과 외성으로 나뉘었다. 내성에 는 웅장한 궁정과 신전 그리고 욕 실, 배수 시스템, 급수 시스템, 난 방용 로마식 화로 등이 마련되어 있던 것으로 추정되는데, 이것만 봐도 과거 이 고성이 얼마나 크고 화려했는지 알 수 있다.

고성의 전반적인 건축 양식에서 로마와 비잔틴제국의 영향을 받은 흔적이 뚜렷하게 나타나는데, 유 물 중에는 그리스어로 역대 칸의 명령이 새겨져 있는 돌기둥 비문 도 있다.

비잔틴제국의 금전 공세와 종교적 순화로 불가르족은 금세 유목 생활에서 벗어나 점차 농경 생활을 하며 정착했다.

625년에 왕위를 계승한 불가르족의 칸 쿠브라트는 아바르족의 통치에 반기를 들고 군사를 일으켰다. 그들은 이때 비잔틴제국에서 자금과 무기를 충분히 지원받았고, 마침내 이민족인 아바르족의 통치에서 벗어났다. 또 쿠브라트는 비잔틴제국의 지지를 기반으로 불가르족, 훈족, 슬라브족의 연합군을 이끌고 사방으로 정복 활동에 나서 동쪽으로는 쿠반 강, 서쪽으로는 드네프르 강, 북쪽으로는 도네츠 강, 남쪽으로는 아조프 해와 흑해에 달하는 방대한 불가르한국을 세웠다.

카이사르가 된 한왕

679년에 당시의 불가르족의 칸 아스파루크는 튀르크족의 일파인 하자르족에 밀려 백성을 이끌고 도나우 강을 건너 도나우 강과 발칸 산맥 사이에 정착했다. 그리고 그곳의 원주민인 슬라브족을 정복해 마치 쐐기를 박은 양 비잔틴제국의 변경에 뿌리를 내렸다.

681년에 비잔틴제국 황제 콘스탄티누스 4세가 결국에는 아스파루크와 협의를 맺고 제국의 도시 모이시아에 대한 불가르족의 권리를 인정했다. 또한 그들에게 해마다 공물을 지급하기로 했다. 이 협의는 발칸 반도에서 불가르족의 위치를 확고히 해주었을 뿐만 아니라 동시에 그들이 비잔틴제국의 내정을 간섭할 기회까지 주었다.

705년, 아스파루크의 아들인 테르벨은 귀한 손님을 맞이했다. 바로 비잔틴제국에서 폐위된 황제이자 헤라클리우스의 후손인 유스티니아누스 2세였다. 당시 유스티니아누스 2세는 그를 죽이려는 콘스탄티노플의 세력을 피해 사방에서 자신을 지켜줄 세력을 찾고 있었다. 테르벨과 유스티니아누스 2세는 금세 사적으로 친밀한 관계가 되었다.

바로 그해 가을, 테르벨은 연합군을 이끌고 유스티니아누스 2세가 콘스탄티노플에 진입할 수 있도록 호위하여 그를 다시 비잔틴제국의 황위에 올려놓았다. 유스티니아누스 2세는 이 절친한 친구의 도움을 잊지 않았다. 이후 그는 테르벨에게 많은 선물을 주었고, 한동안 중단했던 연공[15]을 재개했다. 또 자신이 황제로 돌아오는 데 큰 힘이

---

15) 해마다 공물을 바침

되어준 테르벨에게 이례적으로 '카이사르'라는 직함을 수여했다.

이로써 불가르한국의 칸은 유스티니아누스 2세와 어깨를 나란히 하며 비잔틴제국 황제의 보좌에 앉았고, 비잔틴 사람들의 환호를 받으며 제국의 카이사르가 되었다.

산산조각이 난 꿈

그러나 헤라클리우스 왕조의 비잔틴 통치는 금세 끝이 났다. 그리고 이어서 불가르한국과 비잔틴제국은 장기적인 시소게임을 시작했다. 양측은 발칸 반도에서 잔혹하고도 기나긴 전투를 벌였다. 전투는 817년에 비잔틴제국 황제 레오 5세가 불가르족을 격파하고 강제로 30년 강화 조약을 맺으면서 끝이 났다. 그 후 80년에 이르는 동안

▼ 불가르한국의 백성이 국왕 크룸에게 그릇을 진상하는 모습을 묘사한 판화. 그림 속의 그릇은 비잔틴제국 황제 니케포루스 1세의 두개골로 만들어진 것이다.

불가르족은 반유목 반농경 민족에서 산업과 문화가 높은 수준에 올라선 봉건 국가로 발돋움했다. 또한 동방 정교회의 영향이 커지며 불가르족의 생활 풍속도 비잔틴제국과 비슷해졌다. 이렇게 시간이 지나면서 지난 전투에서 받은 치욕이 조금씩 잊히자 불가르족은 다시금 야심을 불태웠다. 이리하여 불가르한국과 비잔틴제국 사이에 다시 한 번 위기가 닥쳤다.

893년에 불가르한국 역사상 가장 위대한 통치자인 시메온이 왕위에 올랐다. 그는 유년 시절을 콘스탄티노플에서 보냈는데, 콘스탄티노플의 화려함과 비잔틴제국 황제의 위엄은 그에게 깊은 인상을 남겼다. 어쩌면 시메온은 그때부터 콘스탄티노플의 주인이 되어

야겠다고 큰 뜻을 품었는지도 모른다.

시메온이 즉위한 지 얼마 지나지 않았을 때 비잔틴제국은 불가르족과 무역하던 시장을 콘스탄티노플에서 테살로니키로 옮기고 불가르족에게 더 많은 세금을 징수했다. 이러한 정책은 불가르한국 상인의 이익에 큰 타격을 입혔다. 이를 개선하기 위한 교섭이 아무런 성과 없이 끝나자 시메온은 894년에 군대를 이끌고 비잔틴으로 돌격했다.

불가르족의 공격을 막아내기에 역부족이었던 비잔틴제국 군대는 외교 수완을 발휘해 곧 마자르인을 한 편으로 끌어들였다. 이때 마자르인은 비잔틴제국의 종용으로 불가르한국 북부를 폐허로 만들었다. 비잔틴제국은 이 기회를 틈타 불가르한국 남부 변경 지역을 점령하고, 함대를 동원해서 도나우 강의 출입구를 봉쇄했다.

시메온은 숨 돌릴 기회를 마련하기 위해 할 수 없이 비잔틴제국과 강화했다. 이후, 마자르인은 한순간에 양측의 공공의 적이 되었고 비잔틴제국과 불가르족의 연합 공격에 밀려 도나우 강 평원 지역으로 쫓겨났다. 그러나 양측은 마자르인을 쫓아내기가 무섭게 다시 원수지간이 되어 격렬한 전투를 벌였다. 896년에 비잔틴제국의 군대는 결국 불가르족에게 격파당하고, 그들의 강요와 압박에 못 이겨

▼ 비잔틴제국의 용사가 콘스탄티노플 궁전에서 불가르족 레슬러를 상 앞에 넘어뜨려 승리를 거머쥔 모습이다.

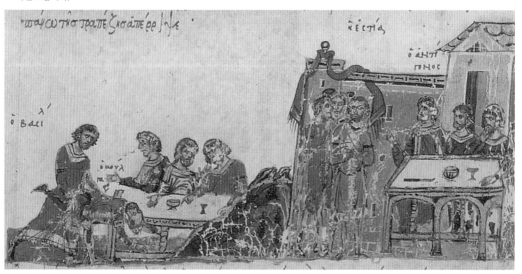

다시 강화했다. 매년 조공을 바친다는 강화 조약을 맺어 발칸 지역의 평화와 맞바꾸었다.

그러나 913년에는 사정이 또 달라졌다. 당시 콘스탄티노플을 섭정하던 알렉산드로스가 경솔하게 해마다 불가르한국에 공물을 바치던 관례를 철폐했는데, 이것이 시메온에게 다시 한 번 전쟁을 일으킬 명분을 준 셈이 되었다. 그해 8월에 불가르족은 파죽지세로 콘스탄티노플 성 아래까지 밀고 들어왔다. 이때, 전쟁의 빌미를 제공한 알렉산드로스는 이미 숨지고 대사제 장 니콜라스가 섭정을 맡고 있었다. 바로 코앞에 거센 기세로 밀려든 대군을 보면서 니콜라스와 어린 황제는 아무것도 할 수 없었다.

그러나 시메온은 높은 성벽을 좀처럼 허물지 못해 애를 먹었다. 그리하여 그는 어쩔 수 없이 비잔틴제국과 다시 한 번 협상을 벌였다. 비잔틴제국의 섭정과 황제는 열렬한 환영 의식을 치러 시메온을 맞이했다. 대사제 장 니콜라스는 시메온의 위협에 협상에서 쉽게 양보했다. 이로써 시메온은 비잔틴제국의 어린 황제와 자신의 딸을 결혼시키고 자신은 불가르한국의 황제로 즉위하기로 약속했다. 이 순간, 콘스탄티노플, 더 나아가 비잔틴제국 전체의 주인이 되겠다는 그의 꿈이 실현되는 듯했다.

그러나 안타깝게도 세상에는 무궁무진한 변수가 있었다. 얼마 후 콘스탄티노플에 정변이 일어나 대사제 장 니콜라스가 쫓겨났고, 이에 따라 어린 황제와의 혼사가 중단되었으며 시메온의 황제 대관식도 없던 일이 되었다.

이러한 소식을 들은 시메온은 다시 군대를 소집해 비잔틴제국을 공격했고, 자신을 황제로 인정할 것을 강요했다. 그런데 이때 또 다른 큰일이 벌어졌다. 비잔틴제국의 해군 총사령관 로마누스 레카페누스가 시메온이 줄곧 꿈에 그리던 일을 해낸 것이다. 다시 말해, 어린 황제 콘스탄티누스 7세에게 딸을 시집보내 새로운 섭정을 몰아내고 카이사르의 자리에 올라 비잔틴제국의 공동 황제가 되었다.

이에 분노한 시메온은 비잔틴제국의 영토를 끊임없이 짓밟았다. 그러나 로마누스 황제는 꿋꿋이 콘스탄티노플을 지키며 군대를 움직이지 않았다. 924년에 시메온은 다시 군대를 앞세워 콘스탄티노플로 진군했지만, 그도 이제 11년 전과 같지는 않다는 사실과 자신의 실력으로는 콘스탄티노플 성벽 아래까지밖에 도달할 수 없다는 사실을 깨닫고 있었다.

　이렇게 해서 또 한 번의 평화 회담이 열렸다. 이 회담을 통해 비잔
틴제국은 불가르한국의 군주가 황제라는 칭호를 사용할 수 있도록
인정해주었다. 그러나 이는 어디까지나 불가르한국 내로 국한되었
다. 이 밖에도 시메온은 니콜라스와의 협의에 따라 비잔틴제국의 황
실과 혼인으로 인척 관계를 맺을 수 있게 되었다. 단, 황실 정통 혈
통의 공주가 아닌 레카페누스 가문의 여식하고만 혼인할 수 있다는
조건이 붙었다.

　이 평화 회담으로 시메온의 꿈과 앞날은 풍비박산이 났다. 오랫동
안 품어온 정치적 이상이 산산이 조각나자 그는 우울증에 빠져 3년
후 세상을 떠났다.

붉은 태양 블라디미르 키예프 루시의 형성

바이킹 추장이 슬라브족 영토에 건립한 루스공국은 시간이 지나면서 점차 '슬라브화' 되었다. 그리고 이와 함께 비잔틴 문명과도 조금씩 융합되어 갔다. 이러한 과정에서 블라디미르 왕공이 기독교로 개종하는 기념비적인 사건이 발생했다. 이를 시작으로 키예프 루시의 통치자들은 바이킹 해적의 우두머리에서 진정한 군주로 거듭났다. 아울러 키예프 루시도 '배태기' 에서 벗어나 '성숙기' 로 접어들었다.

바이킹 전사의 왕조

943년 제1대 키예프 루시 왕공 올레크가 세상을 떠난 후, 류리크의 아들 이고리가 키예프 루시의 통치자가 되었다. 이고리가 류리크와 부자 관계이기는 했지만, 올레크가 이고리에게 순순히 통치권을 넘겨준 것을 두고 사실 여부에 대해 아직 논쟁이 벌어지고 있다. 어떤 이는 편년사 저자가 적당히 끼워 맞춘 것은 아닌지 의심하기도 한다. 그러나 사실이 어떻든 이후 몇 세기 동안 류리크의 자손이 차례로 키예프 루시의 보좌에 올랐다.

이고리는 아버지 류리크와 전 왕공 올레크와 같은 바이킹으로 자주 바다에 나가 약탈을 일삼았다. 그는 올레크와 함께 콘스탄티노플 원정을 가기도 했으며, 그때 비잔틴제국의 비밀 무기인 '그리스의 불' 을 알게 되었다.

이 무기를 알고 나서 이고리는 약탈을 나갈 때 올레크보다 훨씬 신중을 기했다. 그가 키예프 루시의 왕공이 된 후에도 마찬가지였다. 전해지는 말에 따르면 이고리도 직접 콘스탄티노플 원정에 나섰다고 한다. 그러나 그는 자신의 짧은 통치 기간에 다른 나라를 침략해서 약탈하기보다는 어떻게 하면 자국 내에서 효과적으로 세금을 징수할 수 있을지에 더 관심을 두었다.

이민족 통치자인 바이킹 왕공들은 처음부터 슬라브족에게서 세금을 많이 거두려 했다. 다만 올레크가 집권할 당시에는 다른 나라를 약탈해 엄청난 부를 손에 넣었기에 슬라브족에게서 거둬들이는 세금에 그리 연연하지 않았다. 그러다 '그리스의 불' 에 바닷길이 가로막히자 바이킹 왕조가 슬라브족에게 부과하는 세금 부담은 참을 수 없을 만큼 과중해졌다.

▼ 자작나무는 러시아 사람들이 가장 좋아하는 나무이다. 물건을 만들 때 자작나무 껍질이 특히 많이 사용되었는데, 민간에서는 조각한 나무껍질로 각종 아름다운 집기를 만들었다.

이고리는 키예프 루시를 여러 개의 영지로 나눠 자신의 친척과 부하에게 주었다. 그리고 자신이 통치하는 지역에 대해서는 부하들을 대동해 직접 세금을 걷으러 다녔다. 세금을 걷기 위해 여름에는 배를, 겨울에는 눈썰매를 동원했다. 이러한 그의 행동은 얼마 지나지 않아 통치를 받는 데 익숙하지 않은 슬라브족의 분노를 불러일으켰다. 945년에 이고리는 추가로 세금을 거두려다가 이에 반발한 세력의 손에 목숨을 잃었다.

통치자를 죽인 슬라브족에게는 가차없는 보복이 기다리고 있었다. 이고리가 세상을 떠난 후, 그의 부인인 올가가 미성년인 아들을 대신해 섭정했는데, 그녀는 곧장 슬라브족에게 복수의 칼날을 겨누었다. 훗날 기독교로 개종해서 기독교 신도가 되었지만, 그녀는 당시만 하더라도 바이킹 추장에 털끝만큼도 뒤지지 않을 표독한 여인이었다. 섭정을 시작한 올가는 자신의 지위를 이용해 온갖 방법을 총동원해서 슬라브족을 무참히 짓밟았다.

한편, 올가는 키예프 루시의 섭정으로서 콘스탄티노플을 두 번 방문했다. 올레크나 이고리처럼 약탈하기 위해서가 아니라 친선을 도모하여 키예프 루시와 비잔틴제국 간의 무역을 재개시키기 위해서였다. 전해지는 이야기에 따르면 그녀는 비잔틴제국에서 열렬한 환영을 받았으며 세례를 받고 황제의 대녀代女가 되었다고 한다. 그뿐만 아니라 콘스탄티누스 황제의 어머니인 헬레나의 이름을 자신의 세례명으로 사용했다.

황제의 꿈

957년에 열여섯 살이 된 이고리의 아들 스뱌토슬라프 이고레비치는 정식으로 키예프 루시의 보좌에 올라 어머니에게서 순종적인 국민과 강력한 전투력을 갖춘 군대를 물려받았다. 스뱌토슬라프는 강한 힘을 뽐내는 전형적인 바이킹의 전사였다. 어찌나 힘이 좋은지 아버지를 죽인 원수에게 복수하러 나선 전쟁에서 창을 던져 적과 적군의 말을 함께 관통시켰을 정도라고 한다. 또 그의 공격은 눈표범이 도약하듯 소리 없이 허를 찌른다는 말도 있었다. 그는 이렇게 빠르고 정확한 공격을 위해 전쟁에 나서면서도 영양보충을 한답시고 과식을 하는 법이 없었다. 부하들과 똑같이 말을 타고 먼 길을 달리면서 말린 고기를 씹어 허기만 겨우 달랠 뿐이었지만 스뱌토슬라프는 조금도 피로해하지 않았다. 그는 평소에도 좋은 옷이나 맛있는 음식보다 정교한 무기와 튼튼한 전투마를 더 좋아했다.

이 새로운 통치자는 바이킹 영웅에게 필요한 자질을 거의 모두 갖추고 있었다. 그러나 스뱌토슬라프는 그가 거울로 삼았던 올레크만큼 운이 좋지는 않았다. 재위 초기에 그는 이미 사경을 헤매던 하자르한국을 쉽게 무너뜨렸다. 그 후 비잔틴 황제 니케포루스의 요청에 응해 용병군으로서 발칸 반도에 있는 불가르한국으로 진군한 그는 불가르한국 군대를 무너뜨리고 황제를 포로로 붙잡아 자신이 불가르한국의 지배자가 되었다. 당시 한창 전성기이던 그는 도나우 강변으로 수도를 옮기려 하기도 했다.

▲ 러시아의 생선 채소 수프

비잔틴제국의 황제 니케포루스가 그에게 불가리아 공격을 요청한 것이기는 했지만, 스뱌토슬라프의 승리는 비잔틴제국에 한편으로 엄청난 위협이 되었다. 황제 니케포루스가 누군가에게 암살당한 후, 비잔틴제국의 새로운 황제가 된 요한네스는 불가르한국이 사라진 마당에 또 다른 루스공국이 힘을 키우는 걸 절대로 용인할 수 없었다. 그래서 그는 스뱌토슬라프에게 사람을 보내 키예프로 돌아가라고 요구했다. 그러나 스뱌토슬라프는 "내 이곳에서 죽을지언정 너희에게 루스족의 영토가 더럽혀지는 것을 원치 않는다."라고 말했다. 이에 분노한 비잔틴제국은 스뱌토슬라프에 대해 전면전을 선포했다. 요한네스는 먼저 스뱌토슬라프를 따르던 불가르족을 분열시킨 다음, 군대를 이끌고 급습해 스뱌토슬라프와 그의 부하들을 포위했다. 한편, 비잔틴제국의 해군 함대는 도나우 강을 따라 거슬러 올라가 도시를 지키던 키예프 루시의 군대에 그리스의 불을 날렸다. 971년 7월, 식량 공급이 끊긴 지 오래되고 마지막으로 포위망을 뚫어보려고 한 시도가 실패하자 스뱌토슬라프는 결국 비잔틴제국 군대에 굴복했다. 그는 공개적으로 비잔틴제국 황제 요한네스에게 투항했고, 황제는 그가 부하들을 이끌고 키예프로 돌아가는 것을 허락했다. 또 과거에 비잔틴제국 황제가 루스족에 부여한 상업 특권을 다시 한 번 약속했다.

전하는 말에 따르면 스뱌토슬라프는 키예프로 돌아가기 전, 호위병도 거느리지 않고 혼자서 작은 배를 저어 비잔틴제국 황제 요한네

▲ 러시아 여성의 민족의상

스를 만나러 갔다고 한다. 자신을 이긴 사람이 어떻게 생겼는지 직접 보고 싶었던 것이 이유였다. 이 덕분에 우리는 그리스인의 기록을 통해서 키예프의 전기적인 군왕의 모습이 어땠는지 알 수 있다. 그리스인들의 말에 따르면 스뱌토슬라프는 보통 체격에 머리카락 한 오라기만 남은 민머리였다. 그리고 차림새는 말끔한 상의를 입고 보석 귀걸이를 착용한 것을 제외하면 그의 부하들과 별반 다를 바가 없었다고 한다. 여기서 알 수 있듯이 류리크 왕조의 제2대 키예프 왕공은 바이킹 추장 그 자체였다.

스뱌토슬라프는 달갑지 않은 마음으로 군대를 이끌고 키예프로 물러났다. 그러면서 재기를 다짐했을지 모르지만, 이후 그에게는 더 이상 기회가 없었다. 돌아가는 길에 대부분 바이킹이 그를 떠나 스페인을 약탈하러 가는 함대에 가담했다. 그리하여 몇몇 병사만이 스뱌토슬라프를 호위하며 따랐는데, 이 일행은 드네프르 강에서 페체네그족의 습격을 받았다. 한때 이름을 날리던 전설적 영웅은 이때 벌어진 전투 중에 목숨을 잃었고, 페체네그족 추장이 그의 두개골로 술잔을 만들었다고 전해진다.

영웅의 아들

불가르한국으로 출정하기 전, 스뱌토슬라프는 이미 자신의 세 아들에 대한 계획을 세워두었다. 큰아들 야로폴크는 키예프에 남겨 미래의 통치자로 삼고, 둘째아들 올레크는 드레블리안 왕공으로 임명하는 한편, 막내 블라디미르는 태생이 미천하여 노브고로드로 보냈다.

훗날 성자로 존경받은 블라디미르는 스뱌토슬라프와 비자유인인 첩 사이에서 태어났다. 비록 서자라는 이유로 차별도 당했지만, 오히려 아버지가 세상을 떠난 후 벌어진 키예프 왕위 찬탈 전쟁에서 그 덕분에 목숨을 보전할 수 있었다. 그의 두 형은 아버지의 부고를 듣자마자 바로 전투를 벌였고, 그 결과 올레크가 패해 죽임을 당했다. 블라디미르는 둘째 형이 죽었다는 소식을 듣고도 큰형을 비난할 엄두를 내지 못하고 바이킹인 친척이 있는 북유럽으로 도망쳤다.

그곳에서 블라디미르는 3년에 걸쳐 자신의 추종 세력을 모았고, 마침내 바이킹 군대를 조직했다. 980년에 그는 이 군대를 이끌고 키예프로 향했다. 그리고 키예프로 사절을 보내 큰형에게 "블라디미르가 당신을 치러 가니, 전쟁을 기다리시오."라고 말했다.

블라디미르는 바이킹 군대를 이끌며 파죽지세로 키예프까지 곧장 돌진했다. 한편, 젊은 왕공 야로폴크는 부하에게 배신을 당해 담판을 지으러 성 밖으로 나서다 블라디미르에게 죽임을 당했다. 이렇게 해서 블라디미르가 키예프의 4대 통치자가 되었다.

새로운 왕공은 전쟁으로 보위를 손에 넣었고, 또 전쟁을 통해서 자신의 국가를 지켰다. 내란이 벌어지면서 슬라브 부족이 왕공의 통치권에서 많이 벗어났는데, 이 문제를 해결하기 위해 블라디미르는 다시 한 번 검을 손에 쥐었다. 그 후 그는 다시 서쪽의 폴란드왕국을 공격하고 국경에 블라디미르 볼린스키 성을 쌓았다.

그의 가장 큰 적은 아버지를 죽인 원수 페체네그족이었다. 992년에 그는 마침내 군대를 일으켜 페체네그족의 영토로 진군했다. 양측은 트루비즈 강가에서 만나 대치했다. 그러나 블라디미르는 끊임없이 도전해 오는 페체네그족의 전사에 선뜻 공격을 가하지 못했고, 그의 부하들도 장장 이틀 동안 공격 대응에 나서는 이가 없었다. 사흘째가 되어서야 한 갖바치가 자진해서 페체네그 전사와 결투에 나섰다. 그는 전투 경험이 전혀 없었지만 용감하게 덤벼들었고, 일할 때 동물 가죽을 처리하듯 커다란 손으로 곧바로 상대의 목을 졸라죽였다. 이를 계기로 사기가 크게 오른 루스족은 본격적으로 페체네그족을 덮쳤고, 블라디미르는 승리를 거두었다. 그 후 그는 동쪽 평원에 성벽을 쌓고, 북방의 바이킹 친지들을 끌어들여서 유목 민족의 공격으로부터 키예프를 지켜내고자 했다.

블라디미르는 '눈표범' 스뱌토슬라프의 아들이었지만 싸움을 잘하는 것으로 이름을 날리지는 못했다. 사실, 한 전투에서는 앞장서 도망을 가 다리 밑에 몸을 숨겨서 목숨을 보전하기도 했다. 또 아버지와 같은 전사가 되고 싶지 않다고 말했다고도 한다. 그는 자신의 이름이 역사책 속에서 오래도록 빛나게 할 방법으로 더욱 지속적인 사업을 선택한 것이다.

쾌락의 민족

블라디미르는 할머니 올가와 마찬가지로 종교가 한 나라에 미치는 영향을 분명히 알고 있었다. 그래서 그는 종교를 선택하는 데 매우 신중한 모습을 보였다. 그가 키예프 루시에서 통치자로 군림하던

▲ 러시아 장인이 보석과 황금을 이용해 만든 부활절 달걀

시기에 많은 사람이 이미 비잔틴제국이 신봉하던 기독교로 개종했다. 한편, 그의 아버지가 무너뜨린 하자르한국은 역사가 더 오랜 유대교를 신봉했다. 또 바이킹은 항상 바다에 나가 장사하고 약탈을 일삼았기에 새로 부흥한 이슬람교도 낯설지 않았다.

그래서인지 키예프 루시의 왕공이 종교를 선택한 방식은 매우 흥미로웠다. 종교와 신앙에 대한 바이킹의 태도를 엿볼 수 있는 대목이기도 하다. 블라디미르는 가장 덕망 높은 10명의 인사를 불러모아 그들과 함께 각각 유대교의 랍비와 이슬람교의 성직자, 그리고 로마 교회와 그리스 교회의 성직자를 만났다고 한다.

블라디미르는 먼저 유대교 랍비에게 물었다. "너는 이미 하느님에게 버림받고 대지 곳곳에 흩어져 지내는데 무슨 믿음으로 다른 사람을 전도하는 것이냐? 신이 너희를 사랑했다면 어찌 지금 같은 상황

▼ 담수량이 북미 오대호와 맞먹는 바이칼 호
세계에서 가장 물이 많고 가장 깊은 담수호이다.

까지 전락했겠느냐? 우리는 너희처럼 되고 싶지 않구나."

그 후, 이슬람교 성직자를 만난 블라디미르는 이슬람교가 말하는 천국과 천사는 마음에 들지만 할례를 하고 싶지는 않다고 말했다. 게다가 루스족은 돼지고기와 맛있는 술을 멀리할 수 없다며 "루스족은 먹고 마시는 즐거움을 떠나서는 살 수 없다."라는 말로 이슬람교로 개종하는 것을 거부했다.

한편, 관습에 따라 라틴어를 사용해서 기도해야 하는 로마 교회 역시 블라디미르와 그의 동족을 성가시게 할 것이 뻔했다.

결국 마지막 남은 그리스 교회의 기독교가 유일하게 선택할 수 있는 종교였지만 왕공은 여전히 결정을 내리지 못하고 고민에 빠졌다. 어느 날 키예프의 예배당에 가서 그리스 교회의 기도를 보기 전까지 말이다. 그는 기독교도들이 기도하는 모습을 보고 큰 소리로 감탄했다. "세상에 이보다 장관이고 이보다 놀랍도록 아름다운 것이 어디 있겠느냐!" 기독교를 신봉하는 귀족들은 이 기회를 틈타 그에게 말했다. "그리스 교회의 신앙이 좋지 않았다면 왕공의 할머님이신 올가께서 이를 신봉하지 않으셨겠지요. 올가께서는 누구보다도 영명함을 자랑하던 분이 아니십니까!"

▲ 황금과 보석으로 만들어진 이 투구는 러시아 장인의 우수한 공예 솜씨를 보여준다.

할머니에 대한 존경과 그리움으로 블라디미르는 귀족들의 의견에 따라 기독교를 받아들이는 데 동의했다. 하지만 그는 곧바로 개종하지는 않았다. 왕공의 신앙은 정치적인 일이기도 했기 때문이다. 이전에 블라디미르는 비잔틴제국 황제 바실리우스 2세의 요청에 응해 바이킹 군대를 파견해서 그가 반란군을 진압하고 황제의 자리를 지킬 수 있도록 도운 적이 있었다. 그 대가로 블라디미르는 황제의 여동생 안나와 혼인하기로 했다. 하지만 반란군 진압에 성공한 바실리우스 2세는 블라디미르가 이교도라는 이유로 그와의 약속을 지키려 하지 않았다. 블라디미르 역시 비잔틴제국이 종교를 문제 삼는다고 해서 아무런 이득도 보장받지 못한 채 그저 비잔틴제국의 뜻에 따라 기독교로 개종하고 싶은 마음은 없었다.

블라디미르는 결국 비잔틴제국 황제가 약속을 이행하도록 압박하기 위해 군사를 일으켜 크림 반도에 있는 비잔틴제국의 도시 케르소네수스를 점령했다. 블라디미르의 위협에 바실리우스 2세는 타협에

당초 왕공의 근위대는 그 이름 그
대로 왕공을 수행해 북유럽에서
슬라브족의 영토로 건너온 바이킹
전사를 가리켰다.
훗날 루스공국이 발전하면서 친위
대의 규모도 점차 확대되었다. 스
뱌토슬라프는 자신의 곁을 지키는
소년 근위병이 700여 명이 넘는
다며 자랑스럽게 밝히기도 했다.
규모가 확대되면서 근위대의 역할
도 초반의 왕공 개인 호위에서 정
복 전쟁에 동원되는 전사로 바뀌
었다. 한편, 근위대의 상부는 점차
왕공 곁을 지키는 고위 고문 관료
나 대귀족이 되었다. 바이킹으로
만 이뤄졌던 구성도 슬라브족으로
확대되었다.
근위대는 공국의 의회에 해당하는
두마(Duma)에 참여하기도 했다.
두마는 원래 블라디미르가 근위대
를 불러 모아 함께 즐기기도 하고
국사도 논하던 연회였는데 훗날
의회로 발전하여 러시아 의회 제
도의 효시로 여겨진다.

나섰다. 안나를 키예프로 보내는 대신, 케르소네수스를 반환하라는
것이었다. 이에 블라디미르는 987년에 케르소네수스에서 세례를 받
고 기독교도가 되었고, 이듬해인 989년에 안나가 케르소네수스로 와
서 두 사람은 성대한 혼례를 치렀다. 그 후 블라디미르는 철수하여
키예프로 떠나고 비잔틴제국에 케르소네수스를 넘겨주었다.

키예프로 돌아간 블라디미르는 기존의 종교를 뿌리 뽑고 기독교를
국교로 세우기 위한 조치를 취했다. 사람들이 신봉하던 번개 신의 신
상은 이리저리 굴러다니다 드네프르 강에 버려졌다. 그런 다음 블라
디미르는 키예프 시민을 모두 강에 몰아넣고 세례를 받게 했다. 키예
프 외의 각 공국에서도 그는 무력을 앞세워 사람들에게 세례를 강요
했다. 이렇게 해서 정말로 사람들의 신앙을 바꿔놓을 수 있었는지 모
르겠지만, 콘스탄티노플의 성 소피아 대성당을 본떠 만든 상크트 바
실리 대성당은 아직도 키예프에 우뚝 솟아 있다. 콘스탄티노플 쪽에
서도 키예프에 총재 주교를 임명해 '루스 총재 주교'를 두었다.

기독교로 개종한 블라디미르는 다신교를 신봉하던 때와는 달리
800여 명에 달하던 후궁을 포기하며 독실한 기독교 군주의 모습을
보였다. 그는 관대한 정책으로 나라를 통치해 백성의 추앙을 한몸에
받았고 '붉은 태양 블라디미르'라는 존칭을 얻었다. 1015년 7월 15
일에 세상을 떠난 그는 이후 몇 세기 동안 동방 정교회의 성인으로
선포되었다.

블라디미르는 전반적으로 무공을 앞세우기보다는 부단한 노력으
로 업적을 일궈냈다. 비잔틴제국 황실의 공주를 아내로 맞이해 정치
적으로 입지를 다진 일도, 종교적으로 총재 주교를 얻은 일도 모두
그의 노력이 맺은 결실이다. 이는 키예프 루시가 비잔틴제국에 의해
공식적으로 비잔틴 세계의 일원으로 인정받은 것을 뜻하며, 류리크
가문이 몇 대에 걸쳐 키예프를 통치한 끝에 바이킹 해적 우두머리에
서 진정한 군주로 거듭난 것을 의미한다.

제 4 장

아라비아제국

선지자 무함마드 <small>이슬람교의 흥기</small>

아라비아 반도는 무역을 하기 위해 각지에서 모인 행상들로 항상 북적였다. 오가는 대상隊商을 통해 아라비아 반도에는 자연스럽게 아시아 서남부와 아프리카 동북부의 문명이 전해졌고, 이 문명들이 한데 모이고 적절히 섞이면서 선지자 무함마드의 탄생에 기반이 되었다. 무함마드는 훗날 새로운 종교를 창시하여 아라비아 반도에서 살아가던 사람들을 하나로 모으는 구심점이 되었다. 종교적 가르침과 선지자 무함마드의 지도 아래 아라비아 반도 사람들은 칼을 들고 말에 올라타 자신들의 새로운 종교를 세계 각지에 퍼뜨렸다.

아라비아 반도

아시아와 아프리카 사이에 있는 아라비아 반도는 광활한 영토와 일 년 내내 건조한 기후가 특징이다. 500년경에 아라비아 반도에서는 농사를 짓고 전제 군주제를 실행한 남부 지역을 제외하고 거의 모든 지역에서 부락 단위로 유목 생활을 했다. 이곳의 부락에서는 전통적 관습이 모든 것을 지배했고, 제아무리 부락의 우두머리라도 반드시 그 전통을 따라야 했다.

비잔틴제국과 사산 왕조 페르시아의 긴긴 전투 끝에 이 척박한 땅에도 변화의 기회가 찾아왔다. 당시 페르시아 만에서 홍해, 그리고 홍해에서 나일 강 유역까지 연결하던 무역로가 전쟁으로 번번이 막히자, 전통적으로 이 길을 이용하던 상인들이 어쩔 수 없이 시리아에서 아라비아 반도 서부를 지나 예멘으로 가서 배를 타고 인도양을 오가는 새로운 무역로를 뚫은 것이다. 새로운 길은 훨씬 고되고 복잡했지만, 더 안전했다.

새로운 무역로로 각지의 상인들이 몰리면서 아라비아 반도는 무역의 중심지로 떠오르기 시작했다.

당시, 아라비아 반도 출신 이민자들이 시리아와 메소포타미아에 걸친 풍요롭고 비옥한 초승달 지역을 쥐락펴락하고 있었다. 그리고 이들이 장악한 지역과 도시들은 저마다 비잔틴제국 또는 사

▼ 《코란》의 받침대
《코란》은 이슬람교의 경전이자 아랍 국가의 법이요, 도덕규범이며 사상 학설의 근간이다.

120

산 왕조 페르시아제국의 신하를 자청하며 강대국의 보호를 받고자 했다. 덕분에 비잔틴제국과 사산 왕조 페르시아는 그들 사이의 길고 긴 전쟁을 치르는 데 필요한 자금과 인력을 수월하게 보충할 수 있었다.

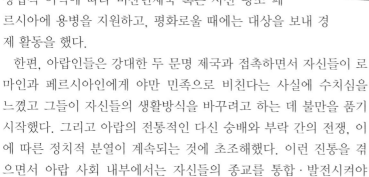
▲ 이슬람교 신도들이 사용하던 향로

상업이 발달하고 비잔틴, 사산 왕조 페르시아제국과 교류가 활발해지면서 아라비아 반도에 외래 문명이 들어와 아랍인들에게 스며들기 시작했다.

아랍 부족들은 각자의 감정 관계나 호불호, 상업적 이익에 따라 비잔틴제국 혹은 사산 왕조 페르시아에 용병을 지원하고, 평화로울 때에는 대상을 보내 경제 활동을 했다.

한편, 아랍인들은 강대한 두 문명 제국과 접촉하면서 자신들이 로마인과 페르시아인에게 야만 민족으로 비친다는 사실에 수치심을 느꼈고 그들이 자신들의 생활방식을 바꾸려고 하는 데 불만을 품기 시작했다. 그리고 아랍의 전통적인 다신 숭배와 부락 간의 전쟁, 이에 따른 정치적 분열이 계속되는 것에 초조해했다. 이런 진통을 겪으면서 아랍 사회 내부에서는 자신들의 종교를 통합·발전시켜야 한다는 목소리가 점점 높아졌고, 이러한 추세는 마침내 메카의 무함마드를 역사의 무대 한가운데로 이끌었다.

선지자 무함마드

무함마드가 청소년기를 어떻게 보냈는지 우리는 잘 알지 못한다. 그러나 유복자로 태어나 여섯 살 때 어머니를 여의고 할아버지의 손에서 자라다가 할아버지마저 돌아가신 후 큰아버지 밑에서 성장한 청소년기는 무함마드의 미래에 엄청난 영향을 미쳤다.

성인이 된 무함마드는 카라반, 즉 대상에 들어가서 고향인 메카와 시리아의 다마스쿠스 사이를 오갔다. 바로 이 시기에 그가 유대교와 기독교를 접하고 큰 영향을 받았을 것으로 추정된다.

스물다섯 살이 되었을 때 카라반의 주인인 돈 많은 과부와 결혼하게 되면서 무함마드의 인생에도 행운이 찾아오는 듯했다. 이와 함께 모든 것이 궤도에 오르려는 듯한 순간, 그가 성공한 상인으로 일생을 보내려 마음먹었을 바로 그 순간, 갑작스럽게 사건이 벌어졌다.

비잔틴제국과 사산 왕조 페르시아 사이에 역대 두 나라의 전쟁에서 가장 참혹했던 마지막 전쟁이 벌어진 것이다. 전쟁 초기에 페르시아가 무서운 기세로 메소포타미아와 시리아, 팔레스타인, 이집트를 점령해 메카는 상업 유통 중심지로서의 지위에 엄청난 위협을 받았다.

시리아 땅을 잃게 된 것은 무함마드가 상업 활동을 하는 데에도 큰 어려움을 안겨주었다. 당시 마흔이 된 무함마드는 매우 긴장한 상태였다. 어디선가 자꾸만 구리 방울 같은 소리가 들려와 자신에게 아브라함, 모세, 그리고 예수의 뒤를 이을 인물이라고 말하는 듯했다. 그 순간, 깜깜한 어둠 속에서 천사 가브리엘이 나타나 그에게 《코란》을 전수해주었고, 이렇게 해서 새로운 종교가 탄생했다.

무함마드는 자신이 창시한 종교를 '알라의 뜻에 순종한다' 는 뜻의 이슬람으로 명명하고 천사 가브리엘이 전수한 《코란》을 새로운 종교의 경전으로 삼았다.

무함마드는 이슬람교의 신도들에게 '오주五柱' 라고 부르는 다섯 가지 의무를 강조했다. 이슬람교의 신도는 평생 "알라 이외에 다른 신은 없으며, 무함마드는 알라의 사자"라는 것을 이해하고 절대적으로 받아들이며 또 입으로 외워야 한다. 그리고 매일 메카를 향해 하루에 다섯 번씩 절하면서 예배해야 하며, 조건이 허락되는 한 일생에 한 번은 메카를 순례해야 한다는 등의 내용이다. 이는 이슬람교도 사이의 연계를 강화하여 그들의 사회관계를 더욱 밀접하게 묶었다. 무함마드는 처음에 메카에서 소규모로 이슬람교를 전파하기 시작했고, 그의 일부 친척과 친구들이 이 신흥 종교의 지지자가 되었다.

그러나 무함마드가 창시한 새로운 종교의 교의는 곧 그의 출신 부족이자 메카를 지배하던 쿠라이시족을 불안하게 했다. 쿠라이시족은 선주先主 민족을 몰아내고 들어온 이주 민족으로, 메카를 다신 숭배의 순례지로 삼아서 세력을 키웠다. 그래서 그들은 무함마드가 일으킨 이슬람교가 매우 매력적이긴 하지만, 알라를 유일신으로 하는 이 일신교가 주류가 되면 메카의 입지가 흔들리고 상업 활동에도 엄청난 손해를 입을 것을 걱정했다. 여러 신을 모시는 카바 신전의 종교적 구속은 메카가 생업으로 삼는 무역을 보호하는 가장 영향력 있는 수단이었기 때문이다.

무함마드도 쿠라이시족의 일원이었다. 하지만 그의 보호자인 큰아버지와 부인이 세상을 떠난 후 위의 이유로 매정하게 쫓겨나 메카를 떠나야 하게 되었다. 그를 지지하는 이슬람교 신도 일부는 그전에 이미 메카를 떠났다.

622년, 이슬람교에 대한 박해가 본격적으로 시작되었다. 무함마드와 그의 신도들은 그들을 죽이려고 달려드는 사람들을 피해 도망가는 신세가 되었고, 모든 것이 그렇게 끝나버리는 듯했다.

그때 메디나인이 선지자를 초청하며 손을 내밀었다. 이에 응하여 메디나로 간 무함마드와 이슬람교 신도들은 그곳에 사는 아랍인들에게 환영을 받았다. 무함마드가 메디나에 도착한 사건을 아랍인들은 '히즈라'[16]라고 부르며, 이슬람력에서는 이 사건이 발생한 해를 기원으로 삼는다.

그러나 무함마드가 유대 민족 일부 부족의 지지를 받아 유대인이 자신을 아브라함, 모세, 그리고 예수의 후계자로 인정하길 바랐을 때, 메디나의 유대 민족은 이 요구를 거절했다.

이 결정에는 보복이 따랐다. 무함마드가 메디나의 통치자가 된 후, 그를 아브라함과 모세, 예수의 후계자로 인정하길 거절했던 유대 민족은 메디나에서 쫓겨나고 재산도 빼앗겼다. 선지자 무함마드는 이 재산을 이슬람교 신도들에게 나누어 주었고, 이러한 행동은 이슬람교 신도들에게 더욱 호감을 샀다. 이후 갈수록 많은 부족이 메디나로 와서 이슬람교에 가담했다.

▼ 예루살렘의 이슬람교 사원

유일한 알라

무함마드는 메디나에서 이슬람교를 기반으로 하는 신권 국가를 건설했다. 그는 자신이 지난날 메카에서 쫓겨난 치욕을 잊지 않았고, 알라의 유일한 사자로서 자신의 고

---

16) 영어로는 헤지라

▶ 칼리파에게 충성하는 추종자들

향인 메카에 알라의 진리를 전하길 무엇보다도 바랐다. 그래서 624
년에 메디나의 이슬람교도들은 조직적으로 메카의 상단을 습격하기
시작했다. 그 결과 메카를 경제적으로 봉쇄해 전리품을 이용하여 더
많은 아랍 유목 부족을 알라의 품으로 끌어들일 수 있었다.

같은 해 3월, 무함마드가 직접 군대를 이끈 습격 중에 한 메카 상단
이 달아나 메카 성으로 돌아갔다. 메카는 무함마드의 도발을 그냥 보
고 넘어갈 수 없다고 판단하고, 병력 800명을 파견해 단번에 골칫거
리를 해결하려고 했다. 그러나 그 결과는 모두의 예상을 빗나갔다. 3
월 15일에 두 군대가 맞붙은 전투는 메카군의 참패로 끝이 났다. 메카
군은 지휘관을 잃고 군사 70여 명이 포로가 되었다.

그 후 무함마드와 이슬람교는 더욱 빠르게 세력을 키워갔고, 그럴
수록 무함마드의 세력을 저지하려는 메카 사람들의 움직임 역시 바
빠졌다. 그리하여 625년 3월 21일에 메카군 3,000명이 메디나를 포
위 공격했다. 또다시 패배한 메카군은 승부가 갈리자 일단 후퇴했
다. 그리고 2년 후인 627년 4월에 메카군 1만 명이 다시 메디나를 포
위 공격했으나, 이번에도 실패로 돌아갔다.

군사력으로 이길 수 없다는 사실을 깨달은 메카는 메디나와 담판을 벌였다. 양측은 무함마드가 카바 성지를 순례할 수 있지만, 무기를 지니는 것은 금지한다는 것을 약속했다. 이와 함께 과거에 메카에 선포되었던 이슬람교도의 메카 성지 출입 금지령도 폐기하기로 했다. 양측은 무력 충돌을 방지하는 조약을 맺었다.

그러나 알라의 유일한 사자이자 위대한 선지자인 무함마드는 이슬람교의 성지인 메카에서 자유롭게 알라의 위대함을 전하고 세상에 알라의 영광을 전파하는 것을 포기할 수 없었다.

629년 11월, 메카군이 메디나의 동맹 상단을 습격했다는 소식이 전해지자 무함마드는 유일한 주재자인 알라의 계시를 듣고 즉각 메디나군 1만 명을 이끌고 메카 성을 향해 출정했다. 그리고 순조롭게 성 안으로 들어가 알라의 깃발을 성지 메카에 꽂았다. 20년의 방랑에 종지부를 찍고 선지자 무함마드가 과거에 쫓김을 당한 도시로 돌아온 것이다. 이번에 그는 위대한 도시가 될 이 운명의 땅의 주인이 되었다.

메카의 투항을 받은 후, 알라의 유일한 사자 무함마드는 아라비아 반도에서 가장 강력한 통치자가 되었다. 아직 이슬람교를 신봉하지 않는 다른 아랍 부락은 협상과 정복으로 이슬람교의 세력으로 만들었다. 이런 과정을 거치면서 과거에 로마인과 페르시아인 등 문명 민족에게 야만인이라고 여겨졌던 아랍인은 선지자 무함마드의 지도 아래 높은 기개로 그들의 위대한 알라의 뜻을 전파할 준비를 했다.

유일신 알라

알라는 원래 다신 숭배 시대에도 최고신으로 숭배되었는데, 훗날 유대교의 영향을 받아 '유일한 숭배 대상'이라는 호칭으로 바뀌었다. '알라'라는 이름의 어원에 대해 일각에서는 고대의 셈족이 조물주에게 붙인 존칭이라는 설과 아라비아어에서 신을 의미하는 '일라흐(ilah)'에 정관사 'al'이 붙어서 알라가 되었다는 설이 있다.

알라의 이름으로 치러진 성전
칼리파와 아라비아제국의 건립

선지자 무함마드가 세상을 떠나자 아랍 사회는 '그가 남긴 막대한 유산을 누가 물려받을 것인가?'라는 문제에 부딪혔다. 이슬람교라는 신앙으로 하나가 된 지 얼마 안 된 아랍인들에게 이것은 아주 큰 문제였다. 당시 일부 부족은 자신들이 알라와의 약속을 모두 이행했기 때문에 무함마드가 제 할 일을 다하고 세상을 떠난 것이라고 받아들였다. 그래서 그들은 선지자의 죽음과 함께 자신들이 충성해야 할 필요도 없어졌으며, 다시 과거의 생활로 돌아갈 때가 되었다고 믿었다. 산산조각이 날 위기에 몰린 이슬람교를 구해내는 것, 그것이 바로 무함마드의 후임자가 제일 먼저 해결해야 할 문제였다.

선지자의 칼리파

선지자 무함마드는 살아생전에 선지자이자 입법자였고 종교 지도자이자 재판장이었으며 사령관이요, 국가 원수였다. 그런 인물이 세상을 떠나자, 그 많은 직무를 누가 계승할 것인가에 사람들의 이목이 쏠렸다. 신도들은 무함마드의 후계자를 정하는 문제를 놓고 분열하는 모습을 보였고, 이윽고 무하지룬파, 안사르파, 정통주의파, 그

▼ 정복 전쟁에 나서는 아랍 대군

리고 쿠라이시족의 귀족인 우마이야족에서 저마다 후보자를 내세웠다. 치열한 경쟁 끝에 무하지룬파가 안사르파의 지지를 얻고 승리를 거머쥐면서 선지자 무함마드의 장인이자 그의 가장 확실한 지지자였던 아부 바크르가 초대 칼리파가 되었다. 아부 바크르는 즉위한 지 2년 후 변절한 부족을 정벌하기 시작했다. 그리고 얼마 후 아라비아 반도를 다시 통일하며 아랍의 세계 정복 전쟁을 예고했다.

아부 바크르는 무함마드의 가장 오래된 추종자이자 지지자답게 무함

마드의 영향을 가장 많이 받은 사람이기도 했다. 아랍의 여러 부족
을 정복하고 나서도 변함없이 전통적이고 소박한 생활을 유지해서
이슬람교 신도들은 아부 바크르가 세상을 떠난 후 그를 '경건한 신
자'라고 존칭했다.

아부 바크르의 뒤를 이어 2대 칼리파가 된 주인공은 우마르였다.
아랍의 세계 정복을 꿈꾸며 아부 바크르와 함께 정복 전쟁을 계획하
기도 한 그는 재임 기간에 재정 제도와 국가 조직 형태의 기반을 다
져 아랍제국을 정상 궤도에 올려놓았다. 그러나 불행히도 644년 11
월 3일 새벽 예배를 진행하던 중에 기독교를 신봉하던 페르시아 노
예의 칼에 찔려 최후를 맞았다.

3대 칼리파는 우스만이었다. 그는 이전의 두 칼리파처럼 초기부터
선지자를 따르던 무하지룬파나 안사르파 출신도 아니고, 선지자의
육친도 아니었다. 우스만은 메카 쿠라이시족의 일파인 우마이야족
출신 중 칼리파가 된 최초의 인물이다. 재임 기간에 페르시아와 아
제르바이잔, 아르메니아를 정복했고, 당시 지방마다 조금씩 다르게
읽혔던 코란의 표준본을 마련하기도 했다. 우스만은 이전의 두 칼리
파와 비교해도 손색이 없을 만큼 인품이 뛰어났다. 둥글둥글 모나지
않은 성격에 독실하고 선량한 그의 인품은 우마르의 후임자로 가장
적합하다는 평을 받았다. 하지만 정치 지도자로서 우마르는 지나치
게 우유부단했다. 능력에 상관없이 자신과 가까운 사람만 등용해서
그가 재임하던 당시 주요 관직은 모두 그의 친족 아니면 우마이야족
이 차지했다. 그의 이런 정책은 사람들의 불만을 샀고, 결국 무하지

룬파와 안사르파, 정통주의파가 힘을 합쳐 그에게 반기를 들었다.

656년 4월, 무함마드의 부인 아이샤의 묵인 아래 무함마드의 사위인 알리의 지지자들이 메카에 있는 칼리파의 궁전을 포위했다. 이어서 656년 6월 17일에 아부 바크르의 아들이 사람들을 이끌고 우스만의 방으로 쳐들어갔고, 우스만은 이슬람 역사상 처음으로 측근에게 죽임을 당한 칼리파가 되었다.

3대 칼리파 우스만이 숨진 지 이레째 되는 날, 메디나의 이슬람교 사원(알 아크사 모스크)에서 선지자 무함마드의 사촌 동생이며, 무함마드의 자식 중에 유일하게 살아남은 딸 파티마의 남편이자 무함마드 가문의 후예 하산과 후세인의 아버지인 알리가 4대 칼리파로 추대되었다.

그러나 이렇게 대단한 혈통을 타고난 알리도 칼리파 지위 계승의 정당성에 대한 의구심을 피해가지는 못했다. 얼마 후에는 그와 함께 우스만에 반대했던 사람들조차 칼리파의 합법성에 이의를 제기하면서 분열하기 시작했다. 그중 탈하와 알 주바이르는 공개적으로 알리의 칼리파 지위 계승은 합법적이지 않다고 주장하며 군대를 일으켰고, 이때 전부터 알리에게 오랜 원한을 품고 있던 아이샤의 지지를 받았다.

656년 12월 9일, 바스라 성 밖에서 칼리파 알리와 반대자들의 싸움이 벌어졌다. 이슬람교 신도 사이에 벌어진 이 첫 번째 내전은 칼리파 알리 쪽의 승리로 막을 내렸다. 이 싸움에서 탈하와 알 주바이르는 전사했고 아이샤는 포로로 붙잡혔다. 그러나 승리의 기쁨은 그리 오래가지 않았다. 당시 다마스쿠스 총독이던 우마이야족의 무아위야가 알리를 전임 칼리파를 죽인 공범자라고 비난하면서 우스만의 복수를 하겠다고 나선 것이다.

타협점을 찾지 못하고 팽팽하게 맞선 양측의 대립은 결국 무장 충돌로 이어졌다. 657년 7월 26일, 알리와 무아위야는 각기 군대를 이끌고 유프라테스 강 근처의 시핀에서 결전을 벌였다. 시간이 흘러 칼리파의 군대 쪽으로 전세가 기울자, 무아위야가 긴 창으로 《코란》을 꿰어서 들어올리더니 중재로 분쟁을 해결하자며 협상을 요구했다. 이에 알리는 더 생각해보지도 않고 그의 요구를 받아들였다.

659년 1월에 열린 중재 협상에서 중재자들은 무아위야에게 유리한 결정을 내렸다. 알리를 칼리파에서 해임하고 새로운 칼리파를 뽑자는 데 의견을 모은 것이다. 이는 알리에게 치명적인 결과였다. 그가 단지 칼리파라는 지위만이 아니라 수많은 추종자를 잃었다는 사실을 보여주는 결과였기 때문이다.

661년 1월 24일에 쿠파 이슬람 사원에서 알리가 카와리지파의 자객에게 암살당했고, 무아위야가 5대 칼리파로 즉위했다. 이로써 아랍제국에는 정통 칼리파 시대가 끝나고 왕조 시대가 시작되었다.

낙타를 탄 정복자

정통 칼리파 통치 시기에 아랍제국은 정복 전쟁에 박차를 가했다. '한 손에는 칼을, 다른 한 손에는 《코란》을' 들고 낙타나 말에 올라 탄 아랍인들은 마치 밀물처럼 아라비아 반도를 빠져나와 비옥한 땅을 찾아 나섰다. 대외 전쟁은 칼리파에게 아랍 사회 내 각 부족 간에 팽팽한 긴장을 늦춰 내전이 다시 일어날 가능성을 낮출 수 있는 좋은 방법이었다. 그뿐만 아니라 척박한 아랍 땅에 갈수록 인구가 늘어나면서 생겨나는 문제들을 어느 정도 해결할 방법이기도 했다.

제국을 배신한 부족에 대한 칼리파 아부 바크르의 정벌 전쟁이 끝난 633년에 아부 바크르와 우마르는 세 개 부대를 보내 시리아를 공격했다. 이윽고 사해 남쪽에서 비잔틴 군대와 아랍 군대가 마주쳐 전투가 벌어졌고, 아랍 군대를 이끌던 장군 야지드와 그의 형제 무아위야는 이 전투에서 비잔틴제국 군대를 무찌르고 승리를 거머쥐었다.

그러나 다른 지역에서는 아랍 군대가 비잔틴 군대의 강력한 저항에 발목을 잡혔다. 에데사에서 태어난 비잔틴제국 황제 헤라클리우스는 자신의 고향을 지키기 위해 직접 전선으로 향하는 한편, 동생에게 새로운 군대를 조직해서 남쪽으로 이동해 그곳의 수비군을 지원하라고 명령했다.

전쟁이 대치 상태에 빠지자 '알리의 검'이라고 불리며 아랍 최고의 명장으로 추앙받던 칼리드 이븐 알 왈리드가 아랍 군대의 구원 투수로 나섰다. 그는 페르시아 반란 진압 전투에 참가한 경험이 있는 노병 500명을 이끌고 쿠파 서북쪽의 사막을 지나서 18일 만에 비잔틴제국 군대가 쳐 놓은 방어선 뒤쪽에 모습을 드러냈다. 634년 7월 30일에 아즈나다인에서 아랍 군대가 결정적인 승리를 거두었고, 뒤이어 635년 9월에는 6개월 동안 포위 공격을 버텨낸 다마스쿠스

알라의 대변인

아랍어에서 칼리파는 원래 '대변인' 또는 '계승자'를 의미한다. 《코란》을 보면 "나는 틀림없이 이 땅에 대변인을 세웠다."라는 문구를 찾아볼 수 있다. 무함마드와 그 이전의 선지자들이 곧 알라가 이 땅에 세운 대변인으로 여겨진 것이다.

그러다 훗날 무함마드가 세상을 떠난 후 칼리파는 정교일치의 이슬람 국가 지도자를 가리키는 단어로 쓰였으며, 이슬람교가 자리를 잡은 초기에 집권한 4대 칼리파가 여기에 속한다. 그 후에 아랍제국에 들어선 우마이야, 아바스 왕조의 통치자들도 이슬람 국가의 정교일치 정책을 계승한 지도자를 가리키는 말로 칼리파를 사용했다.

도 끝내 아랍의 정복자에게 성문을 열어주었다.

헤라클리우스는 어떻게 해서든 자신의 고향을 구하기 위해 끝까지 최선을 다했지만, 636년 8월 20일에 동양에서 온 드센 정복자에게 무릎을 꿇고 시리아 통치에 마침표를 찍었다. 비잔틴제국의 군대가 전멸하고 동생도 전사한 이 전투에서 황제 헤라클리우스는 겨우 몸만 빠져나올 수 있었다. 그 후 아랍인은 파죽지세로 서남아시아에 있는 비잔틴제국의 거의 모든 영지를 정복했다. 비잔틴제국 백성은 감정적으로나 종교적으로나 모두 정복자에 대해 환영과 협력하는 태도를 보였다. 어쨌든 세금을 적게 거둬들이는 통치자는 항상 환영받기 마련이다.

우마이야 왕조

무아위야는 메카의 쿠라이시 부족 중에서도 가장 막강한 세력을 형성했던 귀족 우마이야 가문에서 태어났다. 과거에 무함마드와 그의 추종자들을 메카에서 쫓아낸 우마이야 가문은 한때 선지자 무함마드의 가장 강력한 적이었고, 제일 마지막으로 이슬람교로 개종한 귀족 가문이었다.

선지자 무함마드의 첫 번째 지지자이자 그의 가장 친한 친구였던 우스만 역시 우마이야 가문 출신이다. 3대 칼리파로 추대된 그의 통치 시기에 우마이야 가문의 세력은 빠르게 확대되었다. 이 시기에 우스만의 사촌 동생인 무아위야가 시리아 총독으로 임명되면서 전략적 요충지인 시리아를 우마이야 가문이 장악하게 되었다.

젊은 시절에 무아위야는 아버지 아부 소피얀을 따라 무함마드의 지지자들과 여러 차례 전투를 치렀다. 이슬람교 신도들은 그와 그의 아버지가 선지자에게 행한 일들을 똑똑히 기억했다. 그래서 선지자에게 죄를 심판받았던 죄인들이 훗날 버젓이 칼리파의 보호를 받으며 높은 지위에 오르자 이슬람교도들의 불만이 극에 달했다. 결국, 칼리파 우스만은 알리, 탈하, 알 주바이르 등의 선동으로 자신의 집에서 죽음을 맞이했다.

사촌형 우스만의 죽음은 진즉에 힘을 갖춘 무아위야에게는 좋은 기회였다. 일찍이 알리가 메디나에서 칼리파로 추대되었을 당시부터 칼리파의 자리를 노리던 무아위야는 조용히 준비하기 시작했다. 알리가 과거의 맹우盟友 탈하와 알 주바이르를 무너뜨리자 무아위야는 이 기회를 놓치지 않고 그에게 바로 도전장을 내밀었다. 무아위야는 다마스쿠스의 이슬람 사원에서 3대 칼리파인 우스만의 피 묻은 옷과 우스만이 살해될 때 그를 보호하려고 하다가 잘려나간 우스만 부인의 손가락을 공개했다. 그러면서 알리에게 우스만을 살해한 범인을 내 놓으라고 요구했고, 그러지 못한다면 알리가 공범자인 것이라며 그를 몰아세웠다.

무아위야의 비난에 알리는 받아칠 방법이 없었고, 양측은 결국 대판 싸움을 벌였다. 657년 7월 26일, 시핀 전투에서 알리는 중재 회의를 열어서 그만 분쟁을 해결하자는 무아위야의 제안을 받아들였다. 그러나 이 중재 회의로 알리는 칼리파의 지위를 잃었고, 이에 알리의 지지자 일부가 그의 진영에서 벗어나 카와리지파를 형성했다. 661년에 알리가 카와리지파 자객에게 목숨을 잃고, 무아위야가 5대 칼리파로 추대되었다.

당시, 칼리파 무아위야에게는 골칫거리가 하나 있었다. 알리파의 본거지인 이집

▲ 아랍제국의 남자아이들이 할례 축제에서 할례 의식을 받고 있다.

트를 접수하고 관할했지만 페르시아를 비롯해 메카와 메디나에는 여전히 파티마와 알리의 아들인 하산을 칼리파로 지지하는 사람이 많았기 때문이다. 그러나 하산은 분별력이 있는 사람이었다. 그는 무아위야가 특별 자금에 후한 연금과 쿠파의 500만 디르함, 그리고 페르시아의 한 지역에서 거둬들인 수입까지 안겨주자 스스로 자리를 양보하고 물러나 메디나에서 평범하게 살았다.

이렇게 해서 국내의 골칫거리를 해결한 무아위야는 제국 통일에 힘써 북아프리카, 호라산, 부하라를 잇달아 정복하며 제국의 판도를 다시 한 번 더 넓혔다. 그뿐만 아니라 칼리파 무아위야는 한 왕조를 일으키고, 칼리파의 제국에 굳건한 기반을 다졌다.

사산 왕조 페르시아의 최후 페르시아제국의 멸망

비잔틴제국과 길고 긴 전쟁을 치른 후, 사산 왕조 페르시아는 끊임없는 내란에 시달렸다. 사적으로 군대를 조직해 세력을 키운 제후들 때문에 왕좌의 주인은 즉위하고 나서 채 자신의 자리를 추스르기도 전에 제사장과 귀족들에 의해 파면당하는 신세가 되었다. 상황이 이렇다 보니 페르시아인들의 마음에는 다시금 아케메네스 왕조 말기의 그림자가 드리웠다.

카디시야에 내린 신의 책망

아랍인들이 제국의 중심에 나타나 계속해서 난동을 부리자 사산 왕조 페르시아의 귀족들은 결국 인내심을 잃었다. 그리고 여왕 아자르미도흐트가 퇴위를 선포하고 스물한 살인 아들 야즈데게르드에게 왕위를 물려주었다.

지방 귀족들은 자신의 영지를 지키기 위해 군대를 출동시켜서 아랍과 결전을 치러야 한다며 젊은 국왕을 끊임없이 재촉했다. 그러나 수상 루스탐은 이와 정반대의 의견을 제시했다. 아랍인들이 보급을 모두 소비할 때까지 조금만 더 기다리면 저들이 알아서 자연히 물러날 테니, 난동을 피워도 무시하라는 것이었다.

한편, 칼리파 우마르는 꼼짝도 하지 않는 페르시아인을 움직여서 결전을 치르기 위해 야즈데게르드에게 사자 20명을 보냈다. 남루한 옷차림을 한 사자들은 거만한 태도로 야즈데게르드에게 하루빨리 이슬람교로 개종하라면서 그렇지 않으면 사산 왕조 페르시아는 멸망할 것이라고 말했다. 그 말을 들은 젊은 국왕은 화를 다스리지 못하고 그 자리에서 사자들을 내쫓았다. 그리고 수상 루스탐의 만류에도 아랑곳하지 않고 아랍과 승부를 보겠다고 선포했다.

얼마 후, 코끼리 부대를 포함한 페르시아의 12만 군대가 아랍과의 결투를 위해 카디시야로 향했다. 카디시야는 유프라테스 강의 충적작용으로 그리스의 남쪽, 바스라의 북쪽에 형성된 평원으로, 유럽과 소아시아, 아프리카에서 페르시아의 수도 크테시폰을 공격하려면 반드시 지나야 하는 지역이었다. 이곳을 점령해야만 그리스를 장악하고, 강을 따라 거슬러 올라가서 안바르와 모술 등 페르시아의 심장부를 위협할 수 있었다.

　젊은 왕의 용기는 가상했지만, 지휘관을 선택하는 그의 안목은 정말이지 형편없었다. 이 방대한 군대를 이끌 지휘관으로 애초에 아랍과 전쟁할 생각이 없는 수상 루스탐을 선택했으니 말이다. 페르시아의 12만 대군은 루스탐의 지휘 아래 느긋하게 전쟁터로 향했다. 루스탐은 아랍 군대의 보급이 거의 떨어질 때까지 최대한 공격을 늦출 계획이었다. 그러면 아랍인들이 스스로 물러나 그들의 고향인 사막으로 돌아갈지도 모른다는 생각에서였다.

　카디시야에서 페르시아 군대와 아랍 군대가 만나 대치했다. 병사의 수에서는 페르시아 군대가 앞섰지만, 아랍 군대가 더 유리한 지

기독교가 탄생하기 전까지 조로아스터교는 중동 지역에서 가장 영향력 있는 종교였다. 고대 페르시아제국과 사산 왕조 페르시아의 국교이기도 했다. 조로아스터교를 창시한 조로아스터(기원전 628년~기원전 551년)는 유목 생활을 하던 페르시아 한 부락의 귀족 기사 가문에서 태어났다. 서른 살 때 신의 계시를 받고 전통적인 다신교를 개혁해 조로아스터교를 창시했다. 조로아스터교는 아후라 마즈다(Ahura Mazda)를 가장 숭고한 신으로 섬기며 그가 세상과 불, 즉 '무한한 광명(빛)'을 창조했다고 믿었다. 그래서 조로아스터교는 불을 숭배하는 것을 신성한 임무로 여겼고, 이런 점에서 한자권 국가에서는 '배화교拜火敎'라고 일컬어지기도 했다. 3세기 중엽에 이르러 조로아스터교는 실크로드를 통해 점차 중국으로 전파되었다. 고대 중국에서는 조로아스터교를 '현교祆敎'라고 부르기도 했으며, 당나라 수도 장안에는 현교 사원이 여러 곳에 있었다.

형을 차지하고 있었다. 몇 차례 탐색전을 치르는 동안 페르시아 군대는 한 번도 우위를 차지하지 못했다. 한동안 교착 상태가 이어지자 루스탐은 페르시아가 먼저 공격에 나설 수밖에 없다는 사실을 깨달았다. 아랍 군대보다 병사가 훨씬 많아서 그만큼 군량을 소모하는 속도도 빨랐기 때문이다. 이렇게 계속 대치 상태로 가다 보면 군량 부족으로 페르시아 군대가 먼저 무너질지도 모를 일이었다.

637년 5월 27일, 페르시아가 마침내 선제공격을 했다. 카디시야에 있는 유일한 다리를 차지하지 못한 페르시아 군대는 제방을 쌓아서 물길을 막고, 여울을 건너 맞은편에 자리 잡은 아랍 군대에 공격을 퍼부었다. 그러자 병력이 3만 명에 불과했던 아랍군은 높은 곳에 미리 세워 놓은 요새로 퇴각하고, 진영을 재정비하며 페르시아 군대와 맞붙을 준비를 했다. 각자의 무기와 말을 챙겨 전투 준비를 마친 아랍군은 그들의 관례대로 "지대하신 알라"를 세 번 외친 후 적군을 향해 돌진했다.

멀리서 "지대하신 알라"라는 외침이 들려오자 페르시아군은 약삭빠르게 바로 공격을 시작했다. 가장 앞에서 돌격한 것은 코끼리 부대였다. 코끼리 30마리를 앞세운 페르시아 군대는 아랍군을 혼란에 빠뜨리는 데 성공했다. 덩치 큰 코끼리가 아랍 병사들이 탄 낙타와 말을 놀라게 해서 순식간에 아랍 군대의 대열이 무너진 것이다. 바로 그때, 아랍 군대의 지휘관이 궁수 부대에 코끼리를 모는 페르시아 기수를 모조리 쏴 죽이라고 명령했다. 아랍군 지휘관의 결단력이 돋보이는 순간이었다. 기수를 잃은 코끼리 무리는 황야로 쫓겨 갔고, 날이 저물면서 페르시아인의 공격도 중단되었다.

이튿날, 아랍 군대는 시리아 지원군 6,000명과 함께 전투에 나섰다. 첫째 날의 부진을 만회하기 위해 아랍군은 맹렬한 기세로 공격하며 페르시아군의 지휘관 루스탐의 막사 앞까지 밀고 들어갔다. 이때 단잠에 빠져 있던 루스탐은 호위대의 필사적인 노력으로 간신히 목숨을 구할 수 있었다. 아랍인들은 공격에 성공한 이날을 '구원의 날'이라고 불렀다. 이날 페르시아 군대는 1만 명이나 인명 피해가 발생했지만, 진영만은 지켜냈다. 승패의 저울은 여전히 페르시아에 살짝 기울어 있었다.

사흘째 되는 날, 페르시아 군대가 다시 공격했다. 이번에 그들은 사방에 보병 부대를 둘러 세워 코끼리 부대를 보호했고, 아랍 군대는 시리아 지원군에 기대어 페르시아 군대의 대열을 공격했다. 양측은 시소게임을 이어가며 한 치의 양보도 없이 팽팽하게 맞섰다. 페르시아 왕 야즈데게르드는 자신의 호위대까지 전투에 투입해서 언제든지 아랍 군대에 치명적인 일격을 가할 수 있도록 만반의 준비를 했다. 금세 날이 어두워졌는데도 양측의 공격은 그칠 줄을 몰랐다. 밤새도록 소규모 부대의 기습과 양측 군사들의 함성이 이어졌다. 그래서 이날은 '포효의 밤'이라고 불린다.

나흘째에도 양측의 격렬한 전투가 계속되었다. 그런데 당시 루스탐은 페르시아 군대의 복잡한 구조 때문에 지휘에 어려움을 겪고 있었다. 페르시아 군대가 워낙 병사의 수가 많기도 했지만, 병사들의 소속 지역이 제각각인 데다 각 지역 군대의 지휘관들은 자기 지역 총독의 명령에만 복종하고 페르시아군 지휘관인 루스탐의 지휘를 거부할 수 있었기 때문이다. 이러한 이유들로 페르시아 군대는 병사 수로 보나 무기로 보나 유리한 조건을 갖추었으면서도 아랍 군대에 치명적인 타격을 주지 못했다.

오후가 되자 마치 알라가 보우하기라도 하듯 상황이 뒤집혔다. 모래 바람이 전장을 휩쓴 것이다. 이러한 기후 조건에서 전투하는 것이 익숙하지 않은 페르시아 군사들은 불어오는 모래 바람에 전쟁터의 상황을 제대로 파악할 수 없었다. 반면에 모래 바람에 익숙한 아랍 군사들은 달랐다. 그들은 모래 바람 속에서도 흔들림 없이 페르시아군을 향해 돌진했다. 얼마 지나지 않아 페르시아군의 진영도 위기 상황에 처했다.

곧이어 혼란을 틈타고 아랍 군대가 진영에 있는 페르시아군 지휘관 루스탐의 코앞까지 밀고 들어왔다. 그의 호위대는 전멸했고, 루스탐은 혼자서 도망가려 했지만 어딜 가든 화려한 복장이 그를 눈에 띄게 했다. 결국, 어느 아랍군 노병의 칼이 그의 목을 관통했다. 루스탐의 목을 베어든 그 병사는 큰소리로 외쳤다. "내가 페르시아 왕자를 죽였다!"

루스탐의 머리가 창끝에 꽂혀 전선에 내걸리자 페르시아 군사들은 완전히 사기가 땅에 떨어져서 하나 둘 도망치기 시작했다. 그 혼란 속에서 페르시아군이 신성하게 여기는 군기도 아랍군의 전리품이 되었다. 637년 6월 1일에 벌어진 일이었다. 페르시아의 패잔병들은 누가 먼저라고 할 것도 없이 강을 건널 때 쌓은 제방을 건너서 달아났다. 강을 건넌 이들은 자신의 목숨을 부지하기 위해 아랍 군사들이 쫓아오지 못하도록 제방에 구멍을 뚫었다. 그 구멍으로 강물이 밀어닥쳐 결국 제방이 무너져 내리는 바람에 많은 페르시아 병사가 거센 강물에 휩쓸려 떠내려갔다. 사산 왕조 페르시아의 군대는 이렇게 아랍 군대에 완전히 무너졌고, 수도 크테시폰은 무방비 도시가 되었다.

왕 중 왕의 최후

카디시야 전투에서 아랍제국이 승리한 결과, 양측의 세력 균형에 근본적으로 변화가 생겼다. 페르시아는 이 전투로 무려 12만 명이 목숨을 잃었고, 이보다 치명적인 손실도 입었다. 바로 유프라테스 강 유역에서 생활하며 기독교를 신봉하던 베두인족이 아랍제국에 넘어가 그들에게 큰 힘을 보탠 것이다.

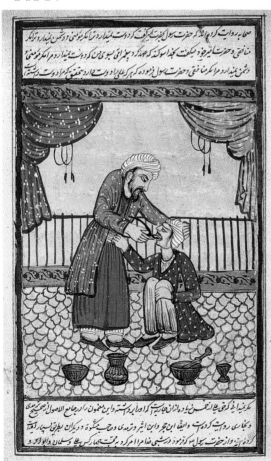

▼ 6세기 말에 페르시아의 한 치과 의사가 환자의 이를 뽑는 모습을 담은 판화

페르시아는 이미 무방비 상태나 다름없었다. 시리아 때처럼 페르시아인은 아랍군을 환영했다. 같은 셈족이라는 혈연관계와 기독교도로서 조로아스터교의 통치를 원하지 않는다는 점 덕분에 아랍군은 아주 순조롭게 진군할 수 있었다.

페르시아인은 수도 크테시폰을 힘없이 내주었고, 국왕 야즈데게르드는 호위대를 이끌고 망명했다. 637년 6월, 크테시폰에 발을 들여놓은 아랍제국은 이곳에서 90억 디르함에 달하는 부를 거머쥐었다.

그 후, 페르시아 전역이 아랍제국의 전리품이 되었다. 아랍제국은 페르시아의 왕 야즈데게르드에게 숨 돌릴 시간을 길게 주지 않았다. 시리아의 지원군이 합류한 후 정복자의 진군은 계속되었다. 당시 야즈데게르드는 후지스탄 산간 지역에서 재기를 꾀하고 있었다. 과거에 위대한 키루스가 그의 동료들을 이끌고 바로 이 지역에서 출발해 메디아, 바빌로니아를 정복하고 페르시아제국의 눈부신 역사를 썼듯이, 자신도 이곳에서 다시 힘을 길러 자신의 왕국을 구할 수 있길 바랐다.

641년에 나하반드에서 페르시아 군대와 아랍 군대가 최후의 결전을 치렀다. 페르시아 군대는 조로아스터교와 그들의 왕을 위해 마지막 피 한 방울까지 모두 흘렸지만, 승리의 여신은 또다시 아랍인의 손을 들어주었다.

나하반드 전투에서 패한 페르시아 왕 야즈데게르드는 망명 생활을 계속할 수밖에 없었다. 페르시아 왕실은 이미 권위가 땅에 떨어진 지 오래였다. 심지어 왕실 행렬이 망명길에 패잔병들의 공격을 받기도 했다. 똑바로 바라볼 수조차 없을 만큼 높은 자리에 있던 왕 중의 왕은 이렇게 비참한 신세가 되어 이곳저곳으로 도망 다녀야 했다. 야즈데게르드는 튀르크족 등 주변 부족에게 굽실거리며 도움을 요청했다. 훗날, 야즈데게르드는 외부의 원조로 튀르크 용병 부대를 조직하고 페르시아 영토를 되찾으려 하기도 했다. 그러나 적과 싸움을 해보기도 전에 튀르크족에게 배신당해 다시 도망자 신세로 전락했다. 추격을 피해 메르브의 강가에 이른 야즈데게르드는 서둘러 그곳의 방앗간 주인에게 배로 강을 건널 수 있게 해달라고 간청했다. 그런데 낫 놓고 기역 자도 모르던 방앗간 주인은 야즈데게르드가 쥐여 주는 반지와 팔지를 한사코 거절하며 은화가 아니면 받지 않겠다고 말했다. 자신이 하루에 버는 은화 넉 냥보다 많이 주지 않으면 절대로 하던 일을 중단하고 남을 도와줄 수 없다는 것이었다. 두 사람이 이렇게 대가에 대해 논쟁하는 사이에 튀르크족이 뒤쫓아왔고, 사산 왕조의 마지막 왕 야즈데게르드는 결국 강가에서 최후를 맞았다. 그가 황제의 자리에 오른 지 19년째 되던 해였다.

신의 칼리파 아바스 왕조의 흥기

우마이야 왕조의 창립자 무아위야는 신흥 칼리파제국을 성공적으로 세속화한 데 이어 칼리파라는 지위를 세습하려고 했다. 그러나 세속화의 결과 우마이야 왕조의 칼리파들이 퇴폐적 생활에 빠지기도 했다. 칼리파들은 각자의 욕심을 채우기 위해 함부로 제도에 칼을 대기 시작했다. 물론 몇몇 훌륭한 칼리파의 노력으로 왕조가 유지되기는 했지만, 대다수 칼리파의 무책임한 행동으로 우마이야 왕조는 빠르게 멸망의 벼랑 끝까지 내몰렸다.

왕조의 황혼

우마이야 왕조는 건국 초기부터 시리아를 확실히 장악해 그 지역에 거주하는 시리아인 부족의 힘을 빌리겠다고 생각했다. 그래서 무아위야는 몸소 시리아 칼브(Kalb) 부족의 여인과 결혼해 인척 관계를 맺었고, 그 후계자도 이러한 전통을 이었다. 이에 시리아인은 이후 여러 차례 칼리파를 도와 적을 물리치며 칼리파의 믿음에 충성으로 보답했다. 이슬람교는 한때 알라의 이름으로 아랍의 여러 부락을 통일하고, 통일성 없이 제각각이던 낡은 전통 대신 절차가 정해진 종교의식을 강화해 사람들을 하나로 묶어놓는 데 성공했다. 이는 한편으로 칼리파 아부 바크르와 우마르의 노력이 빛을 발한 결과였다. 그러나 3대 칼리파 우스만이 각 부족의 의식을 부활시켜 그동안 이슬람교가 유지하고자 노력했던 '통일된 대규모의 조직 사회'는 다시 삐걱거리기 시작했다.

그 무렵 우마이야 왕조의 빠른 세속화 정책도 부작용을 나타내기 시작했다. 칼리파들은 비잔틴제국과 페르시아 황제의 권위와 사치스러운 생활을 쫓기에 급급했고, 급기야 비잔틴제국과 페르시아의 정치 제도를 모방해 왕조를 운영했다. 한편, 시리아인에 기대어 제국을 통치하던 우마이야 왕조의 정책은 아라비아 반도 북부에서 와 페르시아를 차지하고 있던 구시족의 불만을 불러일으켰다. 게다가 아랍 사회 남부와 북부 간의 오랜 불화로 구시족은 사사건건 시리아인과 대립했다. 그리고 우마이야 왕조는 세속화 정책으로 이슬람교 사회에서 위신이 크게 떨어졌다. 또 우마이야 왕조의 칼리파 지위 세습은 합법성이 없다고 주장하는 시아파의 목소리가 높아졌다. 이

들이 알리와 그의 아들 후세인이 칼리파 지위를 계승하는 것이 합법
적이라고 널리 선전하자, 우마이야 왕조에 불만을 품은 사람들이 시
아파로 몰려들었다. 이뿐만 아니라 독실한 수니파 신도들도 우마이
야 왕조의 칼리파가 세속의 향락에 빠져서 《코란》과 율법을 소홀히
하자 등을 돌렸다. 그들은 비밀리에 우마이야 왕조에 반기를 드는
모든 행동을 지지하고 종교적으로도 힘을 실어주었다.

　가장 치명적이었던 것은 내부 분열이었다. 구시족과 시리아인의
대립이 내전으로 발전한 것이다. 제국의 각 지역을 비롯해 저 멀리
스페인, 페르시아, 심지어 시칠리아까지 모두 구시족과 시리아인의
전장이 되었고, 제국의 찬란한 수도 다마스쿠스도 화를 면치 못했다.

　계속된 내전은 우마이야 왕조의 군사력을 바닥나게 한 것은 물론
재정 상태에도 치명타를 입혔다. 그래서 조정은 군비를 감당하기 위
해 인두세 징수를 강화했는데, 이는 비非아랍권의 이슬람교도, 특히
페르시아 내 이슬람교도들의 불만을 사는 악순환으로 이어졌다. 아
랍이 페르시아를 정복한 후, 수많은 페르시아인이 이슬람교로 개종
했다. 그러면 아랍제국의 이슬람교도와 같은 사회적 대우를 받고 권
리를 누릴 수 있으리라고 생각했기 때문이었다. 그러나 실제 결과는

▼ 674~678년에 아랍제국 우마이
야 왕조(661~750)의 병사들이
비잔틴제국의 콘스탄티노플을
포위하고 공격하는 모습을 묘사
한 그림

139

실망스럽기 짝이 없었고, 오히려 인두세라는 부담만 떠안게 되었다.

우마이야 왕조가 이렇게 안팎으로 몸살을 앓자 호시탐탐 기회를 노리던 아바스인이 움직이기 시작했다. 아바스인은 선지자 무함마드의 숙부 아바스의 후예로, 쿠라이시 부족의 하심 가문에 속한다. 혈연을 따지자면 우마이야 왕조보다 선지자와 더 가까운 셈이다. 같은 하심 가문 출신이라는 혈연관계는 아바스인과 시아파가 협력하는 데 큰 요인이었다. 시아파에서 추대한 알리도 하심 가문의 사람이었기 때문이다.

아바스인과 시아파는 우마이야 왕조를 반대하는 데 손발이 잘 맞았다. 양측은 사해 남쪽 해안의 무역로와 순례길의 교차 지점에서 반우마이야 왕조 운동과 선전을 벌이고, 동시에 시아파 세력이 장악한 페르시아에서 더욱 힘을 길렀다. 얼마 후 페르시아의 호라산인[17]까지 이 동맹에 가담해 시아파, 아바스인, 호라산인의 동맹이 맺어졌다. 이렇게 우마이야 왕조에는 점점 황혼이 다가오고 있었다.

호라산의 검은 깃발

시아파, 아바스인, 호라산인 동맹을 이끈 주인공은 선지자 무함마드의 숙부 아바스의 고손자인 아부 알 아바스 앗 사파흐였다. 그는 영악한 머리와 탁월한 정치 수완으로 우마이야 왕조의 반대자들을 끌어모아서 우마이야 왕조를 무너뜨릴 혁명을 계획했다.

747년 6월 9일, 호라산에서 이들의 반란이 시작되었다. 이때, 페르시아의 비천한 계급 출신인 해방 노예가 호라산인의 대리인으로서 반란 대열의 선두에 섰다. 그는 선지자의 검은 깃발을 들고, 이란의 농민과 귀순자들로 구성된 부대를 지휘해 호라산의 수도 메르브를 공격하기 시작했다. 이에 우마이야 왕조의 호라산 총독은 다마스쿠스에 편지를 보내 칼리파 마르완 2세에게 지원을 요청했다.

당시 마르완 2세는 직접 군대를 지휘해 팔레스타인에서 주변 지역으로까지 번진 봉기를 진압하고 있었는데, 이 봉기 역시 구시족과 시리아인 사이의 분쟁이 불씨였다. 마르완 2세는 이를 진압하기 위해 3년을 싸웠다. 그는 이때 군사 지휘관으로서 자신의 직무를 다했지만, 정치적으로는 왕조의 존망이 걸린 시기에 치명적인 실수를 저지르고 말았다.

---

17) 호라산은 오늘날 이란 동부와 북부에 해당하는 지역

구시족의 부추김에 다마스쿠스를 포기하고 메소포타미아의 하란으로 수도를 옮긴 것이다. 시리아를 포기한 것은 우마이야 왕조의 가장 든든한 지지자를 잃는 것이나 마찬가지였다. 제국에 내란이 지속되는 가운데 카와리지파까지 반란을 일으켜 우마이야 왕조의 앞날에는 한층 더 어두운 그림자가 내려앉았다. 마르완 2세가 열심히 대항에 나섰지만, 모두 허사였다.

호라산의 수도 메르브가 함락된 지 얼마 지나지 않아 아부 알 아바스는 손쉽게 페르시아의 쿠파를 손에 넣었고, 749년 10월 30일에 그곳에서 칼리파로 추대되었다. 마르완 2세는 우마이야 왕조를 유지하기 위해 마지막까지 애를 썼다. 그는 시리아군 12만 병력을 이끌고 하란을 떠나 아부 알 아바스의 호라산 군대와 마지막 결투를 벌이기 위해 진군했다. 그러나 750년 1월에 벌어진 대大자브 강 전투에서 마르완 2세가 통솔하는 시리아군은 호라산 군대의 공격에 힘없이 무너졌다. 그 결과 마르완 2세는 도망쳤고, 우마이야 가문의 근거지인 시리아는 호라산 군대의 정예 기병 부대에 함락되었다. 그리고 750년 4월 26일에 며칠 동안 포위 공격을 버텨 내던 다마스쿠스가 끝내 성문을 열고 항복을 선언하면서 우마이야 가문의 시리아 통치 역사는 막을 내렸다.

이집트로 달아난 마르완 2세는 그를 뒤쫓은 알 아바스의 군대를 피하지 못하고 어느 기독교 교회에서 붙잡혀 죽임을 당했다.

왕좌 위의 도살자

우마이야 왕조의 마지막 칼리파가 세상을 떠난 후 아부 알 아바스가 창건한 새로운 왕조가 공식적으로 역사의 무대에 올랐다. 이후 아바스 왕조는 이슬람교도들이 두고두고 자랑스럽게 여길 만큼 눈부신 역사를 써내려 갔다. 그러나 그 눈부신 역사는 사실 적들의 붉은 피 위에 쓰인 것이다.

749년 10월 30일, 칼리파로 추대되어 연설하던 아부 알 아바스는 스스로 도살자라는 의미의 '사파흐'라고 칭했다. 그리고 훗날 그는 여러 사건을 처리하는 과정에서 과연 이 호칭에 걸맞은 모습을 보여 주었다.

아바스 왕조는 우마이야 왕조보다 훨씬 폭력적이었고, 모든 문제를 힘으로 해결할 수 있다고 맹신했다. 한 예로 칼리파의 보좌 옆에

무함마드는 처음에 메카에서 교리를 전파하다가 핍박을 받아 메디나로 옮겨갔다. 이때 무함마드를 따라 이동한 이슬람교도를 무하지룬이라고 하고, 메디나에서 선지자를 받아들인 이슬람교도들을 안사르라고 한다. 무하지룬파와 안사르파는 기본적으로 모두 해탈을 위한 무함마드의 수행을 따르고, 전체 이슬람교도의 80% 정도를 차지하며 수니파라고 불린다.

시아파는 이슬람교도 중 수니파를 제외하고 인원이 가장 많은 교파이다. 이 교파는 무함마드의 사촌 동생이자 사위인 알리와 그 후예로서 이슬람교도들의 우두머리가 된 이맘을 옹호해 알리파라고 불리기도 한다. 현재 전 세계 이슬람교도의 10~15퍼센트가 시아파에 속하며, 주로 이란과 페르시아, 팔레스타인, 인도 등지에 분포한다.

▲ 아랍제국 우마이야 왕조 시기의 금화

칼리파 아부드 알 마리크의 비잔틴풍 초상이 찍혀 있다.

는 항상 망나니가 사람을 죽일 때 사용하던 가죽이 준비되어 있었다.

아부 알 아바스 앗 사파흐가 우마이야 왕조를 상대로 결정적인 승리를 거둔 후에 제일 처음으로 한 일은 바로 이전 왕조의 잔재를 없애는 것이었다. 정치적인 이유도 물론 작용했겠지만, 무엇보다도 아랍 부족의 풍속에 따른 결정이었다. 아부 알 아바스 앗 사파흐에게는 하심 가문의 혈족으로서 알리와 그의 아들 후세인을 위해 우마이야 가문에 복수할 의무가 있었기 때문이다.

750년 6월 25일, 칼리파의 숙부 압둘라는 연회를 열어 우마이야 가문의 인사 80명을 초대했다. 연회 분위기가 한창 무르익어 가던 무렵, 연회장이 순식간에 피로 물들었다. 미리 연회장에 숨어 있던 군사들이 우마이야 가문 사람들을 무참히 베기 시작한 것이다. 압둘라와 그 수하의 군관들은 이를 본체만체했고, 죽어가는 사람들의 신음 속에서 연회는 계속되었다. 그 후, 아부 알 아바스는 제국 각지로 자객과 첩자를 보내 우마이야 가문 사람들을 모두 쫓아냈다.

우마이야 가문이 처한 이러한 처지는 시리아인을 분노하게 했다. 오랜 세월을 거치며 우마이야 가문에 뼛속 깊이 충성하게 된 시리아인은 수시로 무장 반란을 일으켰다. 이로써 시리아의 정세가 불안해지고, 쿠파가 알리를 지지하는 시아파의 천하가 되자 아부 알 아바스 앗 사파흐는 안바르로 수도를 옮겼다. 그러나 새로운 수도를 정한 지 얼마 지나지 않아 천연두에 걸려서 숨을 거두었다. 그의 뒤를 이어 칼리파가 된 사람은 동생 알 만수르였다. 알 만수르는 재임 기간에 지난날의 맹우인 호라산인, 시아파와 각각 관계를 청산했다. 먼저 호라산의 통치자 쿠타이바 이븐 모슬렘은 이집트에 부임하라는 알 만수르의 명령을 거절한 데 대한 처분으로 궁정으로 불려가 참혹하게 처형당했다. 쿠타이바 이븐 모슬렘의 죽음에 분노한 호라산인이 반란을 일으켰지만, 알 만수르에 의해 단번에 진압되었다.

그 후, 알 만수르는 절대 타협할 줄 모르는 시아파를 공격했다. 시아파에서 폭동이 일어난 때를 기회 삼아 그는 파티마와 알리의 자손인 이브라힘과 하산의 증손자 무함마드를 체포했다. 무함마드는 762년 12월 6일에 메디나에서 죽임을 당한 후 대중에게 시신이 공개되었고, 이브라힘은 763년 2월 14일에 쿠파에서 목이 잘렸다. 그의 머리는 칼리파 알 만수르에게 보내졌다.

이렇게 해서 내부의 경쟁 상대를 모두 제거한 알 만수르는 분열된 제국을 다시 통일하고, 나아가 저 멀리 카슈미르와 바쿠까지 영토를 확장했다.

평안의 성 바그다드 천일야화의 시대

아바스인이 우마이야 가문을 대신해 아랍제국의 새로운 통치자가 되면서 우마이야 가문의 통치는 종결되었고, 이와 함께 이슬람 역사에서 순수 아랍제국의 시대도 끝이 났다. 아바스인이 그들의 조정을 '신기원'이라고 불렀던 것처럼 아바스 왕조는 아랍제국의 이슬람교도와 제국 외부의 이슬람교도를 융합해 이슬람 역사상 가장 위대한 시대의 문을 열었다.

칼리파의 환상적인 생활

726년, 알 만수르는 미래의 새로운 수도로 사산 왕조 페르시아의 작은 마을 바그다드를 선택했다. 새로운 수도는 4년이라는 시간 동안 비용 488만 3,000디르함과 시리아, 메소포타미아, 그리고 제국의 다른 지역에서 징집한 노동자 10만 명을 동원하고, 사산 왕조 페르시아의 옛 수도 크테시폰에서 석재를 비롯한 주요 건축 재료를 제공받아 완성되었다.

티그리스 강 오른쪽에 자리 잡은 이 새 수도는 '평안의 성'이라고 불렸다. 도시는 원형으로 설계되어 벽돌로 내성과 외성을 쌓아 올렸고, 외성 바깥쪽에는 깊은 수로를 파고, 내성의 한가운데에는 30미터 높이의 궁전을 세웠다. 성벽에는 서로 같은 거리의 사방에 문을 네 개 냈으며, 성의 중심부에서 네 갈래로 대로가 뻗어나가 마치 바퀴살처럼 제국의 구석구석을 향했다. 성벽은 마치 세 개의 동심원 같았고 그 구심점은 바로 칼리파의 궁전이었다.

반세기도 안 되는 시간을 거쳐 바그다드는 산간벽지에서 전 세계의 어느 도시와 비교해도 손색없는 도시로 다시 태어났다. 이후 아랍제국이 번영함에 따라 바그다드의 호화로움과 사치스러움도 날로 더해갔다.

이 대도시의 최고 주인이자 위대한 제국의 통치자로서 칼리파는 바그다드에서 최고의 삶을 누렸다. 칼리파와 그 가족이 생활하는 궁전과 환관, 관리들의 숙소가 바그다드 면적의 삼 분의 일을 차지했다. 칼리파의 궁전은 여러 개의 장막으로 장식되었고 그중 대부분에 금으로 수가 놓였다. 또 칼리파의 거실에는 금전수(일명 돈나무)가 늘어서 있고, 그 나뭇가지에 금과 은으로 만든 작은 새들이 올라앉아 있었다. 스위치를 켜면 이 새들이 낭랑하게 지저귀는 소리를 들을 수 있었다. 이러한 모든 것에 식견이 풍부한 외국 사신들도 입을 떡 벌릴 정도였다.

이 밖에도 칼리파의 궁전에서는 악사와 가수, 무녀 등을 양성했다. 칼리파는 이들처럼 자신에게 기쁨을 주는 존재에게 항상 관대했다.

그 한 예로, 한밤에 아랍의 대시인 아부 누와스의 시구를 읊어 칼리파를 기쁘게 한 무어인 가수 이브라힘은 상으로 30만 디나르를 하사받았다. 칼리파는 기분이 좋을 때면 연회에서 직접 춤을 추기도 했다. 연회가 열리면 용연향[18]의 촛불을 태워 마치 대낮처럼 궁전 전체를 훤히 밝혔다. 연회의 절정은 손님에게 사향환을 뿌리는 것이었다. 이 사향환에는 땅 문서, 노예 계약서 또는 그 밖의 진귀한 선물이 들어 있었다.

세상에 둘도 없는 바그다드

칼리파가 이러한 사치스러운 생활을 지속하려면 엄청난 경제력이 뒷받침되어야 했다. 그래서 결과적으로 바그다드는 세상의 부가 모이는 곳이 되었다.

바그다드의 부두에는 매일같이 각양각색의 배들이 100여 척 이상 드나들었다. 이 배들은 중국의 실크와 도자기, 사향, 인도의 향료와

▼ 원형 도시라는 뜻의 바그다드

18) 향유고래에서 채취하는 송진 비슷한 향료

염료, 중아시아의 보석과 직물, 노예, 스칸디나비아와 러시아의 벌꿀, 밀랍, 모피, 백인 노예 등 각종 화물과 보물들을 바그다드로 실어 날랐다. 제국의 각 지역에서도 각지의 생산품을 바그다드로 운송했다. 이집트에서는 쌀과 밀, 모시, 시리아에서는 유리와 금, 은, 동, 철, 주석, 그리고 과일, 아라비아에서는 무늬 비단과 루비, 무기, 페르시아에서는 향수와 실크, 채소가 들어왔다.

바그다드의 사회 생활에서 상인은 매우 중요한 역할을 했다. 그들은 제국 전체는 물론이고 저 멀리 극동 지역과 유럽, 아프리카에까지 자신들의 흔적을 남겼다. 《천일야화》를 보면 바그다드의 상인 계층을 정확하고도 상세하게 묘사한 내용이 나온다. "하리드는 하인들에게 목욕탕으로 손님들을 안내해 목욕을 도와드리라고 분부했다. 목욕탕에 들어서자 금과 은이 박힌 벽과 장미꽃잎이 떠 있는 욕조, 그리고 극진하게 손님들의 시중을 드는 하인들의 모습이 한눈에 들어왔다. 목욕을 마친 사람들은 모두 금실로 수놓인 옷을 입고서야 응접실로 안내되었다. 하리드는 머리에 금과 보석이 박힌 두건을 쓰고 응접실에 앉아서 기다리고 있었다. 응접실은 온통 부드러운 비단으로 장식되었고, 탁자와 의자, 장식품에는 하나같이 금, 은, 진주, 보석이 박혀 있어 그 웅장함과 화려함에 눈이 부실 정도였다. 주인은 만수르에게 자신의 옆자리를 권하고, 하인에게 술자리를 마련하라고 분부했다. 금으로 장식된 도자기 그릇에는 각양각색의 산해진미가 담겨 나왔다."

바그다드는 지식인의 낙원이기도 했다. 칼리파와 아랍제국의 고위 관리들이 학자의 다양한 연구를 전폭 지원해주었기 때문이다. 많은 학자가 바그다드에서 그리스, 페르시아, 인도의 수많은 저서를 아랍어로 번역해서 수백 년에 걸쳐 쌓아 올린 그 나라들의 문화적 성과를 빠르게 흡수했다. 아랍인들은 이러한 사상을 흡수하고 발전시켜 인류가 한 걸음 더 나아가는 데 촉매제와 같은 역할을 했다. 이 모든 일이 바그다드라는 위대한 도시에서 이루어졌다.

코르도바의 칼리파 스페인에서 꽃핀 이슬람교

우마이야 왕조가 휘청거리던 당시, 제국에서 멀리 떨어진 스페인에서는 현지 총독 유수프의 야심 찬 행동으로 반독립 왕국이 형성되었다. 그가 제국의 정치 중심에서 일어난 혼란을 재빠르게 이용했기에 가능한 일이었다. 물론 지리적인 위치도 한몫 톡톡히 했다. 이러한 반역 행위가 일어났는데도 아바스인이 거리가 너무 멀어 아무런 대응도 하지 못하게 했기 때문이다. 그런 한편, 이처럼 혼란스러운 정세는 우마이야 가문의 젊은 왕자에게 절호의 기회를 안겨주었다.

우마이야 왕자의 대모험

아브드 알 라흐만 이븐 무아위야는 아바스인 대학살에서 운 좋게 목숨을 건진 소수 생존자 중 한 명으로, 몸집이 호리호리하고 매부리코에 숱이 적은 빨간 머리였다. 그는 다마스쿠스의 10대 칼리파 히샴의 손자로서 체계적인 왕실 교육을 받았는데, 그 때문인지 우마이야 왕족에게는 흔하지 않은 강인하고 용감한 성격이었다.

아브드 알 라흐만은 동생과 함께 유프라테스 강변에 세워진 한 유목민의 천막에 숨어서 적의 추격을 피할 수 있었다. 그러나 아바스인이 보낸 자객은 끝내 그들을 찾아냈다. 그 순간, 형제는 자객을 피해 강물로 뛰어들어 맞은편 기슭을 향해 헤엄쳤다. 어린 동생은 강물을 건너다가 물가로 쫓아온 적의 거짓말에 속아 넘어가 헤엄쳐 온 길을 되돌아갔고, 물가에 도착하자마자 자객에게 목숨을 잃었다. 그러나 아브드 알 라흐만은 죽을힘을 다해 맞은편 기슭으로 헤엄쳐서 자객의 추격에서 벗어났다.

그 후, 젊은 우마이야 왕자는 일반 백성으로 변장한 채 팔레스타인, 북아프리카, 이집트 등지의 이 부락 저 부락, 이 도시 저 도시를 떠돌아다녔다. 젊은 왕자는 수중에 돈 한 푼 없이 언제 자신을 덮칠지 모르는 아바스인의 첩자와 자객을 항상 경계해야 했다.

755년, 아브드 알 라흐만은 충실하고 실력 있는 지지자의 도움을 받아 세우타로 망명했다. 그의 삼촌들은 모두 세우타 근처에 거주하는 베르베르족의 우두머리였다. 삼촌들의 비호 아래 아브드 알 라흐만은 드디어 한 곳에 정착해서

▼ 코르도바에서 출토된 페르시아 은쟁반
사냥하는 모습이 그려져 있다.

제지술의 서방 전파

이슬람교 국가가 중국에서 들여와 서양으로 전파한 위대한 발명 중 하나가 바로 제지술이다.

751년에 당나라 수도 장안의 절도사[19] 고선지高仙芝는 군대를 이끌고 아랍제국 군대와 탈라스(지금의 카자흐스탄 잠불)에서 교전을 벌였다. 이 전투는 당나라 군대의 참패로 끝났고, 포로가 된 사람 중에는 군대를 따라온 제지 기술자가 있었다. 아랍인은 이 제지 기술자들을 중앙아시아의 주요 도시인 사마르칸트로 데려가 제지 기술을 전수하게 하는 한편, 마지麻紙를 생산하는 아랍제국의 첫 번째 종이 공장을 세웠다. 탈라스 전투에서 포로가 된 제지 기술자 중에는 당나라의 유명한 학자 두우杜佑의 조카인 두환杜環이 있었는데, 그는 훗날 여러 우여곡절을 거쳐 조국으로 돌아간 후 당시의 일을 담은 회고록을 남겼다.

이로부터 사마르칸트는 아랍제국에서 종이 생산의 중심지가 되었다. 794년, 중국 장인의 지도로 아랍제국의 수도 바그다드에도 새로운 제지 공장이 들어섰다. 제지술은 900년에 이집트로 전해졌고, 1100년에 스페인으로, 그리고 스페인에서 북유럽으로 전파되었다. 기독교 국가의 첫 번째 종이 공방은 1189년에 프랑스 에로에 생겼다.

자신의 미래를 자세히 생각해 볼 수 있게 되었다.

서남아시아는 아바스인의 통치 체제가 자리를 잡은 상태였기 때문에 망명한 우마이야 왕자를 받아들여 줄 가능성이 있는 곳은 스페인뿐이었다. 아브드 알 라흐만은 충신을 바다 건너로 파견해 하엔의 시리아 주둔군을 설득하게 했다. 그들은 대부분이 다마스쿠스 출신이었고, 그들의 지휘관은 여전히 우마이야 왕조에 충성했기 때문이다.

시리아 주둔군은 우마이야 왕자가 자신들을 이끌어주러 오는 것을 환영했다. 또 아브드 알 라흐만은 시리아 주둔군의 도움으로 시리아인과도 동맹을 맺는 데 성공했다. 이는 시리아인이 그를 좋아해서가 아니라 총독 유수프를 증오했기 때문이었다. 유수프는 무다르족과 시리아인이 교대로 권력을 잡기로 한 협의를 무시하고 10년 동안이나 총독 자리를 독점하고 있었다.

우마이야 왕조 왕자의 망명으로 유수프는 자신의 자리를 유지하는 데 위협을 느꼈다. 하지만 우유부단한 그는 어떻게 대응할지 결정을 내리지 못하고 있었다. 그때, 오랫동안 이어진 혼란에 불만을 품은 스페인 백성은 이미 선택을 마쳤다. 이후 팔레스타인과 요르단이 잇달아 우마이야 왕자의 진영에 가담했고, 남쪽의 도시들도 모두 스스로 문을 열고 그를 맞이했다. 세비야마저 아브드 알 라흐만을 위해 문을 열자, 유수프는 드디어 그와 전쟁을 치르기로 결정을 내렸다.

756년 5월 14일, 양측은 과달키비르 강변에서 전투를 벌일 준비를 했다. 당시 우마이야 왕자에게는 그만의 군기가 없었다. 이를 발견한 세비야의 베르베르족 수령은 기지를 발휘해 녹색 두건을 창에 묶어서 임시로 깃발을 만들어주었다. 이것이 스페인 후後우마이야 왕조가 사용한 군기의 기원이다. 아브드 알 라흐만은 전투를 시작하기 전에 자신의 말과 베르베르족 수령의 노새를 맞바꿨다. 이로써 자신은 절대 도망치지 않고 끝까지 싸울 것이라는 결심을 사람들에게 알린 것이다. 그런데 이 전투는 그런 결의의 표현이 무색하게 조금의 긴장감도 없이 시시하게 끝났다. 유수프와 그의 지휘관들이 전쟁이 시작된 지 얼마 되지도 않아 도망을 갔기 때문이다. 그로부터 10년 후, 유수프는 톨레도에서 죽임을 당했다.

아브드 알 라흐만의 모험은 여기서 끝나지 않았다. 우마이야 왕조의 세력이 스페인에서 세력을 키우는 것을 아바스 왕조가 가만히 두

---

19) 당나라 시대에 시행된 행정 체계에서 지방 행정을 맡은 최고 장관

148

고 보지 않았기 때문이다. 칼리파 알 만수르는 당장 스페인 총독을 새로 임명하고, 그에게 스페인의 세력을 모아서 아브드 알 라흐만을 없애라고 명령했다. 그러나 새로운 스페인 총독은 겨우 2년 만에 주검이 되어 알 만수르에게 보내졌다. 소금과 나프탈렌을 넣어 부패하지 않게 처리된 장관의 머리를 보고 알 만수르는 탄식을 금치 못하며 "알라여, 이러한 적과 바다를 사이에 두고 있게 하심을 감사합니다!"라고 말했다고 한다.

아브드 알 라흐만에게 적은 동쪽의 아바스 왕조만이 아니었다. 서쪽의 국가들도 그에게 위협을 가해 왔다. 그 예로 777년에는 프랑크 국왕 샤를마뉴가 유수프의 사위와 연합해 아바스인의 맹우로서 아랍제국을 공격했다. 샤를마뉴는 778년에 스페인 동북부 경계선에서 진군해 곧장 사라고사 성 밑까지 파고들어 이후 프랑크의 정세 변화로 어쩔 수 없이 군대를 철수시킬 때까지 꽤 오랫동안 우마이야 세력에 포위 공격을 퍼부었다.

한편, 757년에 아브드 알 라흐만은 코르도바에서 더 이상 금요 예배에서 아바스 왕조의 칼리파를 축복하지 않겠다고 공식 선언했다. 스페인이 공식적으로 아바스 왕조의 통치에서 벗어난 순간이었다. 그 후 삶을 마칠 때까지 아브드 알 라흐만은 칼리파라는 호칭을 사용하지 않았다. 다마스쿠스에서가 아니라면 칼리파라는 영광스러운 호칭을 사용하지 않겠다는 마음에서였다.

번영의 꽃

아브드 알 라흐만은 이베리아에 스페인 후後우마이야 왕조를 세우면서 우마이야 가문의 혈통과 권리만 계승한 것이 아니라 우마이야 가문의 호화롭고 사치스러운 생활방식에서 진보적인 종교 정책, 지식을 존중하는 자세까지 고스란히 옮겨 놓았다.

후우마이야 왕조 칼리파의 궁전은 유럽 전역에서 가장 매력적인 궁전으로 손꼽혔다. 비잔틴제국 황제는 물론 도이치, 이탈리아, 프랑크 등 왕국의 왕들은 모두 이 궁전에 사절을 파견했다. 칼리파의 궁전이 세워진 코르도바에는 주민이 50만 명이었고 이슬람교 사원이 700개 있었으며, 공중목욕탕도 300개나 있었다. 바그다드와 콘스탄티노플에 버금가는 화려함을 뽐냈다. 궁전에는 방이 400개나 있어서 수천 명에 이르는 노예와 호위병이 머물 수 있었다. 궁전은 도

▶ 코르도바 궁정 밖에서 거행되었던 열병식을 묘사한 판화

시의 서북쪽에 있었고, 코르도바는 모레나 산맥을 가로지르는 큰 산맥 위에 자리 잡아서 과달키비르 강이 굽어 보였다.

코르도바에는 당시 세상에서 제일가는 대학교가 있었다. 교리학과와 법학과를 제외하고도 천문학과, 수학과, 의학과가 운영되었다. 이 학교는 칼리파의 지원을 받아 훌륭한 생활 시설과 학습 환경을 갖추어 기독교도와 이슬람교도 학생들의 발길이 끊이지 않았다. 스페인의 각 지역에서뿐만 아니라 유럽, 아프리카, 아시아 등지에서도 학생들이 모여들었다. 대학에서는 거금을 들여 각지의 유명한 학자들을 초빙해 그들이 코르도바에서 유학 겸 강연을 할 수 있게 하기도 했다. 이런 코르도바 대학교의 졸업생은 손쉽게 고위 관직에 오를 수 있었다. 코르도바 대학교는 정말 수많은 인재를 배출했다. 레온, 바르셀로나의 군주들도 외과 의사나 건축가, 가수, 재봉사가 필요하면 코르도바로 와서 인재를 초빙할 정도였다.

코르도바가 이렇게 학술의 발전을 이룬 것은 모두 경제가 발전한 덕분이었다. 스페인 후우마이야 왕조 시기에 스페인은 유럽에서 가장 풍요로운 땅이었다. 코르도바와 말라가, 알메리아 등의 중심 도시에서는 모직업과 견직업이 발달했고, 알메리아에서는 유리그릇과 놋그릇이 생산되기도 했다. 발렌시아의 파트나는 도자기 원산지, 하엔과 알가르베는 금광과 은광으로 유명했다. 그뿐만 아니라 톨레도는 철광과 구리 광산으로, 말라가는 루비로 이름을 날렸다. 톨레도는 다마스쿠스처럼 검을 생산해서 전 세계에 이름을 떨치기도 했다. 기후가 온화하고 토양이 유달리 비옥한 이베리아 반도 동남부의 대평원에서는 포도가 널리 재배되었다. 벼와 살구, 복숭아, 석류, 사탕수수, 목화, 크로커스 등은 이 시기에 아랍인에 의해 스페인 땅에 들어오게 된 것들이다.

특히 책은 코르도바에서 많은 인기를 누렸다. 이는 아랍인이 호라산을 정복했을 때 손에 넣은 종이 만드는 기술을 이베리아 반도에도 전파한 덕분이었다. 코르도바의 시장에서 책은 단연 인기 상품이었다. 그중에서도 표시가 예쁘고 글자체가 이름다운 책은 특히나 많은 사랑을 받았다.

▲ 목욕하는 하룬 알 라시드의 모습. 출처는 《천일야화》
하룬 알 라시드(766~809), 바그다드 아바스 왕조의 제5대 왕

우마이야 가문의 통치 아래 코르도바는 콘스탄티노플, 바그다드와 더불어 문화의 중심지로 발전했다. 심지어 멀리 떨어진 곳의 색슨족까지 코르도바를 '세계의 진주'라고 부를 정도로 당시 코르도바는 최고의 전성기를 구가했다. 우마이야 가문이 만든 도시에 발을 들여놓은 외국 사절들도 하나같이 웅장한 아름다움에 매료되어 헤어나올 줄을 몰랐다. 코르도바에는 언제 봐도 아름답고 멋진 궁전과 이슬람교 사원, 도서관이 있고 아랍인, 베르베르족, 시리아인, 누미디아인, 스페인인, 고트인이 모두 한데 어우러져 생활하면서 형성된 문화가 이베리아 반도에서 꽃을 피운 우마이야 왕조에 자양분이 되어주있기 때문이다.

승리의 도시 카이로 **파티마 왕조의 흥기**

아바스 왕조 후기에 내전이 일어나자 지방의 제후들은 조금씩 바그다드의 권위에 도전하기 시작했다. 그리고 칼리파 마문이 시아파로 기울어진 후 바그다드의 정치적 위신은 더더욱 곤두박질했다. 이에 칼리파가 정권 유지를 위해 선택한 길은 호라산 총독과 힘을 합치는 것이었다. 이때 호라산은 협력의 대가로 바그다드에 공물만 바치면 독립 왕조를 세워도 좋다는 허락을 받았다. 하지만 스페인, 모로코, 북아프리카의 총독들은 그전에 이미 바그다드를 버리고 스스로 왕이 되어 있었다.

구세주의 강림 임박

아바스 왕조의 정치적 약화아 분열은 시아파가 무척이니 바라는 바였다. 당시 아바스인을 어떻게 대할 것인가의 문제를 놓고 그들 사이에 분열이 일어났기 때문이다. 이 일로 시아파는 아바스인에 대해 온건 정책을 주장하는 이맘파와 강경 정책을 주장하는 이스마일파로 갈렸다. 온건파는 실종된 11대 이맘 하산의 아들 마흐디[20]가 세계 종말의 날에 맞춰 모습을 드러내 정의를 주장하고, 모든 이슬람교도의 통치자가 될 것이라 굳게 믿었다.

분쟁으로 이스마일파와 갈라진 이맘파는 아바스 왕조의 칼리파와 타협했다. 그리고 이스마일파는 제6대 이맘 자파르의 큰아들인 이스마일을 제7대 이맘으로 삼았다. 당시 이스마일파에서는 제4대 정통 칼리파 알리와 선지자의 딸 파티마의 후손이라고 자칭하는 분파가 생겨났는데, 이들을 파티마파라고 한다.

파티마파는 베르베르 케타마 부족 사이에서 막강한 영향력을 행사했는데, 이는 뛰어난 선교 사업 덕분이었다. 파티마파의 선교사 이븐 압둘라 후세인이 베르베르족의 우두머리와 처음 안면을 튼 것은 893년이었다. 그는 메카 참배를 기회로 삼아 베르베르족에게 자신이 곧 세상에 강림할 구세주 마흐디의 사자라고 주장했다. 그리고 베르베르족을 따라 북아프리카로 간 지 얼마 지나지 않아 마흐디에 대한 신앙을 퍼뜨리는 데 성공한 그는 베르베르족이 아글라브 왕조에 불만을 품도록 선동하기 시작했다.

---

20) 구세주 또는 구세주를 자칭하는 지도자

　이븐 압둘라 후세인의 성공적인 선교로 파티마파의 수령 사이드 빈 후세인은 튀니지 지역에서 정권을 손에 넣을 수 있을 것이라는 희망을 품었다. 곧이어 자신도 북아프리카에 갈 준비를 한 사이드 빈 후세인은 907년에 그의 스승인 이븐 압둘라 후세인을 만났다. 그러나 당시 아글라브 왕조는 이미 이븐 압둘라 후세인의 움직임에 촉각을 곤두세우고 있었다. 그래서 사이드 빈 후세인은 튀니지에 모습을 드러내자마자 붙잡혀 감옥에 갇히는 신세가 되고 말았다.

　사이드 빈 후세인이 감옥에 있을 때, 이븐 압둘라 후세인은 베르베르족을 이끌고 아글라브 왕조를 공격했다. 그 결과, 드디어 909년에 그동안 백 년 가까이 북아프리카를 봉지한 아글라브 왕조를 무너뜨리는 데 성공했다.

　감옥에서 구출된 사이드 빈 후세인은 자신이 선지자 무함마드의 딸 파티마와 칼리파 알리의 후손이라고 선포하고, 이븐 압둘라 후세인 등의 추대를 받아 튀니지의 통치자가 되었다. 그리고 자신을 이맘 압둘라 마흐디라고 칭하며 국가의 통치권을 거머쥐었다. 이에 큰 성과를 올린 이븐 압둘라 후세인이 불만을 품고 세력을 모아 반란을 일으켰으나 결국 마흐디에게 진압되었다.

나일 강변의 승리

이맘 압둘라 마흐디는 알렉산드리아에서 이집트 총독의 공격을 받았다. 그리고 파티마 왕조를 세우는 데 힘을 보탠 베르베르족이 그에 합당한 보상을 받지 못한 것에 불만을 품고 전국적으로 대반란을 일으켰다. 반란군은 파티마 왕조의 수도인 마무디아(mahmoudiya)를 1년 남짓 포위하고 공격을 퍼붓기도 했다. 그러나 베르베르족은 지원군이 없어 이런 상태를 오래 유지하지 못했고 끝내 947년에 마무디아에서 칼리파 이스마일의 포로가 되었다.

내부 반란을 진압한 파티마 왕조는 그 사이에 더욱 강력한 적이 이집트의 통치자가 된 것을 알았다. 바로 터키인의 후손인 무함마드 이븐 투그즈였다. 실제로 그가 총독으로 재위하던 935년부터 946년까지 파티마 왕조는 이집트에서 그 어떤 진전도 이루지 못했다. 946년에 무함마드 이븐 투그즈가 갑자기 세상을 떠나고, 아비시니아 출신의 환관 크파르가 새로 총독이 되었다. 그는 전임 총독의 방어 정책을 지속하며 효과적으로 운용했다. 그래서 파티마 왕조는 계속 이집트 변경을 배회할 수밖에 없었다. 968년에 크파르가 숨을 거둔 후, 갓 성년이 된 무함마드 이븐 투그즈의 손자 아마드가 후계자가 되었다.

파티마 왕조의 제4대 칼리파 알 무이즈는 기회가 왔다고 느꼈다. 그는 세우타 등지를 정복했던 가우하르 장군을 앞세워 이집트로 진군했다. 알 무이즈의 생각대로 일은 순조롭게 진행되었다. 969년 2월에 알렉산드리아의 항복을 받아낸 것을 시작으로 같은 해 6월 초 기자의 피라미드 아래서 이집트 군대의 저항을 가볍게 물리쳤다. 그리고 마침내 7월, 그동안 파티마 왕조의 칼리파 삼 대에 걸쳐 완강히 저항하던 이집트는 파티마의 녹색 군기 앞에 무릎을 꿇었다.

가우하르는 969년 7월 9일부터 파티마 왕조의 새로운 도시 건설을 구상하기 시작했다. 그는 한때 새로운 도시가 들어설 장소로 나일 강과 수에즈 운하가 연결되는 곳을 선택하기도 했다. 하지만 결국에는 조금 높은 지대를 선정해서 이미 메워진 옛 운하와 산등성이 사이에 수도를 건설했고, 새 수도에 카히라라고 이름 붙였다. 이는 '승리'라는 뜻으로, 오늘날 카이로라는 도시명의 유래이다.

History of the World

The Medieval History

제 5 장
새로운 시대를 향한 발걸음

보니파키우스의 즉위 카롤링거 왕조의 탄생

5세기 말, 서로마제국은 그들이 '바바리안'이라고 부르던 야만족의 공격에 무릎을 꿇고 황제가 폐위되는 수모를 겪는다. 그러나 당시 로마인들은 로마제국의 통치권이 결국에는 동로마제국 황제에게 돌아갈 것이라고 믿었기에 이 사건에 크게 동요하지 않았다. 그래서 로마가 그 이름을 잃은 후에도 제국은 여전히 존재하는 듯했다.

메로빙거 왕조의 클로비스 1세가 기독교로 개종하며 역사의 수레바퀴를 움직였다면, 그 수레를 세차게 민 것은 그 뒤를 이은 카롤링거 가문이었다. 클로비스는 갈림길에 선 기독교와 프랑크의 전통, 로마제국과 게르만족에게 나아갈 방향을 제시했다. 한편, 피핀은 클로비스 자손들의 보위를 찬탈하기 위해 박차를 가했다.

피핀과 보니파키우스

메로빙거 왕조가 건설한 프랑크왕국은 테우데리히 4세를 끝으로 새로운 왕을 세우지 못했고, 그 후 741년까지 궁재였던 카를 마르텔이 왕국을 다스렸다. 그는 궁재였지만 죽은 후에 왕족의 무덤에 안치되었고, 윌리 브룩의 연대기에 국왕으로 기록되었다. 그러면서 메로빙거 왕조는 서서히 끝을 향해 치닫고 있었다.

▼ 샤를 은화
카롤링거 왕조 시대에 프랑크 왕국에서 사용하던 화폐

카를 마르텔은 마치 이미 프랑크의 왕이 된 것처럼 후사를 도모했다. 그가 죽은 후 장자 카를로만이 아우스트라시아, 튀링겐, 알라마니아의 궁재 직위를, 차남 피핀이 네우스트리아, 부르고뉴, 프로방스의 궁재 직위를 차지했다. 바야흐로 카롤링거 왕조 시대가 열린 것이다. 이 명백한 왕위 세습은 바이에른, 알라마니아, 작센, 아키텐의 반발을 불러일으켜 결국 전쟁으로 이어졌다.

피핀과 카를로만은 743년에 메로빙거 가문의 자손을 왕으로 추대해 정국 안정을 도모해야 했다. 그 왕이 바로 메로빙거 왕조의 마지막 왕 힐데리히 3세이다. 이후 형제는 라인 강 전투에서 바이에른의 아우디 공작과 알라마니아의 지원군을 격파했다. 그 결과 아우디 공작은 카를로만과 피핀 형제에게 복종을 맹세하고서야 자신의 영토를 지킬 수 있었다. 카를로만은 또 작센을 함락했다. 그러나 전쟁의 여운이 채 가시기도 전에 형제간의 싸움이 시작되며 메로빙거 왕조의 전철을 밟았다. 핏줄끼리의 전쟁은 747년에 카를로만이 백기를 들고 수도원으로 물러나면서 막을 내렸고, 피핀이 카롤링거 왕조의 유일한 통치자이자 초대 왕으로 등극했다.

보니파키우스

프랑크인은 로마제국에 발을 들여놓으면서 로마 사회의 중요한 일부인 교회와 손을 잡았다. 교회는 면세 특권을 이용하여 토지를 늘리고 막대한 부를 축적하며 세력을 키웠고 한편으로 의료, 빈민 구제, 도로 보수 등 사회사업에도 노력했다. 특히 국가가 교육을 등한시했기 때문에 교육과 문화에서 절대적인 영향력을 행사했고 교양과 능력을 겸비한 인재를 배출했다. 메로빙거 왕조는 교회와 성직자를 통해 게르만족에게 로마의 통치 방식을 적용했다.

클로비스가 기독교로 개종하자 프랑크왕국의 게르만족과 로마의 갈리아인 사이에 화해 분위기가 무르익었고, 프랑크왕국이 로마의 정교합일政敎合一 정책을 유지하면서 교회가 크게 번영했다. 또 프랑크왕국의 통치자는 로마제국이 통치하지 않았던 라인 강 건너편 지역을 지원하고 발전시켰다.

'게르만족의 사도'로 불렸던 보니파키우스는 선교 시대를 대표하는 인물이다.

675년에 영국 웨섹스에서 출생했으며 본명은 윈프리드이다. 어린 시절 사우샘프턴 근처의 베네딕토 수도원에서 윈버트에게 교육을 받고 716년부터 유럽 대륙으로 건너가 선교를 시작했다. 그의 첫 번째 목적지는 영국과 교역이 활발했던 북해의 프리지아 제도였다. 이후 로마를 순례하면서 교황 그레고리 2세의 신임을 얻은 그는 719년에 로마의 성인 보니파키우스라는 이름을 받고 북쪽으로 선교를 떠났다.

그가 처음 맡은 선교 지역은 헤센과 튀링겐이었다. 721년부터 이 지역을 점거한 프랑크왕국은 통치를 공고히 하기 위해 보니파키우스와 손을 잡았다. 722년 11월 30일에 교황이 보니파키우스를 주교로 임명했다. 그러자 교황과 가까워지고 싶었던 카를 마르텔은 보니

▲ 800년에 교황 레오 3세가 성 베드로 대성당에서 프랑크 왕 샤를에게 왕관을 씌워주고 로마인의 황제로 인정했다.

파키우스의 선교를 지원하고 보호해주었다.

보니파키우스는 게르만 민간 신앙의 성지인 가이스마르에서 이교도들이 신성시하는 떡갈나무를 베어내고 프란체스코 수도원을 세웠다. 732년에 그는 교황 그레고리 3세에 의해 대주교로 임명되었고, 738년에 마지막으로 로마를 방문했을 때에는 프랑크왕국의 사절로서 프랑크와 독일 지역 교회에 대한 전권을 위임받았다. 이후 741년에 벨라(Bela), 웰치(Welch), 엘(El) 등의 교구령이 세워지며 독일 중부 지역에서 포교 활동이 효과를 거두기 시작했다.

8세기에 교황은 비잔틴과 롬바르디아의 위협에 맞서 독일에서 카롤링거 가문의 힘을 이용해 기독교의 영향력을 확대하고자 했다. 이를 위해서는 '철추' 카를 마르텔이 몰수한 교회의 토지를 되찾고 교회들을 재정비해야 했다.

카롤링거 가문은 또 교회의 권위를 이용해서 로마를 통치하는 데 정당성을 확보하고자 했다. 힐데리히 3세의 통치 시기에 스스로 왕이 되겠다는 결심을 굳힌 피핀은 아버지 카를 마르텔의 유언에 따라 교회와 돈독한 관계를 맺었다. 카롤링거 가문을 귀족의 우두머리 정도로 생각하는 프랑크 귀족들보다 교회가 훨씬 믿음직하고 고분고분했기 때문이다.

742년에 아우스트라시아 종교 회의에 참석한 보니파키우스는 법령을 발표하여 귀족들이 보유한 교회의 재산을 돌려주도록 했다. 이에 프랑크 귀족들은 강력하게 반발했고, 결국 743년에 열린 종교 회의에서 이 법령의 집행을 보류시키는 절충안을 통과시켰다.

새로운 왕조의 탄생

피핀은 프랑크 교회와의 절충안 마련으로 교황과 가까워질 수 있는 길을 열었다. 교황은 비잔틴과 랑고바르드족의 위협에서 벗어나기 위해 피핀의 도움이 절실했기 때문이다.

카를 마르텔 시절에 이미 교황이 두 차례에 걸쳐 보니파키우스를 통해 프랑크왕국에 도움을 요청한 적이 있었다. 750년에 교황이 세 번째로 도움을 요청하자 피핀은 생드니 수도원의 풀라드 주교와 뷔르츠부르크의 부르하르트 대주교에게 "권력 없는 국왕과 국왕은 아니지만 권력을 장악한 사람 중에 누가 더 국왕에 어울린다고 생각하십니까?"라는 내용의 서신을 보내도록 명령했다. 이에 대해 교황은 "권력 없는 국왕보다는 권력 있는 사람이 낫다."라고 답했다.

피핀은 결국 메로빙거 왕조의 마지막 왕인 힐데리히 3세를 수도원으로 쫓아버리고 신성함을 상징하는 그의 긴 머리칼도 잘라버렸다. 그리고 751년에 프랑크식 왕위 계승 절차를 마무리 짓고 보니파키우스에게 대관식을 요청했다.

이로써 드디어 카롤링거 가문이 명실상부한 하나의 왕조를 열었다.

바로 그 무렵, 교황은 롬바르디아 왕의 압박을 받고 있었다. 751년에 아이스툴프 왕이 이끄는 롬바르디아군이 비잔틴의 라벤나를 점령했다. 그러나 당시 아랍 세력의 견제를 받고 있던 비잔틴은 손쓸 방도가 없었다.

롬바르디아군이 코앞까지 진격해오자 교황 스테파노 2세는 753년에 알프스 산을 넘어 프랑크왕국으로 도망갔고 국왕 피핀에게 환대를 받았다. 피핀은 교황에게 존경을 나타내기 위해 무릎을 꿇고 맞이했으며 교황이 탄 말을 직접 이끌었다.

교황은 파리의 생드니 수도원에서 피핀의 대관식을 다시 직접 거행하고, 그의 두 아들에게 세례를 주었다. 이로써 피핀과 카롤링거 가문은 메로빙거 가문으로부터 정식으로 신성한 지위를 계승했다.

교황은 이에 더하여 피핀의 자손이 아닌 프랑크인이 왕이 되는 것을 금하는 명령을 내렸다. 교황의 명령으로 카롤링거 왕조의 세습이 규정된 것이다. 피핀은 교회를 이용해 메로빙거 왕조의 왕위를 찬탈했지만, 한편으로 바로 이 때문에 교회를 정치에 끌어들이게 되었다.

750년에 나눈 피핀과 교황의 일문일답을 보면 피핀은 교황이 자신의 판단에 따라 규칙을 제정한 것으로, 교황은 피핀이 자신의 명령으로 국왕이 된 것으로 이해하고 있다. 또 중세 사람들은 선례와 관습법을 중시했는데, 피핀이 직접 교황이 탄 말을 이끈 일이나 그의 앞에 무릎을 꿇은 일 등은 이후 프랑크왕국의 역사에 큰 영향을 주었다.

▲ 샤를마뉴가 외국의 사절단을
접견하는 장면

샤를마뉴는 프랑크왕국 카롤링
거 왕조 제2대 왕으로, 통치 기
간에 영토를 확장하여 거대한
제국을 건설했다.

피핀의 헌사

득의만만한 피핀은 자신과 두 아들이 로마 교황청의 보호자가 될 것임을 자처했고, 라벤나와 펜타폴리스를 로마인에게 돌려주겠다고 장담했다.

754년에 협상과 대관식이 끝나자마자 피핀은 곧장 롬바르디아와 전쟁을 벌였다. 롬바르디아군은 샤를마뉴가 키운 군대의 강력한 공격에 제대로 반격 한 번 해보지 못하고 손을 들었고, 아이스툴프 왕은 점령한 토지를 반환할 것과 종교의 자유를 약속했다. 그러나 막상 피핀의 군대가 철수하자 약속을 깨고 점령지를 반환하지 않겠다고 버텼다. 이에 피핀은 다시 출정하여 756년에 롬바르디아군을 수도 파비아로 몰아넣고 왕의 항복을 받아냈다. 그리고 자신이 직접 임명한 전권대사에게 영토를 맡기고, 그 영토에 대한 주권이 교황에게 있다는 것을 문서로 명시했다.

로마제국이 붕괴한 이후 최초로 교황의 영토권을 인정한 이 사건은 교황에게 실질적인 영토는 물론 해당 영토권에 대한 법률적인 근거까지 마련해주었다. 피핀이 교황에게 영토를 바친 이 사건을 후대 사람들은 '피핀의 헌사' 라고 불렀다.

피핀은 말년에 국내의 반란을 진압하는 데 집중했다. 프랑크왕국의 영토로 복속된 지 얼마 되지 않은 사라센제국, 바이에른, 아키텐 등에서 반란이 꼬리를 물고 일어났기 때문이다. 피핀은 사라센에서 완강한 반항에 부딪혔다. 세례를 받아 교황청의 힘을 등에 업고 무기로 무장한 피핀에게도 사라센은 만만치 않은 상대였다. 사라센과 치른 전투에 모든 힘을 다 쏟은 피핀은 768년에 아키텐의 반란을 진압하고 돌아오던 중 결국 병이 나 세상을 떠났다. 그 후 그의 아들 샤를과 카를만이 프랑크의 관습법에 따라서 나란히 왕위에 올라 샤를마뉴 시대의 서막을 열었다.

유럽의 아버지 샤를마뉴와 카롤링거제국

게르만족의 왕국이 나라가 될 수 있는가? 지금이야 안 될 이유가 없지만, 당시 많은 성직자와 지식인은 게르만족이 로마를 다스린다는 사실을 쉽게 받아들이지 못했다. 신앙의 벽이 사라진 후에도 게르만족이 로마제국의 진정한 계승자로 거듭나는 데에는 여전히 넘어야 할 벽이 많았다. 샤를마뉴는 전 생애에 걸쳐 이 벽을 넘기 위해 안간힘을 썼고, 결국에는 완전히 새로운 게르만족의 로마제국을 일구어냈다.

로마제국의 부흥

800년 겨울, 성지 예루살렘에서 한 사절단이 멀리 떨어진 고대 로마제국의 수도로 향했다. 사절단의 인솔자인 예루살렘의 대주교는 아바스 왕조 칼리파의 명에 따라 서유럽의 최강자인 프랑크왕국의 왕을 알현했다.

당시 쉰여덟이던 샤를마뉴는 강력한 군대를 거느리고 있었다. 반대파의 공격으로 로마에서 도망쳐 나온 레오 3세가 도움을 요청하자 그는 로마인과 교황 사이에 중개자로 나섰다. 예루살렘의 사절단 파견은 큰 의미가 있었다. 동로마(비잔틴)의 주인인 아랍 왕이 그를 성지의 보호자로 인정했다는 것을 뜻하기 때문이다.

아랍은 100년 전 투르푸아티에 전투에서 샤를마뉴의 선조인 카를 마르텔에게 패배한 아픈 기억이 있다. 하지만 스페인에 공동의 적인 우마이야 왕조가 등장하자 피핀을 서방 기독교의 통치자이자 성지 예루살렘의 보호자로 인정하고, 동등한 입장에서 군사 동맹을 맺자고 제안한 것이다. 이는 샤를마뉴가 남긴 업적 중 중대한 외교 성과였다. 크리스마스를 하루 앞둔 12월 23일에 샤를마뉴는 로마 교회의 고위 성직자들과 귀족들이 보는 앞에서 로마인과 교황 사이의 분쟁에 종지부를 찍었다. '소문이 사실일까? 정말 현 교황을 끌어내리고 프랑크인을 교황으로 세울까? 레오 3세의 편을 들까?' 하는 추측이 난무하는 가운데, 자주색 망토를 입은 샤를마뉴가 예배당에 나타났다. 그리고 이어서 레오 3세가 단상으로 나아가 성경에 손을 얹고 기도한 후 큰소리로 자신은 결백하다고 선포했다. 교황이 무죄 선서를 할 때, 그 누구도 감히 나서지 못했다. 샤를마뉴가 다시 한 번 교황의 결백을 선언하고, 교황은 공개적으로 자신을 배신한 이들을 용서하겠다고 선포했다.

저녁 미사가 시작되어 샤를마뉴가 바닥에 무릎을 꿇자, 레오 3세가 그의 몸을 일으키고 머리 위에 비잔틴식 왕관을 씌어주었다. 이를 지켜보던 귀족들은 "샤를마뉴 만세", "신이 임명한 경건한 아우구스투스 만세", "위대한 로마 황제 만세"를 외치며 환호했고, 프랑크의 기사들도 덩달아 환호성을 질렀다.

그리고 이번에는 교황 레오 3세가 샤를마뉴의 앞에 무릎을 꿇고 비잔틴제국의 방식으로 신하의 예를 올렸다. 모든 일이 너무나 뜻밖이었지만, 이 사건은 역사적으로 중대한 의미가 있다. 오랜 역사를 간직한 로마제국이 476년 만에 처음으로 황제를 맞이한 것이다.

로마제국의 부흥이라는 이상이 현실화되는 순간이있다.

샤를마뉴의 제국

대관식이 갑작스럽게 진행되기는 했지만, 샤를마뉴에게 황제가 되고자 하는 마음이 없었던 것은 아니었다. 오히려 처음 이탈리아로 출정할 때부터 그의 마음속에는 왕위에 대한 야심이 자리 잡고 있었다.

샤를마뉴는 자신이 다스리는 왕국의 백성에게 국가를 선사하고 싶었다. 사실 이전에 프랑크인이 생각하는 국가란 로마인의 '국가' 개념과 큰 차이가 있었다. 그래서 로마인은 프랑크인이 왕국은 세울 수 있어도 국가는 어림도 없다고 생각했다. 그들은 비잔틴제국, 즉 로마제국의 정통 계승자만이 '국가'를 세울 수 있다고 믿었다.

샤를마뉴가 꿈꾸는 국가는 게르만인과 로마인이 함께 어울릴 수 있는 국가였고, 이 목표는 '로마제국의 부흥'이라는 말로 구체화되었다. 이는 프랑크인과 기독교가 뼛속까지 변하고, 정치 질서를 다시 확립해야만 가능한 일이었다. 샤를마뉴는 문화적으로 프랑크인을 철저히 개종시켜 기독교 교리를 기반으로 하는 게르만인의 로마를 세우고자 했다.

샤를마뉴는 이를 위해 교회와 기독교 관련 사업을 적극적으로 지원하고 과거에 몰수했던 교회의 재산을 되돌려주어 일약 기독교의 인심 후한 후원자가 되었다. 라인 강 동쪽의 게르만인 거주 지역에 새로운 교구가 세워졌고, 프랑크인 거주 지역의 기존 교구는 복구되었다. 그리고 궁정 내에 학교를 세워 프랑크 귀족 자제들에게 로마식 교육을 실시해 미래의 성직자와 궁정 관리를 배출하도록 했다.

샤를마뉴는 교회를 후원하는 것과 별개로 교회는 반드시 자신의 명령에 복종해야 한다고 생각했다. 그래서 궁정 학교와 궁정 성직자 중에서 직접 주교와 수도원장을 선발하고, 고위 성직자는 곧 자신의 신하로 여기고 실적에 따라 상벌을 주었다. 샤를마뉴는 교회의 교리와 의식에 대해서도 자신의 권한을 주장했다. 교황청의 성직자

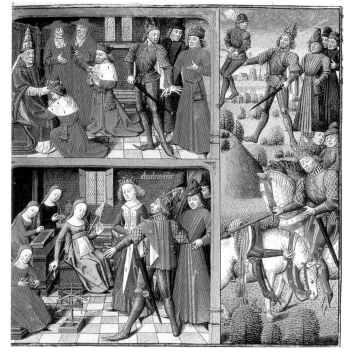

▲ 프랑크왕국 샤를마뉴 전기의 초고로, 샤를마뉴의 일상생활을 담았다. 주교에게 참배하는 장면(왼쪽 위), 황후와 방직물 작업장을 시찰하는 장면(왼쪽 아래), 병사들과 함께하는 장면(오른쪽)

들에게 자신의 이름으로《카롤링거서》를 편찬하도록 명령하여 기독교의 기본 신조와 종교 의식을 명확히 규정했는데 이 과정에서 교황의 의견은 완전히 배제되었다.

샤를마뉴의 궁정 신부는 그를 '성직자 국왕'이라고 칭찬했고, 샤를마뉴 자신도 '새로운 다윗'이라는 이름을 기꺼이 받아들였다. 기독교의 이상적인 왕인 '다윗'의 이름은 '신의 가호 아래 이교도를 물리치고 신성한 교회를 수호하며 기독교의 존속을 보장한다'는 그의 이상과 잘 맞아떨어졌기 때문이다. 샤를마뉴는 정신적으로 기독교를 표방하면서 로마의 국가 질서를 바로잡기 시작했다. 그리고 프랑크 국가를 600개 군으로 나누고 각 군을 자신이 직접 임명한 백작이 관리하게 했다. 백작은 자신이 맡은 군에서 세금 징수, 군대 소집 및 통솔, 분쟁 심의 및 판결 등을 책임졌고, 조수 격인 '자작'의 도움을 받았다.

샤를마뉴는 지방의 관리 시스템을 구축하는 한편 중앙 정부에 궁정과 관직 제도를 부활시켰다. 카롤링거 왕조는 궁정 관리에게 큰 권한을 주는 것을 꺼렸지만, 국가 체제를 구축하려면 다른 선택의

여지가 없었다. 비록 '궁재'라는 직위는 없었지만 궁정 총관이 사실상 궁재의 역할을 대행했다. 궁정 학교와 교회 학교에서 배출한 수도사들이 속속 궁정에 입성해 문서 업무를 담당하기 시작했고, 이들의 수장을 '문서장'이라고 불렀다.

이 무렵 아헨이 프랑크제국의 수도로 선택되면서 화려하게 거듭났다. 아헨은 제국의 중심부에 자리하며 뫼즈 강의 마스트리흐트 항구에서 32킬로미터 떨어진 도시였다. 로마 시대에는 온천으로 유명했고 가까운 곳에 아든 산과 사냥터가 있어서 샤를마뉴가 자주 찾았

▼ 프랑크 대군과 사라센인의 전
투 장면

다. 샤를마뉴는 794년부터 이곳에 대리석으로 장식한 비잔틴 양식의 웅장한 궁전을 짓기 시작했다. 그리고 기독교 왕이라는 인식을 부각시킬 목적으로 화려한 대성당도 함께 건설했다.

이렇게 샤를마뉴는 자신의 이상인 기독교 제국을 만들기 위해 노력했고, 게르만의 로마는 서서히 그 형태를 갖춰 갔다. 여기에는 외부적 요인도 한몫했다. 당시 교황 레오 3세가 비잔틴의 손아귀에서 벗어날 기회를 노리고 있었다. 그러던 중 797년에 이레네 여왕이 아들인 콘스탄티누스 6세를 몰아내자 교황은 이 일을 구실로 이탈리아에서 통치 기반을 다진 샤를마뉴에게 손을 내밀었다.

799년에 로마인에게 쫓겨난 레오 3세는 샤를마뉴의 궁정으로 피신하여 극진한 보살핌을 받았고, 앞에서 언급한 '갑

작스러운' 로마 황제 대관식 거행으로 보답했다.

이로써 샤를마뉴의 오랜 열망이 이루어졌다. 그러나 대관식 사건은 뭔가 석연치 않은 구석이 있었다. 먼저 교황과 로마 귀족이 중심이 된 대관식은 그가 꿈꾸는 프랑크인의 국가와 맞지 않았고, 교황이 왕관을 씌워 주었을 때에야 환호성이 터져 나왔으므로 대외적으로 교황이 통치 지위를 부여했다는 인상을 줄 수 있었다. 그의 이런 생각은 결코 기우가 아니었다. 이후, 교

▲ 《생드니의 편년사》에 실린 삽화
프랑크 왕 샤를마뉴가 예배당 건설 현장을 시찰하는 장면

황은 실제로 황제 적임자를 결정하는 과정에 큰 영향력을 행사하게 되었다.

그래서 샤를마뉴는 '로마 황제'라는 명칭보다 '신이 왕관을 씌워 준 위대하고 현명한 아우구스투스이자 로마제국의 통솔자이며 신의 은혜를 입은 프랑크와 롬바르디아의 국왕'이라는 이름으로 불리기를 원했다. 또 로마의 직함과 게르만의 직함을 나란히 적어 둘 사이의 상하 관계를 불분명하게 해 로마 귀족과 교황이 황제에게 간섭하는 것을 차단했다.

샤를마뉴는 로마제국에서 게르만족의 영향력을 과시하고 800년에 치러진 대관식의 좋지 않은 전례를 깨기 위해 813년에 프랑크왕국의 제후들을 아헨에 불러 모았다. 그리고 황제의 의관을 갖추고 예배당의 단상 앞에 서서 아들 루이에게 직접 왕관을 씌워주며 공동 황제로 임명했다. 이 일은 교황을 무시한 채 독단적으로 진행되었고, 교황에게 대관식의 주재를 요청하지도 않았다.

카롤링거 르네상스

기독교를 널리 확산시키고 새로운 교구를 건설하려면 더 많은 성직자가 필요했다. 샤를마뉴는 787년 로마 내의 모든 교회와 수도원

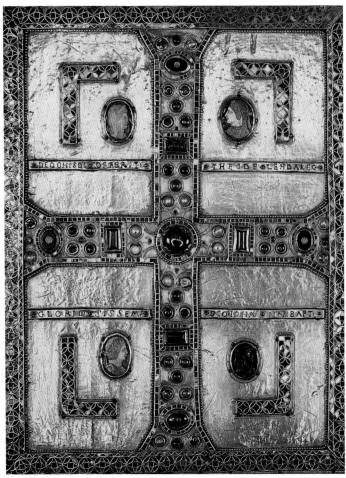

▲ 샤를마뉴 시대에 평화를 기원
한 기독교의 《복음서》 표지

에 학교와 도서관을 만들어 성직자들과 일반인들이 읽기와 쓰기에 힘쓸 수 있도록 하라고 지시했다.

샤를마뉴는 알큐인처럼 훌륭한 교육을 받은 성직자와 학자들을 곁에 가까이 두었다. 비록 그 자신이 라틴어를 읽고 쓰지는 못했지만 듣고 이해할 수는 있었기 때문에 그들을 통해서 로마의 전통문화에 대한 지식을 얻을 수 있었다. 이러한 샤를마뉴의 후원으로 궁정에 일반 성직자와 고위 성직자를 중심으로 한 문인 집단이 형성되었다.

알큐인과 그의 추종자들은 최초로 《성경》을 비평하고 라틴어로 번역했으며, 궁정 신부들과 함께 《베네딕트 규장》 등 많은 라틴어 문헌을 수집하고 이를 옮겨 적었다. 라틴어 교육이 확대되고 라틴어 문헌이 많이 옮겨지면서 라틴어는 점차 변화하기 시작했다. 한 예로, 라틴어는 문장과 문장 간의 구분이 불확실해서 프랑크인이 배우기 어렵다고 판단한 알큐인은 새로운 문장을 시작할 때에는 대문자를 쓰고, 문장이 끝날 때에는 마침표를 찍는 문법 구조를 고안했다. 이렇게 해서 이해하기 쉽고 읽고 쓰기도 편해진 라틴어는 전국에 널리 보급되었다. 한편, 수도원에서 문헌을 베껴 쓰는 작업이 활발히 진행되면서 전사轉寫본이 널리 퍼졌다. 이후 '카롤링거 글자체'라고 불리는 궁정 신부의 글자체가 유행하기도 했다.

샤를마뉴는 귀족 자제와 평민 중에서 우수한 청년을 선발해 라틴어를 가르치고 이를 토대로 신학과 고전 작품을 연구하도록 독려했다. 그는 어느 주교에게 "교회의 전사戰士인 당신은 경건하게 사고하고 우아하게 행동하며 유창하게 말해야 합니다. 문학을 소홀히 하지 말고 겸손하고 열정적인 태도로 정진하십시오."라는 내용의 서신을 보냈다.

샤를마뉴는 인재 등용은 물론이고 직책에까지 관여했다. 한 번은 그가 알큐인에게 "성 히에로니무스와 성 아우구스티누스처럼 문학에 정통하고 완벽하게 훈련된 성직자가 20명만 있었으면 좋겠군."하고 말했다. 그러자 알큐인이 "조물주가 한 명의 성 히에로니무스와 성 아우구스티누스만을 만들었는데 20명을 원하시다니요."라고 대답했다고 한다.

샤를마뉴 시대에 교육을 받은 사람 대부분이 성직자였기 때문에 카롤링거 르네상스는 종교 문화에서 가장 먼저 시작되었다. 라틴어 개혁, 종교 문헌 옮겨 쓰기, 교회 및 학교 확대 외에도 샤를마뉴의 기독교 확장 정책에 힘입어 곳곳에 예배당이 들어섰다. 아헨 대예배당을 비롯한 수도원 신축 열기는 서유럽의 건축 예술은 물론이고 회화와 조각 발전에도 일조했다.

샤를마뉴 시대의 문화는 기독교와 라틴어에 기반을 두었지만, 게르만족 고유의 민가와 전설도 수집하여 정리되기 시작했다. 기독교 의식에서 라틴어를 쓸 것인가 게르만어를 쓸 것인가를 두고 성직자 사이에 치열한 논쟁이 벌어지자 샤를마뉴는 '라틴어, 게르만어 모두 사용할 수 있다'는 내용의 법령을 발표하여 논쟁을 일축시켰다. 그리고 794년에는 "신 앞에서는 게르만어, 히브리어, 그리스어, 라틴어가 모두 평등하다."라고 재차 강조했다.

814년 1월 28일에 아헨에서 일흔둘의 나이로 숨을 거두기 전까지, 그의 삶은 오로지 이상적인 국가를 건설하는 데 매진했다. 그리고 그 노력은 결국 그의 바람대로 결실을 보았다. 문화의 불모지나 다름없던 유럽 대륙에서 문화를 발전시켜 후세 사람들이 '카롤링거의 부흥' 또는 '카롤링거의 르네상스'라고 부르는 문화의 시대를 열었으며, 그 자신도 '대제'라는 칭호를 얻었다. 오늘날 우리는 그를 유럽 통일에 크게 이바지한 '유럽의 아버지'로 기억한다.

샤를마뉴전

프랑크 귀족 가정에서 태어난 아인하르트는 770년 전후에 출생한 것으로 추정된다. 아홉 살에 풀다 수도원에 들어간 후 스무 살에 이미 뛰어난 능력을 인정받아 궁정에서 일하게 되었다.

아인하르트는 궁정에서 일하며 카롤링거제국의 흥망성쇠, 루트비히 1세와 세 아들 간의 치열한 정쟁을 모두 목격했다. 이후 그는 830년에 수도원으로 돌아가 840년 3월 14일에 세상을 떠났다.

그의 작품 중에 가장 잘 알려진 《샤를마뉴전》은 고대 로마 작가 가이우스 수에토니우스의 《황제전》을 모방하여 간결한 문체로 왕의 공적과 사생활을 묘사했다. 비록 궁정과 국가와 관련된 일 외에는 일절 언급하지 않았지만, 동시대의 전기 작품이 드문 만큼 오늘날 샤를마뉴를 이해하는 데 중요한 사료가 되고 있다.

자색 망토를 입은 루트비히 황제와 그의 아들들 '경건왕' 루트비히 황제와 카롤링거제국의 와해

왕에게 자녀가 없다는 것은 큰 문제였다. 자녀 한두 명이 있다고 해도 안심할 수 없었다. 중세에는 위생이 열악해 건강이 쉽게 악화될 수 있고 왕위에 대한 위협이 많았기 때문에 왕조의 대가 끊길 위험이 컸다. 특히 아들은 왕조를 이어가는 데 중요한 토대였다. 그러나 아들이 많아도 반드시 좋은 것은 아니었다. 여러 아들 중 한 명만 편애할 경우 크나큰 재앙을 불러올 수도 있었다.

▼ '대머리왕' 카롤루스의 등극

851년 《비비안 백작의 성경》에 실린 삽화. '대머리왕' 카롤루스는 루트비히 1세의 막내아들이다. 카롤루스는 베르됭 조약에 따라 제국의 서부와 라인 강 남쪽의 영토를 물려받았다.

거짓을 말하는 땅과 후회하는 루트비히

샤를마뉴가 죽은 지 20년이 지난 833년에 바젤 부근 평야에서 프랑크 황가의 군대 두 무리가 대치하고 있었다. 양쪽 모두 앵무새 문양이 새겨진 깃발을 들었고, 통솔자들은 황권을 상징하는 자색 도포를 입고 있었다. 두 사람 중 나이가 지긋해 보이는 쪽이 샤를마뉴의 뒤를 이어 제국의 황제가 된 아들 루트비히 1세였고, 그와 대치하는 쪽은 817년에 공동 황제로 임명된 그의 아들 로타르 1세였다.

로타르 1세 옆에는 역시 루트비히의 핏줄인 아키텐의 왕 피핀과 바이에른의 왕 루트비히가 있었다. 이들은 서로 손을 잡고 아버지의 군대와 결전을 벌이려 하고 있었다.

이렇게 대규모 군대가 대치하면 거의 두 가지 상황으로 끝나기 마련이다. 무시무시한 살육전이 벌어져 역사책의 한 페이지를 장식하거나, 승부를 내지 않고 화해하는 것이다. 두 번째가 일반적인 상황이다. 왕실 내의 원한 관계로 빚어진 이번 전쟁은 결국 협상으로 마무리되었다.

세 아들을 대표해서 루트비히 황제의 앞으로 나아간 사람은 다름 아닌 교황 그레고리 4세였다. 카롤링거 왕조 초창기부터 시작된 교황청과 왕실의 끈끈한 관계를 생각했을 때, 모든 카롤링거 가문 사람이 몰려나와 목숨을 건 결전을 벌이는 자리에 교황이 빠진다는 것은 상상할 수 없었다. 실제로 그는 이 중요한 역사적 시점에 깜짝 놀랄 만한 역할을 했다.

교황이 루트비히 황제의 진영으로 향한 날 밤, 루트비히 황제 진영의 제후들이 자신들의 군주를 배신하고 로타르 1세에게 투항했다. 이로써 세 형제는 손쉽게 부황과 계모, 그리고 전쟁의 화근이 된 이복동생 카롤루스를 사로잡았다. 당시 '대머리왕' 카롤루스는 고작 열 살의 어린아이였다.

황제 부자 간에 교전을 벌인 이 바젤 부근의 평야는 훗날 '거짓을 말하는 땅'으로 역사책에 기록되었다.

황제와 그의 아들들

승리한 아들은 아버지와 계모, 이복동생을 심판대에 세웠고, 그 결과 황후 유디트와 '대머리왕' 카롤루스는 각각 롬바르디아와 아덴의 수도원에 유배되었다. 그러나 루트비히 황제는 대관식을 거친 '신성한' 황제였기 때문에 간단히 처리할 수 없었다. 로타르는 수아송의 대성당 제단에 참회의 옷을 깔고 루트비히 황제를 기다렸다. 이윽고 성직자 31명에게 붙들려 제단 앞에 도착한 루트비히는 대주교가 지시하는 대로 스스로 칼을 풀고 견장을 떼어내고 황제의 옷을 벗은 뒤 엎드려 용서를 빌었다. 그리고 아들이 미리 써 놓은 자신의 죄를 소리 내어 읽으며 죄를 인정하고, 죄인인 자신은 제국을 다스릴 수 없다고 고백했다. 그 후 그 역시 수도원에 유배되었다.

친아들이 아버지에게 이토록 잔인하게 행동한 이유는 과연 무엇일까? 할아버지인 샤를마뉴 시기에서 그 해답을 찾을 수 있다.

814년에 샤를마뉴가 세상을 뜨자 루트비히는 유일한 통치자가 되었다. 아들이 셋인 그는 자신이 죽은 후에 나라가 세 아들에 의해 나뉠 것을 걱정했다. 그래서 817년에 아헨 회의에서 장자인 로타르를 공동 황제로 세우고, 나머지 두 아들 피핀과 루트비히에게는 변방의 땅을 주었다. 이로써 자신이 죽은 후에 유산 문제로 제국이 분열할 가능성을 없애는 동시에 맏아들에게 실질적인 황제이자 통치자의 자격을 부여하고, 대부분 영토를 넘겨주었다. 이어서 823년에 로마에서 정식으로 대관식을 치러 로타르의 지위는 더욱 견고해졌다.

그러나 루트비히의 재혼으로 모든 것이 헝클어졌다. 막내아들 '대머리왕' 카롤루스가 태어나자 루트비히는 그에게도 땅을 물려주고

▼ 긴 창과 오르간을 손에 든 프랑크 병사

싶어졌다. 그래서 829년에 열린 보름스 회의에서 슈바벤, 알자스, 부르고뉴 일부를 막내아들에게 주겠다고 선포했다. 이 일로 루트비히의 다른 아들들이 무기를 들고 일어나 결국 아버지를 황좌에서 끌어내리고 말았다.

이는 또 다른 비극의 시작이었다. 황제가 된 로타르는 두 동생에게 지금처럼 변방을 지배하는 데 만족할 것을 강요했다. 그러나 이에 가만히 있을 두 형제가 아니었다. 즉각 큰형과 전쟁을 벌일 것을 결심하고, 수도원에 갇혀 있던 루트비히를 빼내 황제로 복귀시킴으로써 전쟁의 명분을 확보했다.

838년에 루트비히의 둘째 아들 피핀이 죽자 정세는 걷잡을 수 없는 혼란의 소용돌이로 빠져들었다. 루트비히 황제는 막내아들의 안전을 염려해 맏아들 로타르 1세와 협상을 벌였다. 그리하여 자신이 죽은 후에 로타르 1세가 동프랑크를, 대머리왕 카롤루스가 서프랑크를

다스리는 데 합의했다. 그러자 죽은 둘째 아들 피핀과 그의 아들 피핀 2세의 계승권이 철저히 무시되고 그가 생전에 정복한 땅마저 빼앗기게 된 상황에 격분한 셋째 '독일왕' 루트비히가 839년에 반란을 일으켰다. 이는 840년 6월 20일 엥겔하임에서 세상을 뜰 때까지 항상 자식 걱정에 노심초사하던 루트비히 황제에게 마지막 일격이 되었다. 그는 임종 직전에 "나는 아들 루트비히를 용서한다. 그러나 그가 나를 죽음으로 몰고 갔다는 사실은 알아야 한다."라고 말했다고 한다.

퐁트누아 전투

루트비히 황제가 죽자 세 형제는 이제 그 누구의 눈치도 볼 필요가 없어졌다. 독일왕 루트비히와의 전투에서 패한 로타르 1세는 막내 대머리왕 카롤루스를 내팽개치고 조카 피핀 2세와 손을 잡았다. 그러자 카롤루스도 독일왕 루트비히의 진영으로 들어갔다.

841년 6월 25일, 양쪽 군대가 퐁트누아에 모였다. 황제와 제후를 비롯한 전사들이 무장한 채 모두 전투에 참여했고, 직접 선봉에 선 로타르 1세는 육중한 검을 마치 볏짚 돌리듯 가볍게 휘둘렀다.

이번 전투는 그야말로 살육전이었다. 물론 다소 과장되었겠지만 이 전투로 총 10만 명이 죽었다고 전해지는데, 그 참혹함을 짐작하게 하는 숫자이다. 심지어 당시 귀족 남성이 상당수 전사하는 바람에 샹파뉴에서는 여성의 계승권을 인정할 정도였다고 한다.

무자비한 살육 끝에 결국 로타르 1세가 물러났으나, 아직 완전히 포기한 것은 아니었다. 한편, 독일왕 루트비히와 대머리왕 카롤루스는 842년 2월 14일에 스트라스부르의 시민 앞에서 형 로타르 1세에게 맞설 것을 다짐하며 군대의 사기를 북돋았다. 이때 양측의 군인들이 모두 알아들을 수 있도록 독일왕 루트비히는 대머리왕 카롤루스의 서부 진영에서 통용되는 로만어를, 카롤루스는 독일왕 루트비히의 동부 진영에서 통용되는 게르만어로 말했다.

카롤루스와 루트비히가 수도 아헨을 점령하고 제후들이 화해를 촉구하자 로타르 1세도 계속 버틸 재간이 없었다. 삼 형제는 결국 842년 6월 15일에 손 강의 한 작은 섬에서 조약을 맺고 제후들의 뜻에 따라 토지를 분배했다.

843년 8월 10일, 제후 위원회의 요청으로 베르됭 조약이 체결되었다. 이 조약에 따라 로타르 1세는 이탈리아, 벨기에, 룩셈부르크 동쪽, 카롤링거 왕조로부터 물려받은 프랑스 일부를, 독일왕 루트비히는 동프랑크왕국을, 대머리왕 카롤루스는 서프랑크왕국을 차지하게 되었다.

로타르 1세는 말년에 장자 루이 2세에게 이탈리아를, 둘째 로타르 2세에게는 북부의 카롤링거 가문 영지를 물려주었다. 로타르 2세는 후에 이곳에 로트링겐왕국을 세웠다. 이로써 카롤링거제국은 네 조각으로 나뉘었다. 이 중 동프랑크와 서프랑크, 그리고 이탈리아가 각각 현재의 독일, 프랑스, 이탈리아가 되었다. 로트링겐왕국은 이후 프랑스와 독일이 앞다투어 차지하고자 한 로렌 지역이다. 통일 제국을 향한 카롤링거 왕조의 꿈은 이렇게 끝나고 말았다.

▼ 알프스 산의 성

바이킹족의 유럽 제패 해적이 활개치던 시기

기독교가 널리 전파되던 몇 세기 동안 바이킹은 유럽인에게 큰 골칫거리였다. 바이킹은 북쪽에서 홀연히 나타나 마을을 불태우고 교회와 수도원을 약탈했다. 무적의 배를 가진 해적들은 '서에 번쩍, 동에 번쩍' 하며 사람들의 혼을 쏙 빼놓았다. 파도가 넘실거리는 바다는 물론이고 이 강, 저 강으로 옮겨 다니면서 영토 깊숙이 침입하는 것도 모자라 북해에서 프랑스를 관통해 지중해로 빠져나오기도 했다. 그들은 이렇게 몇 세기 동안 해안과 강에 살던 사람들의 안전을 위협했다. 언제 어디에서 해적들의 배가 나타날지 알 수 없었다. 진귀한 물건을 싣고 오는 무역상일 때도 있었지만, 대부분은 칼을 휘두르는 약탈자였다.

협만에서 온 사람들

'Viking'은 '협만에서 온 사람들'이라는 뜻이다. 협만은 빙하의 침식으로 만들어진 골짜기에 빙하가 없어진 후 바닷물이 들어와서 생긴 좁고 긴 만으로, '피오르'라고도 한다. 바이킹의 본거지인 노르웨이 해안에서 많이 볼 수 있다. 천 년 전 북유럽의 스칸디나비아 지역[21]에서 온 바이킹족은 금발에 기골이 장대한 전형적인 서유럽인의 외모였다.

바이킹족은 농경민족으로, 기후가 온화해 농사짓기에 적합한 땅에는 보리와 귀리, 밀 등 추위에도 잘 견디는 작물을 재배하고 소와 양, 산양, 돼지, 말 등을 길렀다. 특히 돼지고기는 바이킹 신화에서 신들의 수장인 오딘이 연회를 베풀어 영웅을 죽일 때 대접한 고기로, 바이킹 전사들의 식탁에서 빠지는 일이 없었다. 이 밖에도 바이킹은 물고기와 어패류를 잡거나 사냥한 순록을 길들여서 부리기도 했다.

바이킹은 태생적으로 항해와 선박 제작에 능했다. 바이킹은 당시 항해에 가장 적합한 '장선長

▼ 바닥이 평평한 바이킹 해적의 전함

---

21) 지금의 덴마크, 노르웨이, 스웨덴

船'을 제작했는데, 이 배는 살아생전에는 한가족이고 죽은 후에는 바이킹 전사를 저승길로 인도했다. 당시 유럽인들은 바이킹을 북방의 야만인이라고 여겼지만, 사실 바이킹은 치장하고 꾸미는 데 일가견이 있었고 공예에 뛰어났다. 기나긴 겨울 동안 바이킹은 집 안에 머물면서 선박을 제작하고 옷을 수선하고 동물의 가죽을 무두질했다. 또 각양각색의 무기와 도구 등 일상용품을 만들기도 했는데 동물이나 야수 등 자연에서 영감을 얻은 문양이나 그림을 새겨 넣었다.

해적 시대의 도래

북유럽은 춥고 일 년 내내 빙설로 뒤덮여 있는 데다 자원도 부족했다. 그런 상황에서 인구가 급격하게 늘어나자 경작할 수 있는 토지는 점점 줄어들었다.

이처럼 열악한 생존 환경은 바이킹족을 더욱 강인하고 용감하며 싸움에 능하고 근면 성실해지게 했고, 광활한 바다로 눈을 돌려 미지의 땅을 개척하고 새로운 보금자리를 찾도록 부추겼다.

▲ 바이킹 해적의 문양을 새긴 아일랜드 은화. 10세기에 더블린에서 주조

바이킹족의 항해는 유럽 전체에 크나큰 영향을 주었다. 그들은 아직 개척되지 않은 곳에서는 위대한 탐험가이자 개척자로서, 그리고 문명 도시에서는 가죽, 모피, 호박, 목재 등을 파는 능수능란한 상인으로서 행세했고 때로는 비정한 강도나 공포의 정복자로 돌변하기도 했다. 어떤 역할을 할지는 그때그때의 상황이나 상대에 따라 달라졌다.

793년 6월 8일, 바이킹 해적 한 무리가 잉글랜드 동부 해안의 린디스판을 습격해 유명한 교회와 주교의 저택, 예배당 등에 침입하고 성직자들을 죽이거나 노예로 삼았다. 이 소식이 퍼진 후 유럽 전체는 경악을 금치 못했다.

해적이 영국 등 유럽 해안에 출몰한 것이 처음은 아니었지만, 이번 사건으로 '해적의 시대'가 도래했다는 것이 확실해졌다.

바이킹의 세력 확장

바이킹들은 곧 모험을 무릅쓸 필요 없이 연해 지역을 습격하면 전리품을 많이 챙길 수 있다는 사실을 알게 되었다. 해적들은 갑자기 나타나서 마을 한두 곳이나 교회, 대장원을 노략질하고 금세 모습을 감추었기 때문에 해당 지역의 군대도 손써 볼 방법이 없었다.

해적들은 점점 대담해져서 여러 해적단이 무리를 지어 거대한 함대를 이루기도 했다. 해적들은 매년 봄이면 북쪽에서 내려왔다가 겨울이면 원래 있던 곳으로 돌아가 휴식을 취했다. 이렇게 몇 년이 지나자 바이킹들은 가을이 와도 고향으로 돌아가려 하지 않았다. 부근의 해안에 거점을 만들고는 그곳에서 겨울을 지내며 다가오는 봄을 준비했다.

바이킹족의 해외 진출 경로는 크게 서해안, 남해안, 동해안의 세 가지다. 바이킹 한 무리가 남쪽 해안을 따라 서쪽으로 유럽 북서부와 잉글랜드 동부 해안으로 향했고, 스웨덴 출신의 바이킹족은 동쪽 해안을 따라 발트 해에서 지금의 러시아를 관통해 볼가 강의 발원지까지 내려간 후 다른 강줄기를 따라 카스피 해와 흑해에 도착했다. 여기서 멈추지 않고 동쪽으로 향해 부하라, 타슈켄트, 바그다드를 지나 비잔틴에 도착했고, 곧장 수도 콘스탄티노플을 압박해서 공물을 바치게 했다. 남쪽으로 향한 바이킹들은 더 긴 항해를 했다. 먼저 스페인에 면한 대서양을 따라 지브롤터 해협을 통과해서 지중해에 도착했다. 이들은 이탈리아를 습격한 후 다시 라인 강을 거슬러 올라가서 알프스 산을 넘었고, 도나우 강을 따라가 서흑해에 도달했다.

흥미로운 사실은 바이킹을 실은 배가 서유럽을 향해 가는 동안에 바람 때문에 기존 항로에서 벗어나 북대서양 쪽으로 치우치게 되었는데, 그 덕분에 알려지지 않았던 많은 섬을 발견했

▼ 바이킹의 용머리 군함은 기존의 로마식, 그리스식과 확연히 달랐다. 그래서 유럽인은 뱃머리에 달린 용머리만 보고도 상대가 바이킹이라는 것을 알 수 있었다.

다는 것이다. 800년, 870년, 980년에 발견된 페로 제도, 아이슬란드, 그린란드 등이 있다. 그리고 1000년경에 바이킹은 아메리카 대륙을 발견했다.

잉글랜드 침략

8세기 후반부터 영국은 공포의 바이킹 시대를 맞았다. 당시 영국은 '7왕국 시대'로 전국이 켄트, 서섹스, 웨섹스, 에섹스, 노섬브리아, 이스트 앵글리아, 머시아로 나뉘어 있었다.

영국인들은 용맹하고 호전적인 해적들 앞에서 혼비백산해 줄줄이 참패했다. 결국, 막대한 공물을 바치기로 약속하며 화해를 요청할 수밖에 없었다.

867년에 노섬브리아를 정복한 바이킹은 머시아를 포위하고 요크와 노팅엄 진영을 압박하더니, 급기야는 런던과 케임브리지에도 상륙했다. 873년에는 이스트 앵글리아의 젊은 왕 에드먼드를 사로잡아 화살받이로 만들었다.

▼ **전투 중인 바이킹 해적**
머리에 짐승의 뿔을 달고 날카로운 무기를 쥔 북유럽의 용사들은 한때 유럽 전역을 공포에 떨게 했다.

이렇게 잉글랜드 전역을 마구 휘젓고 다니던 바이킹도 마침내 만만치 않은 적수를 만났다. 바로 웨섹스왕국의 앨프레드 대왕이었다.

　876년에 웨섹스로 진격한 해적은 에딩턴 일대에 숨어 있던 웨섹스왕국 군대의 습격을 받아 거의 전멸하다시피 했다.

　878년, 덴마크 해적의 수령 롤로가 이끄는 군대가 다시 한 번 웨섹스로 진군했지만, 역시 크게 패해 '분할 통치' 협정문에 서명할 수밖에 없었다.

　이 협정에 따라 해적들은 정식으로 잉글랜드 북쪽의 광활한 토지와 동부 일대, 즉 템스 강 상류에서부터 아이리시 해에 이르는 잉글랜드의 광활한 땅을 차지하게 되었다. 이 지역은 '덴마크 법치구'라고도 불렸다. 덴마크 출신인 바이킹이 덴마크의 법률을 적용했기 때문이다. 이렇게 스칸디나비아 밖에 바이킹의 가장 광활하고 풍요로운 식민지가 세워졌다.

　그 후에도 덴마크 바이킹은 여러 차례 공격을 시도했으나 번번이 실패로 돌아갔고, 오히려 런던 등 이미 점령한 땅을 빼앗기기도 했다.

　899년에 앨프레드 대왕이 죽자마자 바이킹은 또다시 공격을 시작해 100년 후에 마침내 꿈에 그리던 잉글랜드를 손에 넣었다.

◀ 항해 중인 바이킹 함선

포위당한 파리

　바이킹은 깃발을 높이 들고 잉글랜드 전역으로 진군했다. 유럽 대륙도 해적들의 약탈과 만행을 피해가지 못했다. 매년 여름이 되면 바이킹은 뱃길을 따라서 다니며 여러 지역을 침략했다. 그리고 금은 집기를 약탈하고 살인과 납치를 일삼으며 마을을 불태우는 등 무자비한 행동을 저지르며 조금씩 유럽 각국의 영토를 손에 넣었다.

　프랑크 왕 샤를 2세(대머리왕 카롤루스)는 요새를 쌓거나 덴마크 골드로 덴마크 바이킹을 회유하기도 했다. 해적 두목을 회유해 동포를 배신하게 하는 등 다양한 방법을 동원해서 바이킹의 횡포를 막아보려고 했지만, 그의 노력은 점점 대담해지는 바이킹을 막지 못하고 결국 모두 물거품이 되었다.

　885년 여름, 프랑크 리옹을 습격한 덴마크 바이킹은 두목 '롤로'의 지휘 아래 프랑크왕국을 거슬러 올라가 수도를 정복하고자 했다.

　당시 프랑크를 통치하던 이는 '비만왕'으로 불리던 샤를 3세였다. 바이킹 해적들이 파리를 포위한 당시, 샤를 3세는 직접 대군을 이끌

▼ 약탈을 끝낸 바이킹이 닻을 내리며 뱃머리를 항구로 돌려 천천히 노를 젓고 있다.

고 이탈리아로 원정을 가 있었다. 파리 성 안에는 오도 백작과 조슬랭 주교만이 남아 겨우 기마 부대 200명과 소수의 병사로 성을 지키고 있었다. 함선 700척과 병사 3만 명을 거느린 덴마크 바이킹에게 파리 성을 정복하는 것은 식은 죽 먹기라고 할 수 있었다.

하지만 상황은 바이킹들이 생각한 것만큼 쉽게 풀리지 않았다. 막강한 군대를 앞에 두고도 파리 시민들은 동요하지 않고 오도 백작과 조슬랭 주교의 지시에 따라 강력히 저항했다. 그들은 전 주교 엥겔린(Engelwin)의 심장과 유골을 성곽 주변에 놓아 신실한 믿음과 파리를 지키기 위해 목숨도 내놓겠다는 의지를 보여주었다.

사실 두목 롤로의 목적은 단순히 파리를 함락하는 것만이 아니라 파리에서 필요한 물자를 약탈한 후 센 강을 거슬러 올라 풍요롭고 비옥한 땅을 찾아 전진하는 것이었다. 그래서 롤로는 바이킹이 센 강을 자유롭게 드나들 수 있도록 파리 시민들에게 투항을 요구했다. 하지만 그의 요구는 오드 백작에게 거절당했다.

다음날 아침, 바이킹은 육지와 강에서 맹공을 퍼부었다. 당시의 파리는 오늘날 면적의 5분의 1밖에 되지 않는 시테 섬으로, 섬 자체가 높고 견고한 요새 역할을 했다. 그리고 이에 더하여 파리 시민들이 불을 붙인 큰 통 등 무거운 물건을 던지며 바이킹을 위협했다.

머리에 화상을 입은 바이킹의 비명이 여기저기서 터져 나왔다. 전투가 가장 격렬했던 북쪽 성곽에는 불에 타 죽은 바이킹의 시체가 산을 이룰 정도였다. 부상당한 바이킹을 치료하기 위해 바이킹 여성들도 전쟁에 참가했는데 전사들은 대부분 그녀들의 품에서 숨을 거두었다.

밤이 되자 바이킹들은 분노에 휩싸여 성에 불을 질렀다. 곧 하늘까지 붉게 물들인 화염은 몇백 킬로미터 떨어진 리옹에서도 볼 수 있을 정도였다. 바이킹의 이러한 맹렬한 공격에도, 파리 군대와 시민은 절대 항복하지 않았다.

장장 몇 주에 걸쳐 이어진 공격에도 파리 성을 함락하지 못하자 해적들은 포위 전술을 선택했다. 장기간 포위하여 난공불락의 파리 성을 자멸시키겠다는 전략이었다.

886년 2월, 몇 개월 동안 계속된 공격과 높은 수압을 견디지 못한 남쪽의 목조 다리가 유실되고 말았다. 그러자 바이킹은 파리 성 포위를 위해 일부 병력을 남겨 놓은 채 나머지는 센 강과 루아르 강을 오가며 약탈과 방화를 일삼았다. 이때 파리 성 안에서는 기아와 혹한이 겹치면서 전염병이 창궐했고, 사망자가 넘쳐나자 파리는 절망에 빠졌다.

포위 작전의 성공으로 기쁨에 취한 바이킹은 기회를 엿보던 오드 백작이 몰래 성을 빠져나와 그들의 방어선을 뚫고 샤를 3세에게 파리의 상황을 보고한 것을 눈치 채지 못했다.

파리가 공격당한다는 소식을 들은 샤를 3세는 곧바로 군대를 이끌고 파리로 돌아왔다.

샤를 3세가 돌아왔지만 바이킹이 수적으로 우세했기 때문에 프랑크 군대는 속수무책으로 당했다. 이에 샤를 3세는 바이킹에게 황금 700파운드를 주고서야 굴욕적으로 파리를 지킬 수 있었다.

▼ **바이킹의 회화 작품**
북유럽 신화 속의 주신主神 오딘이 전쟁터에서 죽은 바이킹 전사들을 데리고 신전으로 향하는 장면을 그렸다.

886년 말, 바이킹은 황금을 챙겨 유유히 파리를 떠났다. 그리고 고향으로 바로 돌아가지 않고 여러 지역을 약탈했다.

바이킹의 정착과 기독교 개종

점점 강력한 저항에 부딪히자 바이킹은 타협이라는 방법을 선택했다. 침략한 나라에서 정착 생활을 시작한 바이킹은 점차 기독교로 개종하기 시작했다.

잉글랜드를 침략한 바이킹은 앨프레드 대왕에게 패한 후 영국 동부 지역에 정착했다. 이때 앨프레드 대왕은 바이킹의 수령에게 기독교의 세례를 받게 하고 그의 대부가 되어 주었다.

물론 바이킹은 여전히 북유럽 신화의 최고신 오딘을 숭배했지만 현지인들과 융화하면서 점점 기독교와 가까워졌다.

10세기 초반, 바이킹은 프랑크 연안 지역에 정착하기 시작했다. 911년에 프랑크 왕으로 즉위한 또 다른 샤를 3세(단순왕)는 바이킹들이 정착 생활을 하면 전쟁을 일으키지 않을 것으로 생각했다. 그래서 프랑크 북부의 네우스트리아에 거주하는 덴마크 바이킹의 수령 롤로와 협약을 맺어 네우스트리아 일부 지역[22]을 주고 노르망디 공이라는 칭호를 부여했다. 롤로는 이에 대한 보답으로 기독교로 개종하고, 프랑크왕국에 충성을 맹세했다. 또 프랑크어를 배우고, 북유럽 해적들의 약탈 행위를 막는 데 동참할 것을 약속했다.

그 후 롤로는 정식으로 세례를 받고 프랑크 왕이 인정한 합법적인 공작이 되었다. 그리고 그의 휘하에 있던 바이킹들도 노르망디에 정착해서 기독교로 개종하고 기사가 되어 무기 등을 하사받았다.

협약을 확실히 이행하기 위해 롤로는 프랑크 백작의 딸을 아내로 맞았다. 노르망디에 정착한 다른 바이킹도 대부분 프랑크 여자와 결혼해서 현지인들과 동화되어 갔다. 척박하고 험난한 환경에서 살아온 해적들은 노르망디의 기후와 풍요로운 생활에 매우 만족했고 진정한 신앙심을 갖게 되었다. 그리고 점차 '바이킹이 프랑크인보다 씻기를 더 좋아한다'고 할 정도로 아름다움을 추구하는 그들의 성격이 드러나기 시작했다. 노르망디 지역에서는 북유럽의 전통 세속과 신앙 및 언어가 사라져 갔다. 11세기에 이르자 노르망디의 바이

---

22) 지금의 노르망디 일대

바이킹 시대를 열 수 있었던 비결은 바로 배였다. 바이킹의 배는 보통 20~30미터 정도 길이로 곧고 길게 뻗은 참나무를 주재료로 만들었다. 정밀하고 세밀한 제조 기술과 튼튼한 구조로 조금의 틈도 허용하지 않았다.

바이킹 배는 전함과 화물선으로 나뉘었다. 전함은 가볍고 폭이 좁아서 민첩하게 이동할 수 있으며, 바람과 파도에 강하게 설계되어 해안에 정박하기 쉽고 강에서도 서로 연결해 함대를 형성할 수 있었다. 화물 운송을 목적으로 하는 화물선은 높고 폭이 넓으며 선체가 무거웠다. 파도가 거센 바다를 항해할 때도 무거운 선체가 안정감을 더해주었다.

전함과 화물선 모두 배의 외벽이 갑판을 감싸고 있다. 긴 철 못을 박아 고정한 선체에 통참나무로 조각한 뱃머리를 결합해서 볼록하게 높이 치솟아 있다.

킹은 이미 완전히 프랑크에 동화되었고, 노르망디는 프랑크의 봉건 영지가 되었다.

이렇게 많은 바이킹 해적이 유럽 각지에 정착하기 시작했고 기독교 세계에 동화되었다. 용맹한 기질은 여전했지만, 야만적인 모습은 사라졌고 바이킹 해적 시대는 조용히 막을 내렸다. 이후 천 년이라는 긴 시간 동안 바이킹은 전 유럽을 벌벌 떨게 했던 위용과 위풍당당한 야성을 되찾지 못했다.

해적 왕조의 전성기

바이킹의 고향으로 눈을 돌려보자. 10세기 말, 스칸디나비아에서의 패권을 둘러싸고 노르웨이 국왕 올라프 트리그바손과 접전을 벌였던 덴마크의 스벤은 마침내 상대를 무찌르고 명실공히 일인자로 등극했다. 그리고 역대 해적 왕들이 그랬듯이 탐욕에 찬 눈으로 서쪽을 응시했다.

이에 영국의 에셀레드 왕은 황금으로 평화를 사고자 했으나, 굶주린 덴마크인의 허기를 달래기에는 역부족이었다. 1002년 11월 13일 밤, 공포로 이성을 잃은 에셀레드는 잉글랜드 내에 있는 덴마크인의

▶ 서유럽 만화에서 수소는 바이킹을 의미한다. 용의 머리를 뱃머리에 조각한 배를 타고 험한 파도를 뚫고 바다를 항해하는 모습

씨를 말리는 대학살을 감행했다. 학살된 사람 중에는 덴마크 왕 스벤의 누이도 포함되어 있었다.

곧 피비린내나는 복수가 이어졌다. 잉글랜드 해안 지역을 초토화한 것으로도 분이 덜 풀린 덴마크는 1013년에 스벤이 지휘하는 함대를 앞세워 런던을 비롯한 다른 성을 하나하나 정복했다. 상황이 불리함을 느낀 에셀레드는 왕위를 버리고 허둥지둥 노르망디로 피신했다.[23] 이로써 '북방의 카이사르' 스벤이 통치하는 덴마크, 잉글랜드 왕조 시대가 역사책에 이름을 올리게 되었다.

그러나 스벤의 영광은 오래가지 못했다. 이듬해인 1014년에 그는 낙마 사고로 목숨을 잃고 말았다. 그의 죽음에 대한 슬픔도 잠시, 어느새 정국은 왕위 계승 문제를 놓고 술렁이기 시작했다. 이치대로라면 스벤의 핏줄인 열여덟 살의 왕자 크누트(Canute)가 왕위를 이어야 했지만, 잉글랜드 사람들의 마음은 외국에 망명한 에셀레드에게 기울었고 결국 그를 왕위에 복귀시켰다. 잉글랜드의 왕좌에서 밀려난 크누트는 덴마크 왕좌에 기대를 걸고 돌아왔으나 그곳에는 이미 스벤의 또 다른 아들인 해롤드가 버티고 있었다. 왕위에 대한 미련을 버리지 못한 크누트는 1015년에 함대를 이끌고 잉글랜드로 쳐들어가서 왕위를 내놓으라고 위협했다. 당시 에셀레드의 뒤를 이어 왕이 된 에드먼드는 왕위를 지키기 위해 필사적으로 저항했지만 역부족이었다. 이런 상황에서 그는 결국 평화 협정을 제안할 수밖에 없었다. 그리하여 에드먼드가 웨섹스 지역을, 크누트가 머시어와 노섬브리아 지역을 차지하기로 하고, 두 사람 중에 누구 한 명이 먼저 죽으면 나머지 한 명이 전 지역의 계승권을 가진다고 합의했다.

공교롭게도 1년 후에 젊은 에드먼드가 갑작스럽게 세상을 떠나 잉글랜드의 통치권이 자연히 크누트에게 돌아왔고, 또 얼마 지나지 않아 덴마크 왕 해롤드마저 숨을 거두어 크누트는 어부지리로 덴마크의 통치권까지 손에 넣었다.

그 후 크누트는 노르웨이와 스웨덴까지 손을 뻗어서 노르웨이, 잉글랜드, 스코틀랜드 대부분 지역과 스웨덴 남부 지역을 아우르는 대제국을 건설했고, '크누트 대왕'이라고 불리는 명예도 얻었다. 나랏일에 힘쓰고 백성을 사랑한 크누트 대왕은 고향인 덴마크보다도 잉

---

23) 그의 아내 엠마가 당시 노르망디 공작의 딸이었다.

글랜드에 남다른 애착을 보이며 대부분 시간을 그곳에서 보냈다. 그리고 전 국왕의 미망인인 엠마를 후처로 맞이하기도 했다. 1027년 부활절에는 신성로마제국 콘라트 황제의 즉위식에 귀빈이자 증인으로 참석해서 황제와 함께 로마 성 베드로 대성당의 복도를 거닐기도 했다. 이는 바이킹 해적 역사상 최고의 승리이자 스칸디나비아인 정복 사업의 전성기인 동시에 한 세기 동안 줄기차게 이어진 항해와 서부 지역 정복의 종착점이었다.

안타깝게도, 크누트 대왕에게 허락된 시간은 길지 않았다. 1035년 11월에 그는 겨우 서른살 초반의 젊은 나이에 숨을 거

▲ 오딘은 북유럽인이 숭배하던 주신으로 보통 어깨에 후긴(왼쪽)과 무닌(오른쪽)이라는 까마귀가 앉아 있다.

두었다. 그리고 애석하게도 그의 자식은 그만큼 강력하지 못했다. 1042년 6월에 왕위를 계승한 차남 하디 크누트가 뜻하지 않게 죽은 후 '덴마크제국'은 시름시름 앓기 시작하더니 결국에는 왕과 같은 운명을 맞이했다.

전설의 몰락

크누트 대왕이 죽자 잉글랜드는 다시 자유의 몸이 되었고, 노르웨이 역시 지긋지긋한 속박에서 벗어났다. 노르웨이는 덤으로 덴마크의 통치권까지 차지하게 되었다. 그 연유는 하디 크누트가 왕이었을 때로 거슬러 올라간다. 당시 자신의 운명을 꿈에도 상상하지 못했던 하디 크누트는 노르웨이 왕 망누스와 둘 중 한 명이 죽으면 남은 한 명이 두 국가를 모두 통치하자고 덜컥 약속해버린 것이다. 이 협약에 따라 새로운 노르웨이 왕 망누스가 덴마크까지 다스리게 된 것이다. 그러나 협약은 한 대에서 끝나고, 망누스 왕이 죽은 후에는 그의

아들 하르드라다와 크누트 대왕의 누이의 아들이 각각 노르웨이와 덴마크를 사이좋게 나누어 다스렸다.

1066년 초에 '참회왕' 에드워드가 세상을 떠나자 처남 해럴드 고드윈손이 왕위를 물려받았다. 그러자 노르웨이 왕 하르드라다가 선왕 하디 크누트와 망누스의 협정에 따라 자신이 영국의 왕위를 계승해야 한다고 주장했다. 그러고는 해럴드에게 반기를 들어 추방당했던 토스티그(Tostig) 백작과 연합해서 영국을 침략했다. 같은 해 9월 18일, 하르드라다가 이끄는 1만 군대가 북해를 건너 페번지(Pevensey) 만에 상륙하자 해럴드도 군대를 일으켰다. 양측은 이윽고 요크셔 부근의 노섬브리아에서 맞붙었다. 이 전쟁은 양측에게 모두 끔찍한 상처를 남겼다. 그중에 더 큰 타격을 입은 영국군이 피를 흘리며 퇴각하자 노르웨이는 승리의 축가를 부르면서 요크셔 동쪽의 스탠퍼드 브리지 근처로 진영을 옮겼다.

그러나 그 승리의 노래가 채 끝나기도 전에, 해럴드의 지원군이 도착했다. 9월 24일, 노을진 하늘을 배경으로 영국군의 화살이 노르웨이의 군영에 비처럼 쏟아졌고 노르웨이군은 제각기 살길을 찾아 뿔뿔이 흩어졌다. 하르드라다와 토스티그 백작도 지친 몸을 이끌고 본국으로 돌아갔다. 전함 300척으로 위풍당당하게 진격해 왔던 노르웨이가 겨우 24척만 남아 쓸쓸히 영국을 떠나면서 중세의 유럽을 화려하게 수놓았던 바이킹의 전설이 끝을 맺었다.

역사는 반복의 연속이라고 했던가! 승리의 여운이 채 가시기도 전인 4일 후, 노르웨이 군대가 떠난 바다에 바이킹의 친척인 노르만인 정복자 윌리엄 공의 함대가 등장했다. 윌리엄은 잉글랜드에서 아이슬란드, 남부 이탈리아에서 서시실리아에 이르는 광활한 영토를 손에 넣었다. 그리고 이후 교황의 요청으로 팔레스타인으로 진군해 십자군 원정의 막을 올렸다. 이로써 바이킹 해적의 시대가 끝나고, 노르망디 기병대의 시대가 시작되었다.

장검을 휘두르는 기사 왕 앨프레드 대왕

바이킹의 침입으로 분열되었던 잉글랜드제국이 하나로 합쳐지기 시작했다. 하지만 통일을 이룬 앵글로색슨족도 노르만인 앞에서는 속수무책이었다. 이렇게 앵글로색슨족이 암흑의 시대를 보내고 있을 때, 앨프레드가 등장했다. 앵글로색슨족의 유일한 '대왕'이자 위대한 업적과 남다른 개성으로 유명세를 얻은 앨프레드 대왕은 앵글로색슨족에게 마지막 전성기를 안겨주었다. 당시 지평선 너머에서 바이킹이 호시탐탐 이쪽을 엿보고 있었는데도 말이다.

교황의 총아

앨프레드 대왕은 849년경에 웨섹스 왕궁에서 태어났다. 웨섹스 왕족은 수많은 영웅을 배출했는데, 앨프레드의 조부는 많은 전쟁을 승리로 이끈 잉글랜드의 통일 영웅 에그버트다.

어린 앨프레드는 똑똑하고 총명해서 하나를 가르쳐주면 열을 알았다고 한다. 그의 어린 시절 에피소드를 하나 예로 들어보자. 당시 영국인은 교육을 등한시해서 귀족이라도 문맹이 많았다. 앨프레드 역시 국왕의 총애를 한몸에 받았지만, 열두 살 때까지 책은커녕 글을 읽지 못했다.

하루는 앨프레드의 모친 오스부르가 왕후가 아들들을 앉혀 놓고 색슨족의 영어 시집을 들려주었다. 그러자 모두 아름다운 시의 매력에 푹 빠져들었다. 이때 아이들이 글을 알았으면 좋겠다고 생각한 오스부르가 왕후는 시집을 읽을 줄 아는 왕자에게 그 시집을 주겠다고 제안했다. 이에 앨프레드는 열심히 글을 배워서 결국 그 시집을 손에 넣었다.

앨프레드의 이런 점을 좋아했던 앨프레드의 부친 에셀울프 왕은 그가 기독교의 중심지인 로마에서 교육을 받도록 지원을 아끼지 않았다. 앨프레드는 로마에서 선진 문화와 사상의 영향을 받았고 그가 존경하던 교황 리오 4세의 총애를 받았다. 앨프레드의 스승

▼ **바이킹의 배**
바이킹의 배는 전함과 화물선으로 나뉘었다. 전함은 비교적 가볍고 화물선은 무거운 편이었는데, 일반적으로 참나무를 통째로 조각해서 만들었다.

이었던 리오 4세는 당시 로마 집정관으로 재직
했다.

왕자에서 대왕으로

무시무시한 바이킹 해적이 브리타니아에서 종
횡무진 하며 무자비하게 약탈하고 사람을 해치는
것을 보고 들으며 자란 앨프레드는 잉글랜드 영
토에서 바이킹을 쫓아내겠다고 마음먹었다. 그리
고 열아홉 살이 되자 군대에 들어가서 형 에셀레
드 왕을 도와 바이킹의 침입을 막았다.

871년에 에셀레드가 세상을 떠나 앨프레드가
왕위를 계승했다. 이후 30년 동안 젊은 왕자 앨프
레드는 하나씩 공적을 쌓아가며 대왕으로 변모해

▲ 14세기 영국 판화
앨프레드 대왕이 전투에서 패한
후 어느 나무꾼의 집에 숨었을
때, 어떻게 하면 전쟁에서 승리
할지를 고민하다가 그만 케이크
를 태워 먹어서 안주인에게 욕
을 들어 먹는 장면이다.

갔고, 영국 역사에서 후손들에게 '대왕' 의 칭호를 받은 유일한 군주
가 되었다.

왕위를 물려받은 첫해에 앨프레드는 바이킹과 아홉 차례나 격전
을 치르고 어려운 상황에 몰렸다. 그는 결국 바이킹에게 금은보화를
약속하며 휴전을 요청할 수밖에 없었다. 그 후, 잠시 휴식기가 찾아
왔다.

한동안 잠잠하던 바이킹 해적은 876년에 협정을 무시하고 다시 웨
섹스로 쳐들어왔다. 갑작스러운 습격에 앨프레드는 손 쓸 틈도 없이
당하고 말았는데, 이때 앨프레드에 관한 흥미진진한 에피소드 하나
가 생겼다.

바이킹과의 전투에서 참패한 잉글랜드 군대는 뿔뿔이 흩어졌다.
당시 앨프레드도 혼자 떨어지게 되었고, 농민 행세를 하며 추격을
따돌렸다. 산을 넘고 강을 건너 힘겹게 전장을 벗어난 그는 깊은 밤
이 되어서야 어느 나무꾼의 집을 한 채 발견했다. 안도의 한숨을 돌
린 앨프레드는 순간 피로와 허기가 몰려오는 것을 느꼈고, 나무꾼의
집 안주인에게 먹을 것과 잠자리를 구걸했다.

안주인은 볼품없는 행색의 앨프레드가 왕이리라고는 전혀 생각하
지 못하고, 그에게 음식과 잠자리를 마련해줄 테니 대신 집안일을
하라고 요구했다. 한 나라의 왕인 앨프레드의 첫 번째 임무는 안주
인이 자리를 비우는 동안 케이크가 다 구워지는지 보다가 시간에 맞

▲ 의식용 방패
1세기경에 브리타니아에서 출
토된 유물. 청동으로 도금되어
있고, 81.3센티미터 높이를 자
랑한다.

쳐 꺼내는 것이었다. 그런데 앨프레드는 바이킹을 물
리칠 방법을 생각하는 데 골몰한 나머지 케이크를 까
맣게 태우고 말았다.

얼마 후 집에 돌아온 안주인이 화를 내며 소리를 질
렀다. "게을러터졌군! 당신이 해놓은 꼴 좀 봐! 먹는
것만 알지 일할 줄은 모르는 작자 같으니라고!" 불 같
은 성격의 안주인은 욕설을 퍼붓는 것으로도 모자라
몽둥이를 들고 때리기까지 했다.

이에 나무꾼의 집을 빠져나온 앨프레드는 아군의
요새를 찾아 부하들과 만났다. 그리고 서머싯 저수지
근처에 주둔하면서 억압받고 괴롭힘 당하는 잉글랜
드 백성을 구하기 위해 바이킹을 향한 복수의 칼날을
갈았다고 한다.

전해지는 말에 따르면, 하루는 방랑 시인으로 변장
한 앨프레드 대왕이 어깨에 비파를 메고 노래를 흥얼
거리면서 바이킹 진영으로 들어갔다. 그가 바이킹 진
영의 한 장막에서 비파를 연주하며 노래하자 장군에
서 일반 병사까지 모두 다가와 그를 둘러쌌다. 앨프
레드는 계속 노래를 부르면서 조심스럽게 그들에게
서 정보를 캐냈다.

천만다행으로, 앨프레드가 바이킹 진영을 빠져나
올 때까지 해적들은 그가 적군의 지휘자라는 것을 전혀 눈치 채지
못했고 그저 지나가는 방랑 시인이라고만 생각했다고 한다. 앨프레
드의 지혜와 용기, 그리고 희생정신을 볼 수 있는 대목이다.

바이킹의 정보를 분석한 앨프레드는 그들과 잉글랜드군 사이에
실력 차가 크다는 것을 깨달았다. 그래서 최대한 전면전은 피하며
게릴라전을 펼치기로 했다.

878년에 행운의 여신이 잉글랜드를 도와주기 시작했다. 그 한 해
동안 앨프레드는 에탄던에서 바이킹을 잇달아 격파했고, 해적들은
결국 줄행랑을 쳤다.

에탄던 전투로 전세가 뒤집혔다. 그 후에도 몇 차례 승리를 거둔
앨프레드는 멀리 내다보았을 때 잉글랜드의 안정을 확보하려면 바
이킹과 협상하는 편이 낫다고 판단했다. 바이킹의 두목이 이를 받아

들이면서 양측은 잉글랜드의 '분할 통치'를 약속했다. 이에 따라 덴마크 바이킹이 잉글랜드 북부의 대지와 동부 일대로 이루어진 '덴마크 법치 구역'[24]을, 그리고 앨프레드 대왕은 잉글랜드의 나머지 지역과 이웃 국가 머시아를 통치하게 되었다.

또 이 협약에는 바이킹 두목이 기독교로 개종하고 앨프레드를 대부로 인정하며 평생 충성을 맹세한다는 내용도 포함되어 있었다.

그러나 전쟁은 아직 끝나지 않았다. 886년에 앨프레드가 바이킹이 점령하던 런던을 공격하여 해적을 몰아냈다. 그러자 그동안 덴마크의 통치를 달가워하지 않았던 잉글랜드인들은 왕을 열렬히 환영했다.

893년, 또 다른 덴마크 바이킹 부대가 템스 강어귀에 상륙했다. 이후 3년 동안 계속된 이들의 공격에 맞서 앨프레드는 방어 태세를 튼튼히 갖추는 한편 바이킹의 해적선보다 큰 배를 만들었다. 결국 사면초가에 몰린 해적들은 브리타니아 동부의 덴마크 법치 구역과 유럽 대륙으로 뿔뿔이 흩어졌다.

그 후에도 몇 차례 바이킹의 침입이 이어졌지만, 매번 앨프레드와 잉글랜드 군대가 그들의 위협을 물리쳐 잉글랜드인은 평안한 나날을 보낼 수 있었다.

완전무결한 대왕

영국 사람들에게 앨프레드의 문화적 업적은 군사 분야의 공적만큼이나 위대한 것이다. 영국인은 앨프레드에게 '완전무결한 대왕'이라는 별칭을 지어 주는 것으로 그에 대한 깊은 존경심을 표현하기도 했다.

더 나은 국가를 꿈꾸던 앨프레드는 894년에 그 유명한 《앨프레드 법전》을 편찬했다. 이 법전에는 "나 앨프레드는 우리 선조가 만든 법률을 모아 정리할 것이다. … 좋은 것은 취하되 좋지 않은 법률은 기록하지 않을 것이다. … 내가 제정한 법률은 아직 검증되지 않았으므로 기록하지 않았다."라고 적혀 있다.

앨프레드 대왕이 통치하던 시대에 잉글랜드 사회는 매우 청렴해서 사람들이 황금 보기를 돌같이 했다. 심지어 금줄과 보석으로 장

---

24) 또 다른 이름으로는 '데인로'

식된 화환이 길에 떨어져 있어도 그것의 주인이 아니면 줍지 않았다고 한다. 《앨프레드 법전》은 훗날 영국 법률의 근간이 되었다.

상당한 수준의 교육을 받은 앨프레드는 영어 교육의 발전을 중요하게 생각했다. 그래서 그는 라틴어로 기록된 수많은 책을 영어로 번역하고, 사람들에게 교제하고 공부할 때도 영어를 사용할 것을 독려했다. '영어를 쓰는 나라의 백성' 이라는 인식을 심어주기 위해서였다. 그 밖에도 앨프레드 대왕은 유럽 유일의 《앵글로색슨 연대기》를 편찬해 고대 로마인이 영국에 상륙한 후 1,200여 년 동안의 방대한 역사를 기록으로 남겼다. 이는 이후 영국 조기 산문의 형성과 발전에도 큰 영향을 끼쳤다.

완전무결한 위대한 대왕 앨프레드가 군사, 정치, 문학 및 예술 분야에서 뛰어난 성과를 거둘 수 있었던 데에는 천부적인 재능 외에도 보통사람을 능가하는 노력과 끈기가 있었다. 속설에 의하면, 앨프레드는 하루를 몇 시간 단위로 쪼개서 매 시간대에 한 가지 일에만 집중했다고 한다. 이때 그는 촛대에 홈을 파서 정확한 시간을 계산하고, 또 초가 일정하게 타도록 촛불을 나무나 양의 뿔로 만든 용기에 넣어서 불을 밝혔다. 이것이 후에 잉글랜드에서 등불이 만들어진 유래가 되었다고 한다.

안타깝게도, 앨프레드는 노년에 무시무시한 희귀병에 걸렸고 성격도 점점 거칠고 급하게 바뀌었다. 참을 수 없는 고통이 온몸에 퍼지는데 어떤 약도 소용이 없었다. 901년, 완전무결한 대왕은 결국 30년 동안 잉글랜드를 통치한 후 병으로 세상을 떠났다. 하지만 긴 시간이 흐른 지금까지도 그의 명성과 그를 향한 영국인의 사랑과 존경은 변함없다.

매사냥꾼 왕 하인리히의 당선 작센 왕조의 시작

카롤링거 왕조는 퐁트누아 전투로 큰 타격을 받았다. 특히 귀족들은 다시 일어서기 어려울 정도로 큰 피해를 입었다. 이후 단순왕 샤를이 폐위되고 통일을 위한 마지막 노력이 물거품으로 돌아가자 제국은 동쪽이든 서쪽이든 양자택일해야 하는 운명을 맞이했다. 먼저 선택의 갈림길에 선 쪽은 독일이었다. 더 심각한 내부 문제와 외부의 공격에 시달리고 있었기 때문이다.

독일이 아직 동프랑크왕국이었을 때

10세기에 독일과 서유럽 전체는 이미 수많은 재난과 전쟁을 겪었다. 바이킹은 독일 해안으로, 헝가리인은 동쪽으로 쳐들어 와서 금은보화를 약탈하고 집에 불을 지르는 등 독일왕국의 수난은 끝이 없었다. 샤를마뉴 집권 말기에도 바이킹의 위협에 시달렸지만, 10년 후에 일어난 비극과 비교하면 당시 바이킹의 공격은 장난이라고 할 수 있었다.

카롤링거 왕조 말기인 910년, 동프랑크 왕의 아들 루트비히가 군대를 이끌고 아우크스부르크 부근의 레히펠트에서 헝가리인과 전투를 벌였다. 여기서 동프랑크군이 패했고 루트비히도 얼마 지나지 않아 세상을 떠났다.

911년 11월, 포르히하임에서 작센족과 프랑크 귀족들은 '동프랑크왕국과 서프랑크왕국의 통일을 유지할 것인가, 아니면 독일왕국으로 독립해서 독자적인 길을 걸어야 할 것인가' 라는 문제로 열띤 토론을 벌였다.

11월 10일, 동프랑크왕국의 4대 귀족으로 구성된 대표들은 전통적인 독일 방식으로 프랑크 공작 콘라트를 국왕으로 추대했다. 당시 귀족들은 프랑크왕국과 완전히 관계를 끝내기를 원하지 않았지만, 결국 이 일을 계기로 독일왕국은 독립적으로 역사를 쓰게 되었다.

역사적인 결정이 이루어진 후 바로 이듬해에 작센족의 오토 공작이 세상을 떠나고 그의 아들이 아버지의 뒤를 이어 작센 공작이 되었다. 그는 바로 훗날 '매사냥꾼 왕' 이라 불린 하인리히이다.

매사냥꾼 왕 하인리히

하인리히 공작은 일찍이 슬라브인과의 전투에서 군사 지도자로서 재능을 보였다. 또한 귀족이자 제후로서 절대 흐트러진 모습을 보인 적이 없고, 항상 냉철한 모습으로 귀족과 대중 앞에 섰다. 한편, 그는 교회의 명령으로 원래의 아내인 메제르부르크 백작의 딸 하트부르크과 이혼하면서 그녀가 지참금으로 가져온 땅을 빼앗고, 그 후 작센족의 강자 베스트팔렌 백작의 딸 마틸다와 재혼하면서 영토를 크게 넓혀갔다.

하인리히가 처음 맞닥뜨린 적수는 다름 아닌 자신의 아버지가 신출한 콘라트 왕이었다. 하인리히가 공작의 작위를 계승하자 콘라트 왕은 하인리히가 점령한 튀링겐 지역을 되찾으려 했다. 그러자 하인리히는 튀링겐의 교회 소유지를 몰수해서 왕의 고문이던 마인츠 대주교에게 화풀이했다.

콘라트 왕은 하인리히의 대응에 화가 나서 자신의 형제 에버하르트에게 군대를 주어 작센 지역으로 파견했다. 하인리히는 전혀 망설임 없이 공격에 맞섰다. 에레스부르크(Eresburg)에서 치른 전투에서 큰 승리를 거둔 하인리히는 왕가의 영지를 향해 진격해 갔다. 그러나 콘라트 왕이 직접 군대를 이끌고 전장에 나선 후 하인리히의 군대는 차츰 밀려나기 시작했고, 결국에는 괴팅겐 근처의 글로우너 지역까지 후퇴했다. 오랫동안 대치하던 양측은 마침내 휴전 협정을 맺고 전쟁을 끝냈다. 이 일로 하인리히는 독일왕국에서 처음으로 왕권을 이겨내고 영지와 재산을 지켜낸 공작이 되었다.

918년에 죽음을 앞둔 콘라트 왕이 자신의 형제들을 불러 모았다. "우리 프랑크왕국은 강대한 군대와 견고한 성곽에 날카로운 무기는 물론이고 국왕의 권력을 상징하는 표식까지 그야말로 국왕의 명예를 상징하는 모든 것을 갖추었다. 아! 운만 따라 주었다면 좋았으련만…. 행운의 여신이 하인리히에게 환한 미소를 보이고 있으니 이제 우리의 권력과 운명은 작센에게 달렸구나."라고 말했다고 한다. 에버하르트는 국왕의 뜻에 따라 매사냥꾼 왕 하인리히와 동맹을 체결하고 왕위를 하인리히에게 넘겨주었다.

919년 5월 프리츨라에서 작센과 프랑켄의 집회에 참석한 귀족들은 매사냥꾼 왕 하인리히를 국왕으로 추대했고, 이로써 하인리히는 카롤링거 혈통도 프랑크인 출신도 아닌 첫 번째 국왕으로 등극했다.

샌드위치처럼 중간에 끼어 있는 왕국

작센 공작 일가의 조상은 동프랑크의 리우돌프 백작이다. 리우돌프 백작이 세상을 떠난 후 그의 아들 브루노가 작위를 이어받았다. 880년, 브루노가 바이킹과의 항전 중에 사망하자 동생 오토가 작위를 계승해 작센 공작이 되었는데 그가 바로 하인리히의 아버지다.

재위한 뒤 얼마 후 하인리히 왕은 여러 가지 어려움에 직면했다. 먼저 왕국의 4대 부족 중 바이에른과 슈바벤이 프리츨라 회의에 불참한 데다 바이에른인은 한 술 더 떠 아르눌프를 또 다른 왕으로 옹립했다. 그 무렵 왕국 서쪽의 로트링겐도 서프랑크왕국으로 편입되었다. 게다가 그 뒤에는 고분고분하지 못한 공국과 호시탐탐 왕국을 엿보는 서프랑크왕국보다 훨씬 위협적인 바이킹과 헝가리인이 버티고 있었다.

독일왕국은 샌드위치처럼 여러 나라 가운데 끼어 있는 데다 왕국의 국왕 자리도 바람 앞에 흔들리는 촛불처럼 위태로웠다.

그럼에도 매사냥꾼 왕 하인리히는 냉정하고 신중하게 왕국을 통치해나갔다. 바이에른과의 전면전을 교묘하게 피하는 한편 번개처럼 빠른 속공으로 불안정한 슈바벤을 공격하여 슈바벤공국 부르하르트 공작의 항복을 받아냈다. 이로써 바이에른왕국은 누구의 도움도 바랄 수 없는 고립무원의 상태에 빠지게 되었다.

920년, 하인리히는 바이에른으로 진격했지만 아르눌프가 레겐스부르크를 철통같이 지키는 바람에 장기간 대치하게 되었다. 한편, 서프랑크왕국에서는 단순왕 샤를 3세와 로트링겐의 기젤베르트 사이의 갈등이 전쟁으로 번졌다. 하인리히는 로트링겐을 되찾기 위해 기젤베르트를 지원했다. 그러나 레겐스부르크에서 발이 묶인 왕가의 군대는 제때 샤를 3세의 군대를 막을 수 없었고 라인 강 우측의 보름스 지역까지 내주고 말았다.

졸지에 아르눌프와 샤를 3세라는 두 적을 상대하게 된 매사냥꾼 왕 하인리히는 이르

▼ 작센 왕조 통치 시기의 도시

눌프를 압박해 협상을 이끌어냈다. 결국 아르눌프는 왕위를 포기하고 신하로 복종하는 대가로 자주권을 인정받았다. 이렇게 형식적으로 왕국의 통일을 이룬 후, 하인리히는 말머리를 서쪽으로 돌려 샤를 3세와의 결전을 준비했다.

그러나 샤를 3세는 이미 여러 번의 전쟁으로 힘을 소진했기 때문에 독일의 군사 도발에 대응해 다시 전쟁에 나설 만한 여력이 없었다. 결국 921년 11월 7일, 하인리히와 샤를 3세는 동프랑크와 서프랑크의 군주로서 라인 강에 띄운 배 위에서 '본 조약'을 맺었다. 이로써 샤를 3세는 하인리히 왕이 라인 강 오른쪽 로트링겐의 주인이며 비非카롤링거 가문으로서 합법적인 왕임을 인정했다. 독일왕국이 처음으로 카롤링거 왕실의 인정을 받게 된 것이다.

독일인의 왕

왕국을 통일하고 다시 국경 확장에 나선 하인리히는 이제 왕국 전체의 유일한 통치자였다. 그러나 그런 그에게도 두려운 존재가 있었다. 바로 헝가리인이었다. 919년부터 헝가리인의 침입이 꾸준히 이어졌는데 하인리히의 보병으로는 강력한 헝가리 기마 부대에 대항하기에 역부족이었다. 926년, 하인리히는 작센에서 헝가리에 패해 월첸 부근으로 피신하는 신세가 되었다. 하지만 행운의 여신은 아직 하인리히를 버리지 않았다. 헝가리군의 대장을 생포, 반환하는 조건으로 헝가리와 협약을 체결한 것이다. 이렇게 해서 장장 9년에 이르는 전쟁이 막을 내렸다.

926년 11월, 보름스 회의

▼ 독일 쾰른 대성당

에서 하인리히가 제시한 성곽을 요새화하는 법이 채택되었다. 이로부터 독일을 시작으로 대규모 성곽 보수 공사가 진행됐다. 모든 농민은 농지를 경작하면서 동시에 입대해서 성곽 보수 공사에도 참여해야 했다. 성곽 안에는 긴급 상황에 대비하여 충분한 식량을 저장하고 병력을 배치했다. 성곽은 또한 전쟁 시에는 피난처로, 평화로운 시기에는 자유로운 만남의 장이자 도시로서의 기능을 발휘했다. 하인리히는 군대를 재편하고 기마대 인원을 대폭 증강해서 헝가리에 대항할 수 있도록 특별 훈련을 했다.

2년에 걸친 전쟁 준비는 하인리히를 동프랑크의 진정한 강자로 우뚝 서게 했다. 928년에 엘베 강을 건너가 슬라브인의 항복을 받아냈고, 929년에는 바이에른의 아르눌프 공작과 협공으로 프라하를 침공해 보헤미아 공작을 굴복시켰다. 932년, 이제 헝가리를 무찌를 수 있다는 확신이 든 하인리히는 아헨에서 왕국 특별 회의를 열어 전쟁을 결정하고, 헝가리에 바치던 조공을 중단하라는 명을 내렸다.

933년, 예상한 대로 헝가리가 대규모 군대를 일으켜 공격해 왔다. 933년 3월 15일, 양측 군대가 리아데에서 맞닥뜨렸다. 당시 이미 예순이었던 하인리히는 중병을 앓고 있었지만, 병상을 떨치고 나와 용감하게 전투에 참여했다고 한다. 새벽에 전투의 시작을 알리는 고동이 울리자 헝가리인이 맹렬한 화살 공격을 퍼부었다. 이에 독일 군대는 방패로 공격을 막아내는 한편, 대형을 갖추고 창으로 헝가리 병사들을 찔러 쓰러뜨렸다.

빠져나갈 틈이 없을 정도로 견고한 독일군의 대형과 창 공격에 헝가리 기병들은 무력하게 쓰러졌다. 바로 이때 하인리히 왕이 성 미카엘의 깃발을 치켜들자 독일군이 일제히 함성을 내질렀고, 사기가 하늘을 찌를 듯했다. 헝가리군은 독일을 약탈한 지 몇십 년 만에 처음으로 패배의 쓴맛을 보았다.

헝가리와의 전쟁에서 승리한 하인리히 왕은 군대를 이끌고 북으로 진격해 덴마크 왕을 신하로 삼고 세례를 받게 했다.

936년 7월 2일, 혁혁한 공적으로 이름을 날린 하인리히 1세가 생을 마감했다. 929년, 그는 이미 그의 차남 오토를 후계자로 지목해 놓았다. 이로써 독일왕국의 첫 번째 세습 왕조인 작센 왕조가 탄생했다.

독일 공작

공작은 근대 유럽에서 흔히 볼 수 있는 신분으로 고급 귀족에 속하는 직위였다. 하지만 중세 초기에는 공작의 지위가 매우 중요했다. 중세 초기에 왕국은 부족 단위로 구성되었고, 각 부족이 한 군왕에게 충성을 맹세함으로써 당시의 '국가'가 유지되었다. 911년에 독일의 4대 부족이 이런 식으로 연합해서 콘라트를 왕으로 선출했다. 하지만 왕을 도와 실제로 부족을 통치한 이들은 공작으로, 4대 부족의 공작들은 각자 자신의 부족과 영토를 관리했다. 콘라트가 왕위에 올랐지만, 그 권력은 작센과 같은 대부족의 공작보다 약했다. 하인리히 1세가 로렌을 공격한 후, 로렌은 통일된 하나의 부족을 단위로 하지 않았지만 여전히 공국으로서의 형태를 유지해서 독일 최초의 비부족 공국이 되었다.

초기의 공작은 그 강력한 세력 때문에 왕들에게 견제의 대상이 되었다. 그래서 공국은 몇 번씩 분할되기도 했다. 로트링겐은 처음에 상, 하로트링겐공국으로 나뉘었고 하로트링겐공국은 다시 림부르흐와 브라반트로 나뉘었다.

오토 대제 즉위 　신성로마제국의 탄생

카롤링거 왕조의 성립은 서유럽에서 게르만족의 로마제국 탄생을 알리는 신호탄이었다. 그러나 너무 빨리 무너지는 바람에 서유럽의 부흥에 대한 기대에 찬물을 끼얹었다. 카롤링거 왕조가 무너진 자리에 제후국들이 속속 들어섰고, 서유럽 제국은 카롤링거 왕조 마지막 왕의 통치 아래 사분오열하면서 한 치 앞도 내다볼 수 없는 혼란기에 들어섰다. 이탈리아와 부르고뉴도 이 시점에 분리되었다. 이로써 역사의 무대는 작센 왕조의 독일로 옮겨졌고, 신성로마제국 천 년 역사의 서막이 올랐다.

오토의 대관식

936년 8월 7일 새벽, 각지에서 온 사람들이 수도 아헨의 대예배당 안팎을 빼곡히 메웠다. 찬송이 울려 퍼지는 가운데 시종들이 신성한 왕권을 상징하는 왕관과 지팡이를 받쳐 들고 예배당 안으로 들어왔고, 그 뒤로 독일왕국 교회의 최고 수장인 마인츠 대주교와 쾰른 대주교가 고위 성직자들의 호위를 받으며 따라 들어왔다.

▼ 11세기 신성로마제국의 종교 회화

자리에 참석한 모든 사람이 왕의 대관식을 보기 위해 모였지만, 정작 주인공인 왕은 제시간에 나타나지 않았다.

사람들이 목이 빠지게 기다리는 사람은 다름 아닌 선왕 헨리의 아들 오토였다. 바로 그 시각에 그는 왕궁에서 왕국을 구성하는 5개 공국의 공작에 의해 게르만족의 전통에 따라 왕으로 선출되었다. 공작들은 왕에게 보좌를 바치며 충성을 맹세했다. 오토는 국왕에게 교회의 대관식 따위는 필요 없다고 생각했던 헨리와 달리 교황의 권위를 인정하는 편이었지만, 교회의 대관식을 공작들의 충성 의식보다 중요하게 생각하지는 않았다.

스물넷의 젊은 왕은 프랑크식 긴 망토를 늘어뜨린 채 공작들의 호위 아래 환호와 박수갈채를 받으며 예배당으로 향했다. 마인츠 주교는 왕에게 존경을 표하고 그를 사람들 앞으로

196

이끌었다. 그러고는 큰 소리로 "이분이 바로 신이 선택하고 선왕 헨리가 지명했으며 제후들이 천거한 오토 왕입니다! 이분을 여러분의 군주로 받아들이겠습니까?"라고 외쳤다.

자리에 모인 사람들은 귀가 먹먹할 정도로 커다란 함성과 박수로 대답을 대신했다. 이어서 마인츠 주교는 오토 왕을 제단으로 이끌었고, 시종들이 들고 있던 장검과 지팡이를 차례로 왕에게 바치고 축복했다.

마지막으로 장검을 차고 지팡이를 손에 든 국왕이 제단 앞에 무릎을 꿇고 앉자 쾰른 대주교가 왕관을 씌어주었고, 자리에 있던 사람들이 큰 소리로 왕을 축복했다.

독일왕국에서 최초로 부자 간 권력 세습이 이루어진 순간이자 작센 왕조가 탄생하는 순간이었다.

▲ 오토 2세(955~983년)
독일왕국의 왕(961~983년 재위),
신성로마제국 황제(967~983년
재위)

아군인가 적인가

왕위 교체 시기에는 새로운 왕을 거부하며 그의 통치에서 벗어날 기회를 엿보는 사람들이 있기 마련이다.

엘베 강 동쪽에서 헨리 1세가 정복한 슬라브족이 게르만족의 통치에 불만을 품고 봉기를 일으켰다. 이를 진압하기 위해 출정한 작센과 튀링겐의 군대가 보헤미아의 볼레슬라프 공작에게 참패했다. 막 대관식을 치른 오토 1세는 못 본 체할 수 없는 입장이었다.

937년에 오토 1세는 가장 격렬하게 반항하던 슬라브족을 제압했다. 그러나 본격적인 전쟁은 아직 시작되지도 않았다. 전후 처리 과정에서 오토 왕은 엘베 강 변경 지역의 백작으로 임명해달라는 배다른 형제 탕크마르의 요청을 거절해 원한을 샀다.

937년 7월, 바이에른의 카디프(Cardiff) 공작이 죽고 오토 1세가 그의 관할 구역에 있는 교회의 특권을 취소하겠다고 선포했다. 그러자 공작 직위를 이어받은 에버하르트가 반란을 일으켰다. 이에 오토 1세가 이듬해인 938년에 토벌대를 보냈으나 진압하는 데 실패했다. 이를 지켜보던 탕크마르는 자신에게도 기회가 왔다고 생각하고, 프랑코니아 백작의 지원을 등에 업고 형의 왕위를 찬탈하려고 했다.

물론 반란은 신속하게 진압되었지만, 이 일을 계기로 이후에 반란이 꼬리에 꼬리를 물고 이어졌다.

탕크마르의 반란을 평정한 이듬해, 오토의 또 다른 형제 헨리가 반기를 들었다. 헨리의 진영에는 오토 1세에게 무릎을 꿇어야 했던 프랑코니아 공작과 대공국 로렌의 공작, 그리고 서프랑크왕국의 루이 4세가 가세했다. 939년 3월에 라인 강변에서 벌어진 전투에서 로렌 공작의 군대가 오토를 사면초가로 몰기도 했으나 결국 오토의 반격에 무너지고 말았다.

그러나 오토 1세가 헨리를 쫓아 서부로 진격하는 틈을 타 프랑코니아 공작의 군대가 남쪽에서 작센으로 진격해 브라이자흐를 점령했다. 오토 1세는 마인츠 대주교의 중재로 공작과 화해를 시도했지만, 대주교는 이미 공작 진영으로 넘어간 상태였다. 오토 1세는 별수 없이 작센으로 가고자 했으나 오토가 브라이자흐를 포위했을 때 이미 반군이 작센의 중심부까지 깊숙이 침투해 있었다.

절체절명의 위기 상황에서 전쟁을 지켜보던 슈바벤 공국 공작이 구원 투수로 등장해 전세를 뒤집었다. 939년 10월 2일에 벌어진 안더나흐 전투에서 슈바벤 공작 헤르만(Herman)이 적군을 무너뜨렸고, 프랑코니아 공작과 로렌 공작도 전사해 헨리는 오토에게 목숨을

▶ **13세기 뉘른베르크**
당시 유럽의 문화와 상업의 중심지로, 모든 분야의 최고가 모여드는 매력적인 도시였다.

구걸하는 수밖에 없었다. 오토에게는 전화위복인 셈이었다.

오토 1세

안더나흐 전투에서의 승리는 오토의 목숨을 살렸을 뿐 아니라 왕권을 더욱 공고히 해주었다. 그뿐만 아니라 유럽에서 처음으로 독일 국왕과 대면하게 되었다.

그의 첫 번째 목표는 헨리가 반란을 꾀했을 때 그를 지원한 서프랑크왕국의 루이 4세였다. 940년, 오토 1세는 군대를 이끌고 서프랑크왕국으로 진격했다. 이때 독일왕국의 왕에게 창을 겨누었던 프란치아의 잉그리드 공작과 그의 추종자가 결국 오토 1세에게 충성 맹세를 했다. 그 후 오토는 여세를 몰아 부르고뉴왕국으로 진격했고, 왕자 콘라트(Conrad)를 볼모로 독일로 끌고 왔다.

▲ 오토 1세의 초상화

오토는 나라 밖에서는 자신의 말발굽 아래 여러 나라를 굴복시켰고, 나라 안에서는 공작들을 다스렸다. 먼저 오토는 더 이상 프랑코니아공국에 공작을 두지 않고 직접 다스리기로 했다. 그리고 944년에는 붉은 머리칼의 콘라트를 로렌의 공작으로 임명했다. 946년에는 제후들에게 왕자 리우돌프를 독일의 국왕으로 옹립하여 자신의 뒤를 잇게 하도록 지시했다. 947년, 오토는 딸과 아들을 각각 로렌공작의 아들, 슈바벤 공작의 딸과 결혼시켜 피의 동맹을 맺었다. 948년에 대공국 바이에른의 공작 베르히톨트가 죽자 오토는 혈육인 헨리에게 그 공국을 넘겨 주었다. 이로써 왕국을 구성하는 5대 공국이 모두 왕의 통제 아래 들어왔고, 왕조의 세습이 실현되면서 오토는 전례 없이 강력한 권력을 손에 쥐었다.

950년에 오토가 동쪽의 보헤미아로 진격해서 볼레슬라프 공작을 압박하고 있을 때, 이탈리아에서는 국왕 로타리오가 세상을 떠났다. 그러자 이브레아의 베렝가리오 공작이 기다렸다는 듯이 수도 파비아를 점령하고 스스로 왕이 되었으며, 왕후 아델하이트를 감금했다.

951년에 가르다 성에서 탈출한 이 매력적인 왕후는 오토 1세에게 도움을 요청했고, 이미 오래전부터 이탈리아에 눈독을 들이고 있었던 오토 1세는 낭만주의와 기사도 정신을 내세워 이탈리아로 진격했다.

그해 여름, 오토 1세의 지휘 아래 알프스 산맥을 넘는 대군의 행렬 속에서 슈바벤 공작 리우돌프와 프랑코니아 공작 헨리의 모습도 볼 수 있었다. 오토 1세의 대군을 보고 잔뜩 기가 죽은 이탈리아는 별다른 반항도 없이 백기를 들었다. 그리고 그해 9월 오토 1세는 파비아에서 제후들에 의해 이탈리아의 왕으로 추대되었고, 아델하이트는 그의 청혼을 받아들였다.

이탈리아의 왕위를 차지한 오토 1세는 자신의 황제 대관식을 위해 교황에게 사람을 파견했다. 오토 1세는 승리와 재혼, 그리고 이탈리아 출정이 몰고 올 후폭풍을 전혀 예상하지 못한 채 자신의 인생 최고의 절정기를 만끽하고 있었다.

레히펠트 전투

오토 1세가 아델하이트와 재혼하자 그의 아들 리우돌프는 불안감에 휩싸였다. 상속권에 위협을 느낀 것이다. 951년 말, 리우돌프는 오토의 군대에서 빠져나와 마인츠 주교와 손잡고 독일로 진격했다. 이에 오토 1세는 어쩔 수 없이 로렌 공작인 붉은 머리칼의 콘라트를 대리인으로 임명하고 독일로 향했다.

오토 1세가 철군하자마자 베렝가리오는 군대를 이끌고 이탈리아로 진군했고, 콘라트는 반격해보지도 않고 독단적으로 협정을 맺었다.

협정은 결국 오토 1세의 승인을 받기는 했지만, 이 일을 계기로 콘라트는 부왕의 눈 밖에 나게 되었다. 952년, 아델하이트가 아들을 낳자 리우돌프는 더욱 마음을 놓을 수가 없게 되었다. 953년 봄, 리우돌프는 결국 콘라트 공작과 의기투합하여 반란을 일으켰다. 그들은 헝가리인까지 싸움에 끌어들였다. 이 일을 계기로 헨리 1세로부터 쓰디쓴 패배를 맛본 후 오랫동안 웅크리고 있던 헝가리인은 또다시 독일을 침략할 빌미를 얻었다.

헝가리인의 침략으로 왕과 제후들 사이에서 줄타기하던 많은 사람이 오토 1세의 편에 섰다. 게다가 승전한 헝가리인이 전우를 내팽개친 채 전리품을 배에 한가득 싣고 돌아가버리자 리우돌프의 편에 섰던 사람들은 뒤늦은 후회로 땅을 쳤다. 954년 6월, 마인츠 주교와 오토 1세는 절충점을 찾았고 로렌 공작인 붉은 머리칼의 콘라트도

왕에게 투항했다. 홀로 남은 리우돌프도 몇 개월 버티지 못하고 무릎을 꿇었다.

전란은 수습되었지만, 헝가리의 약탈은 멈추지 않았다. 이듬해에 재차 독일을 침입한 헝가리 군대는 바이에른을 휩쓸고 슈바벤으로 진격했다. 그러나 아우크스부르크 성 앞에 이르러 울리히 주교의 강렬한 저항에 부딪혔다. 이는 오토에게 출정 준비를 위한 시간을 벌어주었다. 당시 로렌을 제외하고 왕국의 모든 군대가 집결했는데, 병사의 수가 13만 명에 이르렀다고 하니 실로 어마어마한 규모였음을 짐작할 수 있다.

군대는 모두 8개 군단으로 구성되었다. 1, 2, 3군단은 바이에른인, 4군단은 프랑코니아인, 그리고 5군단은 오토 1세가 직접 인솔하는 작센인으로 조직했다. 6군단과 7군단은 슈바벤인으로, 8군단은 충성을 맹세한 지 얼마 되지 않은 보헤미아인 2,000여 명으로 조직되었다. 아우크스부르크에 모인 독일왕국의 귀족들은 신앙심이 있었다. 과거에 게르만족이 신봉했던 사도의 성스러운 뼈나 성물은 어디에서도 찾아볼 수 없었다. 그중에 가장 독실한 모습을 보인 사람은 바로 오토 자신이었다. 오토는 콘스탄티누스의 보검을 차고 성모 마리아의 깃발을 높이 들고 전장을 누볐으며, 예수의 피가 묻었다고 전해지는 '성스러운 창'이 자신을 지켜줄 것이라고 굳게 믿었다.

전투가 시작되자마자 헝가리인은 재빨리 라인 강을 빙 돌아 왕실 군대의 후방을 공격해 보헤미아인으로 이루어진 후방군을 무너뜨린 뒤 군수 물자를 약탈해갔다. 그러나 붉은 머리칼 콘라트가 이끄는 프랑코니아 군대는 용감하게 헝가리인과 맞서 싸웠다. 전투를 통해서 자신의 과오를 씻고자 했던 콘라트는 전장에서 온몸을 내던지며 잇달아 적의 공격을 막아냈다. 그리고 결국 힘을 다한 나머지, 적군의 화살에 맞아 쓰러지고 말았다.

프랑코니아 군대가 뚫리자 이번에는 왕이 직접 군대를 이끌고 적진으로 뛰어들었다. 전해지는 바에 따르면 적군이 코앞까지 다가왔을 때 오토가 성스러운 창을 향해 기도하자, 하늘에서 천사가 내려와 전투를 지휘했다고 한다. 이 이야기를 믿든 안 믿든 간에 작센군이 헝가리군을 완전히 격파했다는 것은 분명한 사실이다. 헝가리인들이 점점 지쳐가는 가운데 강의 흐름마저 속도전에 능한 헝가리인을 방해했다. 그러자 이윽고 독일 군대의 반격이 시작되었다. 헝가리인의 군대는 전열을 상실한 채 우왕좌왕했고, 강의 흐름 때문에 도망도 가지 못해 꼼짝없이 독 안에 든 쥐 신세가 되었다. 그동안 그들의 잔인무도한 행위에 치를 떨던 독일 군대가 적들을 무사히 돌려보낼 리 만무했다. 포로로 잡힌 헝가리군 상당수가 학살당했고, 헝가리 귀족 3명은 오토의 지시로 공개 처형되었다.

레히펠트 전투의 승리에 비하면, '과거 몇백 년 동안의 승리는 빛바랜 도화지나 다름없었다.'

약탈을 포기하고 살던 곳으로 돌아간 헝가리인은 바로 이 시점부터 서유럽의 문화에 물들기 시작했다.

▼ 전통 의상을 입은 독일인

게르만족의 왕

955년의 승리 이후 오토는 누구도 넘보지 못할 최고의 권력을 거머쥐었으며 유럽 전역에서 존경받는 영웅이 되었다. 제2의 샤를 대제가 못되리란 법도 없었다.

로마와 이탈리아의 정세는 급변하고 있었다. 먼저 957년 왕자 리우돌프가 이탈리아 토벌 명령을 수행하던 중에 병으로 죽었다. 그러자 베렝가리오는 더더욱 활개를 쳤고, 심지어 교황에게까지 도전장을 내밀었다. 954년 한때 오토를 인정하지 않았던 알베리쿠스가 세상을 떠나고 955년에 그의 아들 알베리쿠스 2세가 교황이 되었는데 그가 바로 요한 12세이다. 베렝가리오가 포위망을 좁혀 들어오자 요한 12세는 오토 왕에게 도움을 요청했다.

영원의 도시 로마에서 도움을 요청해오자 오토는 961년 5월부터 출정 준비를 시작했다. 군대를 소집하는 한편, 보름스에서 제국 회의를 열어 독일 제후들이 모인 자리에서 아들 오토 2세를 후계자로 지목하고 아헨에서 대관식을 진행했다. 왕위 세습이 확정되자, 그는 8월에 군대를 거느리고 왕후와 함께 알프스 산을 넘었다. 오토의 대군이 도착하자 그 규모에 기가 질린 베렝가리오는 제대로 덤벼보지도 않고 줄행랑을 쳤다. 이에 오토는 이탈리아 수도를 거쳐 로마로 진군했다. 그 결과 962년 2월 2일 기독교의 성촉절에 오토는 교황의 인정과 로마 시민의 환호 속에서 로마 성에 입성해 대관식을 치르고 황제가 되었다.

그 후, 오토의 통치를 원치 않았던 교황 요한 12세가 또다시 베렝가리오와 손을 잡고 대항했지만, 오히려 역효과가 났다. 오토는 로마 성을 포위 공격하고 새로운 교황을 세웠으며, 말년에는 세 번째로 이탈리아를 공격했다. 카롤링거 가문이 멸망한 후 100여 년이 지난 후에야 이탈리아에는 새로운 왕국이 세워졌다. 973년 5월 7일, 헝가리인을 무찌르고 서유럽을 수호한 영국의 왕이자 세 차례 이탈리아로 진격하고 교황을 누른 위대한 오토 대제는 멤레벤에서 숨을 거두었다.

단명한 샤를 대제의 제국과 달리 오토 대제의 제국은 장수했다. 1806년에 마지막 황제 프란츠 2세가 물러날 때까지 무려 1,000년이나 이어졌다.

게르만족이 로마제국의 역사를 쓰기 시작한 것이다.

게으름뱅이 왕이 된 궁재의 후손
카롤링거 왕조의 몰락

실력 없는 왕보다 왕은 아니지만 실력 있는 사람이 왕국을 통치하는 것이 옳다. 이는 카롤링거 왕조의 1대 왕 피핀이 통치를 정당화하기 위해 했던 말이다. 카롤링거 왕조가 붕괴하기 100여 년 전, 이미 국가의 권력층에서 밀려난 무능한 왕과 제후들은 한때 그들이 멸시했던 메로빙거 왕조처럼 '게으름뱅이'로 비치고 있었다.

카롤링거 왕조의 쇠퇴

베르됭 협약 이후 카롤링거 왕조는 기운이 다하기 시작했고 왕과 제후들의 다툼은 그칠 줄 몰랐다. 882년이 되자 '비만왕' 샤를이 죽은 형제의 땅을 차지하면서 동프랑크왕국을 다스렸다. 서프랑크에서는 '대머리왕' 카롤루스 사후에 그의 아들 '말더듬이왕' 루이스와 두 손자가 잇달아 세상을 뜨자 서프랑크의 귀족들이 '비만왕' 샤를을 왕으로 추대했다. 이로써 카롤링거의 땅은 다시 한 번 한 국왕의 이름 아래 통일되었다.

그러나 베르됭 협약을 맺은 지 41년 만에 카롤링거 가문의 전통은 단절되고 말았다. 카롤링거 가문이 지키던 왕실의 영지 또한 쟁탈전을 겪으며 분열과 통합을 반복했다. 각 왕은 제후들을 끌어들이기 위해 추종자들에게 많은 선물을 안겨주고 강력한 지방 제후들의 눈치를 보느라 여념이 없었으며, 땅은 더욱 작게 조각났다. 제후들이 대부분 땅을 집어삼키고 왕은 손바닥만 한 땅에 만족해야 할 때도 있었다. 이후 '비만왕' 샤를이 다시 한 번 제국을 통일했지만, 각 영지의 제후들은 새로운 기년紀年[25]을 받아들이지 않고 각자 자신들이 속해 있던 제후국의 통치 시기를 바탕으로 역사를 기록해나갔다.

바이킹의 출현

카롤링거 가문이 저무는 해처럼 뉘엿뉘엿 저물어가고 있을 때, 바이킹이 장선을 끌고 프랑크의 강어귀 곳곳에 모습을 드러냈다. 바이킹은 먼저 섬이나 요새 또는 도시 하나를 거점으로 삼고 강줄기를

25) 일정한 기원으로부터 계산한 햇수

따라 올라오면서 보이는 모든 것을 약탈했다. 낭트, 파리, 보르도, 투르 등 군사 요충지도 예외가 아니었다.

'대머리왕' 카롤루스가 여러 차례 저항했지만, 제후와 신하들은 각자 자신의 안위만 돌보며 위험을 피해 다녔다. 그래서 해적을 진압하기는커녕 그들에게 뇌물을 써서 침입을 막는 것이 고작이었다. '비만왕' 샤를은 카롤링거제국을 통일하기 전 바이킹과 대적했을 때 동프랑크의 병력을 모두 결집시켜서 사방에서 적을 포위하고 궁지로 몰아넣는 데 성공한 일이 있었다. 그런데 어찌 된 일인지 바이킹에게 화해의 손길을 내밀었고, 결국 다 잡은 적에게 공물과 땅까지 안겨주며 호송했다.

855년은 바이킹의 공격이 가장 거셌던 시기로, 무려 3만 명을 실은 군함 700척이 센 강을 타고 올라와서는 파리를 지나가겠다고 선포했다. 이를 거절하자 해적은 파리를 포위해 에워쌌고, 오도 백작과 조슬랭 주교가 파리를 지켜냈다. 장장 11개월을 버티던 중 마침내 '비만왕' 샤를이 군대를 이끌고 등장했다. 그런데 이때도 그는 여전히 전투가 아니라 협상을 선택했다. 그래서 해적은 이번에도 말 몇 마디로 황금 700파운드를 얻어 배에 싣고 유유히 돌아갔다.

'비만왕' 샤를의 유약한 모습은 제후들의 분노를 샀다. 결국, 887년에 제후들은 샤를을 왕위에서 끌어내리고 그 대신에 전쟁 승리의 주역인 오도 백작을 서프랑크의 새로운 왕으로 옹립했다. 당시 오도 가문 사람들은 이후 역사책에서 카페(Capet) 가문에 이름을 올리지는 못했지만, 카페 가문과 카롤링거 가문의 깊은 원한의 역사가 이로부터 이미 서막을 열었다.

활짝 핀 황금 붓꽃

오도는 비록 왕으로 선출되기는 했지만 항상 좌불안석이었다. 여전히 많은 귀족이 '말더듬이왕' 루도비쿠스의 유복자인 '단순왕' 샤를이 왕이 되어야 한다고 생각했기 때문이다. 이에 오도는 '단순왕' 샤를을 공동 왕으로 세우고, 서프랑크왕국을 함께 다스리기로 했다. 898년에 오도가 죽자 '단순왕' 샤를이 서프랑크의 유일한 왕이 되었고, 911년에 동프랑크의 왕 루이스가 죽어 대가 끊기자 동프랑크까지 다스리게 되었다. 카롤링거제국은 표면적으로는 '단순왕' 샤를에 의해 통일된 것처럼 보였다. 그러나 불행히도 그는 귀족 세력을 제압할 만한 정치적 수완이 없었다. 실제로 당시 파리의 로트베르투스와 부르고뉴의 루돌프는 이미 독자적인 왕국을 세운 것이나 진배없었다.

920년, '단순왕' 샤를이 로렌의 일에 간섭하자 불만을 품은 귀족들은 수아송에 모여 밀짚을 꺾으면서 '단순왕' 샤를과의 군신 관계를 끊고 더 이상 왕으로 인정하지 않겠다고 밝혔다. 922년 프랑크왕국의 공작과 카페 가문의 로트베르투스가 왕으로 추대되었다. 이에 격분한 '단순왕' 샤를은 군대를 거느리고 수아송 저택으로 처들어가 로트베르투스의 목을 단칼에 베어버렸다. 그러나 승리의 기쁨도 잠시, '단순왕' 샤를은 로트베르투스의 아들 대★위그에게 패배하고 친척의 배신으로 감옥에 갇히는 신세로 전락했다.

929년 '단순왕' 샤를이 죽은 후 귀족들은 로트베르투스의 사위 루돌프를 왕으로 추대했다. 936년 루돌프가 죽자 대위그가 왕으로 천거되었으나 정중히 거절하고 '단순왕' 샤를의 아들이자 자신의 조카인 루이를 왕위에 앉혔다. 결국 카롤링거 왕조는 실권을 잃고 무능력한 '게으름뱅이'로 전락하고 말았다. 반면 새로운 왕조를 상징하는 황금색 붓꽃은 꽃잎을 하나하나 펼치고 있었다.

▼ 바이킹 투구를 쓴 사람들

위그 카페의 즉위 프랑크 통일 왕국의 새싹

위그 카페의 즉위로 카롤링거 왕조는 막을 내렸다. 그로부터 300여 년 동안 카페 왕조의 왕 14명이 잇달아 프랑크 왕위에 올랐다. 좁은 땅에서 시작된 카페 왕조였지만, 그들은 끊임없는 노력으로 끝내 '기독교 세계 제1왕후'의 프랑크 군주국을 창건해냈다.

카페 왕조

1, 2대 군주가 즉위할 때만 해도 카페 왕조의 이름은 사실 '카페' 왕조가 아니었다. 사람들에게 익숙한 이 이름은 그 이후에 생겨난 것이기 때문이다. '카페'라는 명칭은 프랑스 공작 대위그의 별명으로 원래는 법의法衣라는 뜻이다. 대위그는 로베르 1세의 아들로 국왕이 승하한 후 프랑스 공작의 영지를 물려받은 인물이다. 대위그가 '카페'라는 별명을 얻게 된 이유는 그가 투르의 산마르티노 수도원에서 성 마틴이 입었던 법의를 얻었기 때문이다.

카롤링거 왕조의 서프랑크계가 막다른 길을 향해가던 때, 역사 속에는 또 다른 주인공이 있었는데 바로 카페 왕조이다. 당시 카페 가문은 이미 오도에서 로베르 1세까지 왕을 2명 배출해내며 존재감을 드러내고 있었다. 이뿐만 아니라 또 다른 국왕 루돌프 1세는 이 가문의 사위였다. 937년, 루돌프 1세가 세상을 떠나자 제후들은 대위그를 왕으로 추대하려고 했다. 그러나 그는 날로 기울어가는 왕위보다 루돌프 1세가 남긴 부르고뉴 공작 영지에 더 큰 관심이 있었다. 그래서 그는 카롤링거 왕조와 화해도 할 겸, 망명 중인 샤를 3세의 아들 루이를 왕으로 추대했는데 그가 바로 루이 4세이다.

대위그는 앞장서서 왕위 찬탈에 나서지는 않았지만 영지와 권력을 움켜쥐고 조금도 긴장을 늦추지 않았다. 939년, 루이 4세가 독일의 반란자를 지지해 오토 1세와 전쟁을 일으켰을 때, 대위그는 조금도 주저하지 않고 루이 4세에게 반기를 들었다. 그는 프랑스로 진군하는 독일 군대에 협력해 왕의 랑(laon) 성을 포위 공격했고, 심지어 공개적으로 오토에게 충성을 다할 것을 맹세하기도 했다. 대위그는 살아 있는 동안 프랑스와 부

▼ 위그 카페의 초상

▲ 프랑스의 샹보르 성

르고뉴 두 공국의 공작 직위를 굳건히 움켜쥐었고, 이와 함께 루아르 강 유역과 샹파뉴 지역의 광활한 토지를 세습해 가문이 힘을 키우는 데 든든한 기반을 마련해주었다.

이뿐만이 아니었다. 대위그는 교회의 일에도 적극적으로 개입했다. 어떻게 해서든 성직자의 지지를 얻어 국왕이 가진 주교 임명권을 자신의 손에 넣기 위해서였다. 결국 948년, 프랑스교회의 최고직위인 랭스 대주교의 임명권을 놓고 대위그와 국왕의 대립은 극에 달했다. 이들의 대립으로 프랑스 고위 성직자들 역시 편 가르기에 나섰다.

이에 독일의 오토 1세는 교황의 이름으로 대위그와 루이, 그리고 그 지지자들에게 회의를 열어 분쟁을 조정할 것을 요구했다. 오토가 루이 4세를 지지하는 입장을 취할 것임을 예견한 대위그는 회의 출석을 거부했다. 교적 박탈과 독일 군대의 공격 위협을 받으면서도 대위그는 끝까지 투쟁을 포기하려 하지 않았다. 하지만 오토의 중재로 결국엔 울며 겨자 먹기 식으로 루이 4세와 화해를 했다.

비록 대주교 임명권을 손에 넣는 데는 실패했지만, 대위그의 노력으로 프랑스 교회의 많은 주교들이 카페 가문 편으로 돌아섰다. 이와 함께 대위그는 파리의 생드니 수도원을 비롯해 투르의 산마르티노 수도원, 생제르맹 데 프레 수도원을 포함한 왕국 경내의 큰 수도원을 모두 카페 가문의 세력권에 두었다. 대위그의 권세를 부러워 마지않은 제후들은 그에게 '수도원장'이라는 또 다른 별명을 붙여 주었다.

954년, 루이 4세는 세상을 떠나면서 자신의 아들 로타리우스의 후견인으로 대위그를 선택했다. 이는 대위그가 왕국의 실질적 통치자임을 인정하는 것이었다. 이렇게 카롤링거 왕조의 왕위가 자신의 수중에 떨어지자 대위그는 제후들의 독립성을 억압해 왕권을 강화하는 정책을 펴나갔다. 955년에는 젊은 국왕 로타리우스와 함께 푸아티에로 출정해 전쟁을 승리로 이끌기도 했다.

그러나 956년, 대위그는 안타깝게도 카페 가문의 권세가 한창 하늘을 찌르고 있을 때 병으로 세상을 등져 섭정의 기회를 이용해 더 많은 성과를 거둬들일 수 없었다.

왕조의 말로

대위그가 세상을 떠나자 가문의 영지를 차지하기 위한 두 아들 위그 카페와 오토의 쟁탈전이 벌어졌다. 그러면서 과거 대위그의 꼭두각시였던 국왕 로타리우스가 오히려 분쟁의 중재자로 우뚝 서게 되었다. 로타리우스는 국왕의 이름으로 프랑스 공작 영지를 큰아들인 위그에게, 부르고뉴 공작 영지를 둘째 아들 오토에게 나눠 주었다.

대위그의 죽음은 한때 카페 가문을 혼란에 몰아넣기도 했다. 정정당당하게 섭정을 이어받기엔 위그와 오토 모두 너무 젊었기 때문이다. 게다가 국왕 로타리우스도 대위그의 정책과 친정을 경험하면서 정통 왕권을 회복하고자 하는 욕구를 불태우기 시작했다. 로타리우스는 자신의 삼촌인 쾰른 대주교 브루노의 지지 속에 카페 가문과 대결 구도를 형성했다.

쾰른 대주교 브루노는 저로렌의 공작을 겸임했는데, 그가 죽은 후 저로렌의 공작 자리는 줄곧 공석이었다. 이에 저로렌의 레지널드 가문은 저로렌의 공작 자리를 누구에게 넘겨줄 것인지 결정하라고 오토 2세의 결단을 촉구하며 소요를 일으켰다. 결국, 977년에 오토 2세는 레지널드 가문과 화해하기 위해 브루노의 또 다른 조카이자 로타리우스 왕의 형제인 샤를에게 저로렌공국을 수여했다. 카롤링거 왕권 회복을 꿈꾸던 로타리우스는 오토 2세의 이러한 결정에 분노를 참지 못했다. 978년 봄, 로타리우스는 2만 군대를 이끌고 로렌을 급습해 단번에 왕성 아헨을 점령했다. 그리고 동쪽을 향해 걸려 있

498년 크리스마스에 대주교 레미기우스는 랭스에서 프랑크의 첫 국왕 클로비스의 세례 의식을 주관했다.

세례 의식을 마치고 레미기우스 대주교가 클로비스의 대관식을 거행할 때, 비둘기 한 마리가 '성유'가 들어 있는 크리스털 병을 물고 날아왔다고 전해진다. 클로비스가 성유를 받아 몸에 바를 수 있게 된 것은 하느님이 그의 입교와 대관을 허락했다는 것을 의미하기도 했다. 그 후로 랭스는 왕이 대관식을 치르는 성지가 되었다.

대주교 레미기우스가 클로비스에게 세례를 해준 것을 기념하기 위해 랭스에서는 대성당을 짓기 시작했다. 1211년에 공사를 시작하여 1241년에 완성된 랭스 대성당은 파리 노트르담 대성당과 함께 고딕 양식의 대표적 건축물로 손꼽힌다. 하지만 건물에서 뿜어져 나오는 기운이나 그 웅장함에서는 랭스 대성당이 한 수 위이다. 랭스의 상징적인 건축물이자 프랑스에서 가장 아름답고 웅장한 성당이다.

▲ 루브르 궁의 야경
12세기에 센 강을 지키는 요새
였던 루브르 궁전. 지금은 세계
적인 명성을 자랑하는 박물관이
되었다.

는 아헨 행궁의 독수리 깃발을 전부 서쪽을 향해 걸라고 명령했다. 로렌을 점령하고야 말겠다는 굳은 의지를 고스란히 드러낸 것이었다. 그러나 승리의 기쁨은 그리 오래가지 못했다. 오토 2세가 이내 제국의 군대를 소집해서 그를 로렌에서 쫓아내고 서프랑크왕국까지 밀고 들어갔기 때문이다.

로타리우스 국왕이 막다른 길에 내몰리자, 위그 카페와 프랑스의 여러 제후는 국왕의 편에 서서 힘을 보태주었다. 파리로 진격해오는 오토 2세의 군대에 맞서 프랑스 제후들의 공격이 쏟아지자 오토 2세는 어쩔 수 없이 후퇴를 선택했다. 그 후, 로타리우스와 오토 2세 모두에게 손해만 가득 안긴 전쟁은 양측이 정전 협의를 맺으면서 일단락되었다.

위그 카페는 카롤링거 왕조가 로렌 전쟁으로 있는 힘을 모두 소진한 틈을 타 카페 가문의 세력을 확장하는 데 박차를 가했다. 980년 이후, 오토 2세가 로타리우스 왕을 오토 3세의 후견인으로 지정했지만, 당시 로타리우스의 힘은 이미 약해질 대로 약해져 있었다. 오토 2세가 세상을 떠난 후 로타리우스는 독일에 내란이 일어난 틈을 타 다시 로렌 정복에 나서면서 재기를 꿈꾸기도 했지만, 제후들의 도움을 얻지 못했다. 위그 카페가 로타리우스를 버리고 오토 3세의 편에 선 것이다. 986년 3월 2일, 로타리우스 왕은 랑에서 숨을 거두었고 카롤링거 왕조의 운명도 그와 함께 돌이킬 수 없는 강을 건넜다.

986년, 카롤링거 왕조의 마지막 국왕 루이 5세가 즉위했다. 루이 5세는 위그 카페와 화해할 생각이 전혀 없었다. 오히려 위그 카페를 지지하던 랭스 대주교를 반역죄로 고소하면서 제후 세력을 견제하려고 했다. 그러나 루이 5세는 987년 5월에 사냥을 나갔다가 그 계획을 채 펼쳐보기도 전에 뜻밖의 사고로 세상을 떠났다.

문제는 루이 5세에게 왕위를 이을 아들이 없었다는 것이다. 원래대로라면 계승권에 따라 국왕의 삼촌인 저로렌 공작 샤를에게 왕위가 돌아가야 했지만 위그 카페는 이 기회를 놓치지 않았다. 그는 무력을 동원해 프랑스 제후들이 자신을 국왕으로 선출하도록 협박했다. 결국 987년 6월 30일, 랭스 대주교를 필두로 한 프랑스 제후들은 상리스에서 정식으로 위그 카페를 국왕으로 선출하고, 7월 3일 랭스에서 대관식을 거행했다.

사실 위그 카페가 왕위에 올랐다고 해서 크게 달라진 것은 없었다. 예전보다 영지가 넓어지지도, 권력이 한층 강화되지도 않았다. 그러나 '왕위'에 올랐다는 그 자체만으로도 그는 제후들에게 질투의 대상이 되기에 충분했다. 위그 카페는 다른 제후들이 부러워 마지않는 이 '왕위'를 세습하기 위해 즉위 얼마 후인 987년 크리스마스에 자신의 아들 로베르 2세의 대관식을 거행해 아들을 공동 왕으로 세웠다. 이것이 바로 3세기 넘도록 유지되었던 카페 왕조의 시작이었다. 비록 당시에는 프랑스의 섬이라는 뜻에 '일드프랑스의 국왕'이라고 불릴 정도로 영토도 비좁고 미미한 시작이었지만, 프랑스 통일 왕국의 길은 이미 시작되고 있었다.

밀림과 암흑의 시대 초기 유럽인의 생활

계몽 시대 학자들의 눈으로 바라본 중세기 초기 또는 암흑의 시대는 칙칙하고 어두운 숲의 틈바구니에서 여러 고난을 이겨내며 가까스로 목숨을 부지하던 시간이었다. 실제로 당시에는 오늘날의 상식으로 믿기지 않을 만큼 빼곡하게 우거진 밀림이 유럽의 절반 이상을 뒤덮고 있었다. 새 한 마리가 이 나무에서 저 나무로 옮겨 다니며 파리에서 모스크바까지 날아갈 수 있다고 말할 정도였다. 그러나 사람들은 이런 밀림의 틈바구니에서 가까스로 생계를 유지하면서도 문명을 싹 틔웠다. 그들의 생명으로 독특한 삶의 한 장면 장면들을 만들어 간 것이다.

장원에서의 전원생활

6세기에서 11세기까지 사람들은 주로 농경 생활을 했다. 당시 농경 생활의 비중이 얼마나 대단하고 또 중요했는지 샤를마뉴는 달을 명명할 때조차 농사철에 따라 이름을 붙였다. 예를 들어 5월은 초월 草月,[26] 6월은 휴한월[27], 7월은 건초월干草月이라고 불렸고, 8월은 수확월, 9월은 벌목월, 10월은 포도월[28]이라고 불렀다.

하지만 이 시기의 농민들이 완전히 자유롭고 한가한 전원생활을 누린 것은 아니다. 당시 농민들은 영지 제도에 의해 관리되었다. 영지 제도란 주로 '장원'에 관한 것이며, 장원은 일반적으로 두 부류로 나뉘었다. 하나는 영주가 개인적으로 소유하는 자류지自留地이고, 다른 하나는 농·축산인에게 임대해 경작하게 하는 배당지였다. 보통 임대하는 토지가 자류지보다 훨씬 넓었는데, 농민이 영주에게 농산품을 바치고 토지의 경작권을 획득하는 식이었다. 농민은 이와 함께 영주의 자류지에서도 일정 시간을 노동해야 했다.

그러나 장원의 영주가 일상적인 관리 업무를 직접 도맡았던 것은 아니다. 그들은 집사나 촌장 등과 같은 대리인을 두어 영지에 묶인 농민과 농노를 관리했다. 관리자들은 주로 노동 감독, 목축 관리, 상품 판매 등의 업무를 담당했다. 또 임대료를 거두고 연말 장부를 작성해서 제출했다.

---

26) 가축들을 초원으로 몰고 나가는 달
27) 경작 휴지기
28) 포도 수확

관리자들도 밑에 사람을 두고 일을 했는데, 예를 들면 장원의 나무를 보호하는 수림 관리자라든지 울타리 관리 담당자 등이 있었다. 그들은 업무의 대가로 많은 권리를 누리기도 했다. 일단 임대지에서 매주 노역하지 않아도 되었고, 영주의 말이나 소를 이용해서 경작할 권리도 있었다.

주목할 점은 당시에도 명절이 매우 중요한 행사였다는 것이다. 농민들은 기독교의 명절뿐만 아니라 다른 오래된 전통 명절도 기념했는데, 이는 당시 농촌에서는 여전히 다신 숭배가 성행했기 때문이다. 6세기 초에 이미 기독교가 굳건히 뿌리를 내린 유럽 사회에서 이교의 명절을 기념한다는 것은 말이 되지 않는 일이었지만, 워낙 오래된 전통이다 보니 교회도 한발 물러나 다른 명절들을 기독교 명절에 포함했다.

주교들의 도시

이 시기, 농촌이 빠른 발전을 이룩하는 한편, 유럽의 도시는 '교양 없는 외딴 섬'이 되었다. 도시의 쇠퇴 현상은 일찍이 로마제국 말기부터 시작되었다. 당시에는 상류 사회가 농촌으로 대거 이주하는가 하면, 게르만인의 침략을 막겠다고 성벽을 높이 쌓아올려 도시와 농촌을 분리하는 일이 잦았기 때문이다.

이렇게 시작된 도시의 쇠퇴는 막을 새 없이 진행되었다. 갈리아의 남쪽에서 북쪽에 이르기까지 도시란 도시는 거의 쇠퇴했고, 극소수만이 근근이 유지되었다. 로마 황제가 행차를 나와 잠시 머무르던 트리어 역시 6세기에 이르러서는 과거에 6만

▼ 저녁식사 중인 농민

빈곤한 노동자 가정을 묘사한 명화이다. 세상의 온갖 풍파를 겪은 늙은 농부와 그의 노부인, 하루 꼬박 일한 중년의 부인, 그리고 누렇게 뜬 얼굴에 수척한 아이들의 모습이다.

명이 거주하며 번창했던 모습과 달리 단 몇천 명만이 도시를 지켰다. 도시 중심에 있던 대중목욕탕과 행정 관사 역시 훗날 그곳에 발을 들여놓은 프랑크족이 그 용도를 알아보지 못할 정도로 심하게 훼손되었다.

국왕과 귀족들이 모두 농촌으로 거처를 옮긴 후, 도시에 남아 실질적인 통치권을 행사한 것은 주교들이었다. 도시의 영주인 왕은 도시를 떠나온 상황에서 주교들에게 더 많은 권한을 부여할 수밖에 없었다. 국왕과 주교의 이러한 관계는 카롤링거 시대에 접어들면서 한층 더 밀접해졌다. 당시 주교들은 면책 특권을 획득해 정부의 관할과 사법권에서 벗어나 대주교 관할 구역과 재산이 국왕의 직속 보호를 받을 수 있었다.

전형적인 중세기 초반의 도시들은 일반적으로 교회와 수도원의 면책특권 관할 구역을 중심으로 이루어져 있다. 면책특권 관할 구역은 크게 세 부분으로 나눌 수 있었다. 먼저 북쪽에 바깥대청과 탑, 대청이 세워져 있고, 남쪽에는 교회와 십자 회랑, 수도원의 부속 건물이 들어서 있어 성직자의 생활 구역이 조성되어 있었다. 그리고 서쪽에는 수공업 공방과 소작농의 거주 지역이 자리했다. 면책특권 관할 구역과 맞닿은 성벽은 면책특권 관할 구역과 외부를 구분하는 역할을 했다.

시장은 면책특권 관할 구역과 주민 주거 지역 사이에 자리 잡고 있어 도시 생활의 중심이라고 할 수 있었다. 보통 시장이 여러 군데 있었고, 시장 주변에 시민들의 주택과 정부 기관이 모여 있었다. 시의회, 법정, 조폐공사, 관세청, 계량소도 모두 시장 주변에 자리했다. 이 밖에도 시장은 도시 전체에 식수를 공급하는 역할을 하기도 했다.

따뜻한 바다여 안녕 초기 유럽의 농업

로마제국의 진짜 중심은 지중해였다. 로마인은 지중해를 중심으로 무역했고, 지중해 주변의 토지와 기후에 맞는 경작법과 농기구를 탄생시켰다. 로마제국 이후에 발전한 게르만족의 각 나라 역시 지중해를 무대로 무역했다. 그러나 농업 기술이 발전함에 따라 게르만 왕국의 중심은 점점 북방의 광활한 땅으로 옮겨가기 시작했고, 결국 따뜻한 바다 지중해와는 작별을 고했다.

따뜻한 바다

고대에 지중해는 마치 하나의 연결고리처럼 주변의 땅과 사람들을 하나로 연결해주었다. 과거 변경 지역이었던 이탈리아에서는 후발주자들이 무력을 휘둘러 앞선 국가들을 추월하고 각 지역을 통일해 하나의 국가를 세웠는데, 이것이 바로 로마제국이다. 이러한 로마제국의 핵심은 로마인이 자랑스럽게 '우리의 바다'라고 부르던 지중해였다.

그러나 3세기 가까이 이어진 로마제국의 부강한 역사 속에서도 농업 기술의 발전 속도만큼은 더디기 짝이 없었다. 지중해 주변에는 비가 적게 내리고 기후가 건조한 데다 사질 토양이어서 땅의 수분을 유지시키기가 여간 어려운 일이 아니었다. 반면, 갈리아와 라인 강 하류의 충적 평원은 땅이 찰흙으로 이루어져 흙의 수분을 빼내는 문제로 골머리를 앓았다. 이처럼 로마인의 농기구와 경작법이 기후와 풍토에 맞지 않아 로마는 새 정복 지역의 땅을 효과적으로 개발할 수 없었다.

로마제국에 발을 들여놓은 게르만족의 여러 왕국도 갈리아의 땅을 개간하는 데 속수무책인 것은 마찬가지였다. 서남아시아에 다른 영토가 없던 그들은 로마 황제들보다 남쪽 영지와 무역에 대한 의존도가 높을 수밖에 없었다. 그래서 그들이 대대로 남쪽으로 세력을 뻗쳐 그곳의 부와 무역을 독점했다. 현대 프랑스 역사학자는 "우리의 조상은 남쪽으로의 세력 확장을 잠시 잠깐도 늦출 수 없었다. 이는 북방에서 따뜻한 바다로 향하려는 일종의 본능이었다."라고 기술한 바 있다. 그러나 본능이라기보다는 부를 좇아서, 그리고 무역을 하기 위해서라는 것이 더 직접적인 원인이었던 듯하다.

농업 혁명

로마인은 선쟁기를 사용했다. 밭고랑을 엎는 데 사용하는 쟁기가 아니라 흙을 깨는 데 사용하는 쟁기였다. 이러한 쟁기는 지중해 연안의 건조한 기후에는 아주 적합했지만, 갈리아나 라인 강 하류의 충적 평야에서는 제 역할을 하지 못했다. 흙의 점성이 많고 초목이 무성한 땅을 고를 만큼 날이 깊이 들어가지 못했기 때문이다.

그 후 늪쟁기의 출현이 중세기 농업 기술의 놀라운 진보로 여겨지는 것도 바로 이 때문이다. 늪쟁기는 쟁기 날이 길어서 겉면의 찰흙 덩이를 쪼갤 수 있었고, 써레가 있어 엉겨 붙은 땅을 헤칠 수도 있었다. 힘겨웠던 지난 몇 세기의 북방 토지 개발 끝에 서유럽이 마침내 현지의 토양과 기후에 적합한 농기구를 탄생시킨 것이다. 이 농기구의 영향은 대단했다. 선쟁기를 사용하던 시대에 사람들은 서로 엇갈리게 밭을 갈았다. 그래야 땅을 정사각형 모양으로 일구고 울타리를 둘러 독립적으로 경작할 수 있었기 때문이다. 그러나 늪쟁기를 사용하면서부터는 땅을 직사각형으로 만들어 깊이갈이의 효율을 높일 수 있었다. 또 소 두 마리면 충분히 끌 수 있었던 선쟁기와 달리 늪쟁기는 소 여덟 마리가 필요했다. 당시 이렇게 많은 소를 기를 수 있는 사람은 드물었기 때문에 사람들은 힘을 합치기 시작했다. 여러 명이 소를 모아 함께 경작하는 식이었다. 이러한 경작

▼ 보리밭
영국 화가 존 컨스터블(John Constable)

법은 중세기 북방 지역의 농촌에 발전을 위한 제도를 마련해주었다.

황무지를 개간하면서 사람들은 더 많은 선택권을 가지게 되었다. 마을의 토지를 두 덩어리로 나눠 한 곳에는 씨를 뿌리고, 다른 한 곳은 그대로 묵혀 땅의 힘을 회복했는데, 이것이 바로 윤작 즉, 돌려짓기의 시작이었다. 8세기에 접어들어 센 강과 라인 강 지역의 농민들은 돌려짓기를 한 단계 발전시켜 3포 윤작법을 만들어냈다. 땅 한 덩이는 묵히고, 다른 한 덩이는 가을에 밀과 호밀, 보리를 파종하고, 나머지 한 덩이는 봄에 귀리와 콩류를 재배하는 식이었다. 로마 시대에 황야와 숲에 방목했던 가축들도 휴경지로 옮겨왔다. 가축들의 배설물은 그냥 버리지 않고 토양의 비료로 사용되었다. 새로운 농업 기술의 발달로 더 많은 식량을 수확할 수 있게 된 것은 물론이었다. 3포 윤작법으로 완두, 누에콩, 강낭콩 등의 생산량이 늘어나면서 단백질 소비가 많이 증가했고, 이는 사람들의 체력을 강화하는 데 한몫을 했다.

북쪽으로의 무게중심 이동

북방 지역에서 농업이 발전함에 따라 북방의 인구도 점차 늘어나기 시작했다. 이로써 유럽의 문명은 그 어느 때보다도 단단한 기반을 마련하게 되었다. 이 무렵, 아랍인이 지중해를 봉쇄해 서남아시아를 상대로 한 무역이 빠르게 위축되었다. 그러다 카롤링거 시대에 접어들어서는 완전히 중단되었다. 이러한 상황 속에서 농업 사회가 점점 발전해가면서 유럽의 중심도 프랑스 남부 지역과 이탈리아에서 조금씩 북쪽으로 이동하기 시작했다.

과거 따뜻한 지중해에 의존했던 게르만족 국가들도 마침내 북쪽으로 몸을 돌리기 시작했다. 그곳에서 프랑스왕국과 신성로마제국은 새싹이 땅을 뚫고 고개를 내밀 듯 두각을 나타냈다. 그들이 다시 따뜻한 지중해에 나타났을 때, 그들은 더 이상 누군가의 도움이 필요한 나약한 애송이가 아니었다. 어느새 두려운 경쟁자로 성장한 그들은 십자군을 움직여 봉쇄되었던 지중해를 다시 열었다.

영광의 기마 전투 기사 제도의 발전

기사가 유럽인의 전쟁터에서 주력군이 된 것은 카를 마르텔 시대이다. 아랍인과의 힘겨루기를 통해 카를 마르텔은 아랍 기마병에 대적할 만한 부대를 양성해야 할 필요가 있다는 사실을 깨달았다. 카를 마르텔과 단신왕 피핀, 샤를마뉴 이렇게 할아버지에서 손자에 이르는 3대의 노력으로 카롤링거 가문은 기마병을 중심으로 한 막강한 힘을 자랑하는 군대를 보유하게 되었다. 서유럽의 전쟁 방법 또한 이로부터 변화하기 시작했다.

작은 도구가 불러온 대혁명

그리스 로마 시대에 보병은 줄곧 전쟁터에서의 주력군이었다. 물론 당시에도 기마병 부대를 보유하고 있기는 했지만, 무기 문제로 군사 대형에서 적군을 교란하는 양 날개 역할을 하거나, 말에서 내려 보병과 함께 전투를 치르는 것이 전부였다.

서로마제국을 멸망시킨 게르만 부족 중에서 서고트족과 랑고바르드족은 모두 기마병을 이용해 전투를 치르는 데 능했다. 그런데도 대부분 게르만족은 로마군을 따라 대규모 보병을 앞세워 전투를 치렀다. 기마병이 전쟁터의 주력군이 될 수 없었던 주요한 이유 중 하나는 전투에 적합한 말안장이 없었다는 것이었다. 초기 그리스인과 로마인, 게르만인의 기마병은 말안장과 같은 장비가 없어서 두 다리로 말의 복부를 조이며 말 등에서 떨어지지 않도록 버틸 수밖에 없었다. 하지만 이런 자세로 긴 창을 들고 보병 대열을 향해 나아가기란 여간 어려운 일이 아니었다. 안정적으로 수평을 유지할 수 없다 보니 공격 중에 말에서 떨어지기가 일쑤였다. 그래서 8세기에 프랑크족이 등자 기술을 얻기 전까지 서유럽에서 기마병은 매우 더딘 발전 양상을 보였다.

등자를 활용하게 되면서 기수들은 안정성을 확보하게 되었고, 이는 작전 전술의 새로운 변화의 바람을 불러 일으켰다. 등자 없는 말은 그저 기수의 운송 수단 정도에 지나지 않았지만, 등자가 보편화되면서 상황은 달라졌다. 기수는 더 이상 어떠한 충격에 의해 말에서 떨어질까 봐 걱정할 필요 없이 말을 몰고 적을 향해 돌격할 수 있다. 등자를 사용하고부터 프랑크족의 무기에도 변화가 생겼다. 그들은 게르만 전통의 망치와 갈고리가 달린 창을 버리고 장검과 표창을 사용하기 시작했다.

물론 프랑크족 이전에 동로마 황제 유스티니아누스가 기마병 부대를 조직한 적이 있다. 당시 황제의 기마 부대는 전투에 나가서 꽤 성공적인 성적을 거두기도 했다. 그래서 무장 기마병은 비잔틴인이 가장 자랑스러워하는 부대이기도 했는데, 당시 그들은 발목까지 내려오는 긴 갑옷을 입고 목 보호대가 달린 투구를 착용했으며, 활과 화살, 그리고 화살이 총 34개 들어가는 화살 통을 몸에 지녔다. 그들의 주 무기는 두 개의 표창과 검이었다. 전투마 역시 갑옷을 둘렀는데, 이 말들은 전시가 아니더라도 전시에 착용하는 모든 장비를 몸에 두르고 있어야 했다. 비잔틴인은 주로 이 기마병을 활용해 적군의 혼란을 일으킨 후, 다시 보병으로 방진을 급습하는 방법을 썼다.

▼ 기사 책봉 의식
전통에 따라 수봉자[29]는 영주 앞에 무릎을 꿇어야 했다. 영주가 보검을 그의 어깨에 가져다 대면 수봉자는 성인의 이름으로 선서를 했다. 선서가 끝나면 수봉자는 진정한 기사가 될 수 있었다.

기사의 전설

카를 마르텔 집권 시기에 대대적인 군사 개혁이 시작되었다. 토지가 국왕 밑으로 층층이 분할되었는데, 국왕은 최고 영주로서 공작과 백작들에게 토지를 분봉했다. 공작과 백작들은 법에 따라 토지를 다시 자작과 남작에게 나눠 주었고, 그러면 자작과 남작은 다시 가장 인원이 많고 하급 계층인 기사에게 토지를 나눠 주었다. 기사를 핵심으로 한 카롤링거 군대는 당시 유럽에서 가장 뛰어난 전투력을 갖춘 무장 세력으로 성장했고, 기사 제도 역시 이와 함께 움트기 시작했다.

카를 마르텔이 제정한 새로운 군사 제도는 샤를마뉴의 손에서 꽃을 피웠다. 기사 군대에 기대 샤를마뉴는 아바르족과 색슨족을 정복했고, 이러한 대외 정복으로 프랑크족의 영지를 두 배로 넓혔다. 샤를마뉴는 이렇게 광활한 영토를 지키려면 엄격한 군사 체계와 기마병을 주력으로 내세운 군

---

29) 영주에게서 기사 작위를 받을 사람

대가 필요하다는 사실을 정확히 알고 있었다. 그리고 군대가 강해지려면 뛰어난 공격형 무기와 함께 방어를 위한 완전한 갑옷을 갖춰야한다는 점도 깨닫고 있었다.

샤를마뉴는 그의 일생을 바쳐 군대를 개선해나갔고, 군대 무기 장비의 표준화 정책을 수립했다. 그는 창을 군대의 주요 무기로 삼아보병과 기마병이 모두 이를 사용하도록 했다. 한편, 기마병은 표창과 전투마를 보유하는 동시에 검 한 자루도 휴대하도록 했다. 이로써 카롤링거의 모든 기사가 긴 갑옷과 넓적한 철편을 겹겹이 이어만든 투구, 그리고 목재 또는 철재의 원형 방패를 갖추게 되었다. 갑옷은 전투에서 매우 중요한 역할을 하는 만큼 고가를 자랑했다. 그뿐만 아니라 기사들의 적들도 사용해보지 못한 새로운 갑옷이었다. 샤를마뉴는 799년에 왕국 외부에서 이 갑옷을 팔지 못하도록 정하고, 803년에는 한발 더 나아가 병사들이 상인에게 갑옷을 팔지 못하도록 금했다. 기사들이 착용하는 무기는 주로 창과 장검, 단검, 활, 화살 통이었다. 그리고 도끼와 돌을 부수는 기구 등 군대에 필요한모든 기구를 실은 전용 마차가 그들의 뒤를 따랐다.

카롤링거 군대의 이러한 군사 정책은 9세기에서 10세기까지 주도적인 위치를 차지하며 유럽 전역의 군사 문화에 큰 영향을 미쳤다. 카롤링거 기사의 무기와 장비는 스페인, 북유럽, 동유럽, 잉글랜드기사들의 기준이 되어 몇백 년을 이어갔다.

세기 말의 황제 오토 3세와 새천년

기독교도들로 하여금 언젠가 그리스도의 나라가 생겨나 천 년의 행복이 시작될 것이라는 믿음을 갖게 한 예언이 있었다. 로마인들로 하여금 로마제국이 곧 영원을 뜻한다는 것을 믿게 한 신념도 있었다. 인류의 첫 번째 천년이 끝을 향해 달려가던 시기, 이 예언과 신념은 하나가 되었다. 이에 사람들은 새천년이 오면 로마제국이 부흥하여 비참했던 지난날은 가고 천 년의 행복이 강림할 것이라고 믿었다.

어린 국왕과 그의 왕국

오토 대제는 그의 권력이 정점에 있을 때 세상을 떠나 후계자에게 강성한 제국을 물려주었다. 983년 크리스마스, 독일 제후들이 아헨의 왕궁에 모였다. 그들은 한 어린아이를 둘러싸고 대성당으로 들어왔는데 이 어린아이는 바로 세 살밖에 되지 않은 황제의 아들 오토였다. 오토는 화려한 망토를 두르고 성단 앞에 무릎을 꿇었다. 마인츠 대주교와 라벤나 대주교가 그에게 성유를 발라주었고, 뒤이어 왕권을 상징하는 왕관이 그의 머리 위에 씌워졌다. 사람들은 오토 왕조의 또 다른 왕의 탄생에 환호를 보냈다.

중세기 속담에 이런 말이 있다. "아이가 국왕이 되면, 그 국왕은 봉변을 당하게 마련이다." 이 속담을 인증하기라도 하듯, 당시 북방에서는 슬라브족이 일으킨 반란의 광풍이 불었다. 오토 대제가 만들어 놓은 잘레 강과 엘베 강 동쪽의 거점은 이미 무너진 지 오래였다. 그러나 이것은 시작에 불과했다. 새 국왕의 즉위로 들떠 있던 사람들은 사절단이 아헨을 향해 급히 말을 달리고 있다는 사실을 미처 알아차리지 못했다. 사절단이 가져온 소식은 아헨의 사람들을 충격에 빠뜨렸다. 오토의 대관식 전날인 12월 7일에 그의 부친인 오토 2세가 세상을 떠났다는 것이었다. 이렇게 해서 오토는 하루아침에 오토 제국의 유일한 법적 통치자가 되었다.

이로써 불안의 시대가 시작되었다. 사람들은 어린 국왕의 후견권을 두고 투쟁을 벌였다. 가장 먼저 행동에 나선 것은 아이의 숙부인 '언쟁자' 헨리였다. 사사건건 오토 2세와 부딪혔던 숙부는 황제의 부고를 받자마자 자신을 가둔 위트레흐트 주교를 설득해 석방하도

▲ 중세에 귀족들이 무예 겨루기에서 승리한 기사에게 상을 내리는 모습

록 했다. 그리고 서둘러 아헨으로 향해 제후들이 자신을 어린 국왕의 후견인으로 인정하도록 설득에 나섰다. 그의 목적은 사실 단순히 섭정만이 아니었다. 이듬해 부활절에 그는 크베들린부르크로 지지자들을 소집해 자신을 국왕으로 선출하도록 했다. 이렇게 공개적인 권력 찬탈은 그의 섭정을 지지하던 제후들의 노여움을 샀다. 마인츠 대주교와 색슨 공작을 필두로 한 제후들은 이제 막 독일로 돌아온 태후 테오파누를 지지하고 나섰다.

태후의 대군과 마주하게 된 헨리는 미약하게나마 반항하다가 결국 985년 6월에 무릎을 꿇었다. 그는 왕위를 포기하고 어린 국왕 오토를 내주었다. 이후 태후 테오파누가 국왕의 후견인 자격과 섭정을 인정받았다. 섭정한 태후 테오파누는 독일의 국력 증강과 평화를 위해 힘썼다. 그녀는 동북부 지역 수복을 포기하고 색슨의 동쪽 경계를 공고히 하는 데 만족했다.

서방에서 헨리를 지지하며 군대를 동원해 베르됭을 정복하기도 했던 프랑스 국왕 로타리우스와 그의 왕위를 계승한 루이 5세가 잇달아 숨을 거두었다. 987년, 위그 카페와 카롤링거 가문 사이에 전투가 벌어지자 태후 테오파누는 승리자 위그 카페와 연합해서 빼앗긴 베르됭을 되찾고, 서부 지역에 평화를 이루었다. 991년 6월, 태후 테오파누가 세상을 떠나고 국왕의 조모인 아델하이트가 그녀를 대신해 오토의 섭정을 이어나갔다.

로마제국 혁신의 길

994년 9월에 열린 제국 회의에서 성대한 기사 의식이 거행되었다. 열다섯 살의 오토 3세가 갑옷을 입고 보검을 높이 들어올렸다. 제국 제후들의 환호 속에서 자신이 성년이 되었음을 알리고 섭정의 종료를 선포하는 순간이었다.

갓 성년이 된 국왕은 오토 2세보다 훨씬 로마제국에 대한 이상에 심취해 있었다. 섭정의 종료를 선포했던 제국 회의에서 로마로 가 황제 대관을 받겠다고 선포할 정도였다. 얼마 후, 국왕의 그리스인 스승을 필두로 한 사절단이 콘스탄티노플로 파견되었다. '미래의 황제'를 위해 비잔틴 공주에게 청혼하기 위해서였다.

하지만 무엇보다도 오토 3세에게는 국가의 동부 경계선을 안정시키는 것이 우선이었다. 젊은 국왕에게 힘을 자랑하기라도 하듯 슬라브족이 다시금 꿈틀대기 시작했기 때문이다. 995년 가을에 오토 3세는 보스니아 군대와 폴란드 군대의 지원을 받아 슬라브족을 공격했다. 슬라브족을 무너뜨리는 데 성공하기는 했지만, 그는 독일에 오래 머물지 못했다. 이듬해 봄에 교황 요한 15세의 사신이 독일에 도착했기 때문이다. 로마 귀족들로부터 로마에서 쫓겨난 교황은 국왕에게 도움을 요청했고 오토는 곧장 로마로 군대를 출동시켰다.

이탈리아에 도착한 오토 3세는 파비아에서 로마인이 보낸 사절단을 접견했다. 사절단은 국왕에게 교황 15세가 이미 죽었음을 알렸고, '미래의 황제'로서 새로운 교황을 임명해달라고 청했다. 오토는 자신의 친척이자 왕실의 신부인 브루노를 선택했는데 그가 바로 최초의 독일인 교황 그레고리우스 5세이다.

996년 5월 21일, 로마의 성 베드로 대성당에서 성대한 대관식이 거행되었다. 오토 3세는 자나깨나 바라왔던 황제의 관을 받고 진정한 '로마 황제'가 되었다. 대관 후, 오토 황제는 교황 그레고리우스 5세의 청을 받아들여 유배되었던 로마 귀족 크레센티우스를 사면하고 군대를 이끌어 독일로 돌아갔다.

그러나 그레고리우스 5세의 인자함은 그에게 평안을 가져다주지 못했다. 황제가 떠나고 얼마 후, 크레센티우스가 그의 지지자들을 선동해 반란을 일으켜 그레고리우스 5세를 쫓아낸 것이다.

교황의 지원 요청 편지가 독일에 도착했지만 오토 황제는 슬라브족의 위협 때문에 군대를 움직일 수 없었다. 크레센티우스는 로마의 통치권을 빼앗고, 외교 사절로 콘스탄티노플에 갔다가 돌아온 황제의 그리스인 스승을 교황으로 옹립해 요한 16세라 불렀다.

997년 말, 엘베 강의 슬라브족을 물리친 오토 황제는 자신의 고모를 섭정자로 임명해 독일 통치를 맡기고 자신은 다시 이탈리아로 진

실베스테르 2세

중세기 사회에서 개인의 박식함과 넘치는 재능에만 기대어 얼마나 높은 자리까지 올라갈 수 있을지 궁금한 사람이 있다면, 실베스테르 2세가 바로 좋은 답이다.

제르베르는 950년경 프랑스에서 양치기의 아들로 태어났다. 그의 천부적 재능을 알아본 오리아크 수도원의 수도자들에 의해 수도자의 길을 걷게 되었다고 한다. 제르베르는 과연 놀라울 만큼의 학구열을 드러내며 장서를 찾아 읽고 스페인까지 여행하는 열의를 보였다. 937년에 그는 랭스 대주교 아달베르트에 의해 주교 학교의 교사로 임명되었고, 991년에는 랭스 대주교의 자리에 올랐다.

오토 3세는 수도사 제르베르를 교황의 자리에 올려놓은 매우 중요한 인물이었다. 그와 예전부터 알고 지내며 그의 재능을 높이 샀던 오토 3세는 996년에 그를 라벤나 대주교로 임명했다. 그리고 그 후, 999년에 교황 그레고리우스 5세가 세상을 떠나자 오토 황제는 그에게 더 큰 은총을 내렸다. 바로 제르베르를 새로운 교황으로 선택한 것이다. 한편, 제르베르는 '실베스테르 2세'라는 명칭을 사용해 자신이 오토 황제를 새로운 콘스탄티노플의 대제로 여김을 드러냈다.

군했다. 당시 크레센티우스와 그의 교황은 대군을 이끌고 나타난 황제 앞에서 꼼짝도 할 수 없었다. 998년 2월, 요한 16세는 비잔틴으로의 망명을 시도했지만 실패하고 체포되었다. 한편, 크레센티우스는 로마에서의 저항이 실패로 돌아간 후 포로가 되어 죽음을 맞이했다. 이로써 오토 황제는 다시 로마를 탈환했다.

오토 3세의 가장 큰 바람은 단 하나였다. 샤를 대제를 본받아 로마제국의 영광을 재현하고, 첫 번째 천 년이 끝나가고 행복의 새천년이 다가오는 그 시점에 영원한 제국의 수도 로마에서 기독교 제국의 통치자로서 우뚝 서는 것이었다. 한 마디로 '로마제국의 부흥'이 그의 바람이었다.

오토 3세는 과거 게르만 황제와는 달리 로마식 자색 망토를 입고 스스로 '로마 황제'라 칭했다. 비잔틴 양식의 궁정 예절을 도입해 궁정 안에서 라틴어와 그리스어 직함을 사용하도록 했으며, 직접 종교 회의를 주관하고 이를 통해 교회 법령을 체결하기도 했다. 그는 심지어 교황을 자신의 조수로 여겨 자신의 이익과 뜻에 따라 교황을 선택했다. 999년 그레고리우스 5세가 세상을 떠나자 오토 황제는 자신의 스승 제르베르를 새로운 교황으로 선택했다.

새천년을 앞두고 새 로마 황제 오토와 새 교황 실베스테르는 천년 제국의 꿈을 실현하기 위해, 그리고 더 나아가 세계 질서를 확립하기 위해 움직이기 시작했다. 먼저 오토 황제는 999년 12월에 교회와 귀족들의 환송을 받으며 로마에서 출발해 폴란드의 구네즈노로 가서 순교 성인 '성 아달베르트'의 묘를 참배했다. 그런 다음 황제는 폴란드 공작 볼레슬라프에게 귀족의 직함을 수여해 그를 독일왕국의 신하에서 '제국의 협력자'로, 그리고 '군왕'으로 승격시켰다. 이와 함께 구네즈노 대주교 관할 구역을 만들어 폴란드 교회가 독일 교회를 벗어나 독립적인 지위를 누림을 인정했다. 폴란드는 순순히 황제의 선물을 받아들여 천 년 제국 질서의 이행자가 되었고, 교회 역시 제국의 이익에 순순히 따랐다.

세계적 괴짜의 죽음

오토 3세가 폴란드에서 로마로 돌아갔을 때 그의 제국은 이미 최고의 전성기를 누리고 있었다. 미치 새친년의 도래와 함께 천 년 제국이 하늘에서 뚝 떨어진 것만 같았다.

▲ 중세의 기사

　그러나 그의 질서와 지배에 대한 로마인의 인내심도 거의 한계에
다다라 있었다. 결국 1001년 초, 로마인은 오토 3세에 반대하는 반
란을 일으켰다. 이에 놀란 오토 3세는 교회의 탑에 올라가 로마인에
게 소리쳤다. "내 너희를 위해 조국을 떠나오고, 무슨 일에서든 너
희를 편애했거늘 어찌 너희는 나를 거부하고 내 친구들까지 죽이며
나를 몰아내려 하는 것이냐!" 황제의 이 말은 로마 시민을 감동케
해 사람들은 스스로 해산했다. 그러나 오토 3세는 불안함에 더 이상
로마에서 지낼 수가 없었다. 그는 곧 교황과 함께 로마를 빠져나왔
고, 이에 로마인들은 더 큰 반란을 일으켰다.
　오토 3세는 로마인의 반란에 엄청난 충격을 받았다. 수도원에 들
어가 장시간 참회의 시간을 가졌지만, 로마제국에 대한 그의 신념만
큼은 조금도 흔들리지 않았다. 1001년 4월, 오토 3세는 라벤나에서
종교 회의를 열고 헝가리 교회를 독립시켜 그란 대주교의 관할로 배
정하고 스테파노를 대주교로 임명했다. 그리고 4월 중순에는 베네
치아 총독과 동맹을 맺어 그해 여름 베네벤툼을 함락했다. 그 후 황

제는 사람을 보내 독일이 지원군을 더 많이 보내도록 재촉했다.

그런데 지원군을 기다리던 중에 오토 3세는 비잔틴제국 황제와 화해했다. 심지어 비잔틴제국은 그의 구혼을 받아들여 고귀한 출신의 약혼녀를 보내주기로 약속했다. 지원군이 오기를 기다렸다가 로마를 함락하기만 하면 모든 혼란을 끝내고 제국을 부흥시키는 길로 나아갈 수 있을 것 같았다. 하지만 황제는 더 이상 지원군을 기다릴 수 없었다. 1002년 1월 24일, 갑작스러운 고열에 시달리다가 로마에서 40킬로미터 떨어진 파르테논에서 세상을 떠나고 만 것이다. 그는 스물두 살이 채 되지 않은 나이에 그렇게 세상과 작별을 고했다.

동방 문명

왕법이 된 불교의 교법
하르샤바르다나 왕과 인도 불교의 전성 시대

굽타 왕조와 마우리아 왕조 이후 북인도에서는 하르샤바르다나 왕이 등장
해 마지막 통일 왕국인 하르샤 왕조를 세웠다. 그러나 전적으로 위대한 건
국자에게 기대어 지탱되었던 이 왕국은 하르샤바르다나 왕이 세상을 떠나
자 화려했던 짧은 역사에 종지부를 찍고 연기처럼 사라졌다.

굽타 왕조의 멸망

서기 6세기, 장장 200여 년을 이어오던 인도의 굽타 왕조는 지역
간의 분열과 유목민족 에프탈족의 공격이라는 대내외적 문제로 점
차 무너져갔다. 마가다와 아요디아 일대에서만 겨우 형세를 유지해
나갔는데, 이를 후굽타 왕조라고 부른다. 그러나 이른바 후굽타 왕
조와 진짜 굽타 왕실은 실질적인 관계가 없다는 것이 일반적인 견해
이다.

517년에 에프탈족의 우두머리 토라마나가 세상을 떠나고 그의 아
들 미히라쿨라가 뒤를 이어 다시 인도를 침략했다. 미히라쿨라는 괄
리오르까지 종주권[30]을 확장하고 그곳에 태양신 신전과 비석을 세
워 태양신의 공덕을 칭송했다. 그러나 553년 즈음에 그는 말와의 야
소바르만에게 패해서 인더스 강 이남 지역까지 밀려났다.

미히라쿨라가 죽은 후 에프탈족은 인도에 대한 지배력을 잃었다.
그리고 결국에는 사산 왕조 페르시아와 서튀르크의 연합 공격에 무
너져 역사의 뒤안길로 사라졌다. 그 후 에프탈족은 침략국의 종교와
언어를 받아들여 조금씩 인도 사회에 동화되었다.

하르샤바르다나 왕의 침략

굽타 왕조가 무너진 후 인도는 다시 분열했다. 당시 북인도에는
여러 왕국이 세워졌고, 그 가운데에서 적대적인 두 정치 연맹이 생
겨났다. 정략결혼으로 맺어진 스탕비사르바라(지금의 타네사르) 푸스
야부티 왕조와 카니야쿠브자(지금의 카나우지) 마우카리 왕조의 연
맹, 그리고 이에 대항하는 벵골 가우다 왕국의 샤샹카 왕과 말와 데

30) 한 나라가 국내법을 적용하여 다른 나라의 내정이나 외교를 지배하는 특수한 권력

바굽타의 연맹이다.

6세기 초, 샤샹카와 데바굽타는 마우카리 왕조에 연합 공격을 했다. 이 일로 마우카리 왕조의 그라하바르만 왕이 죽었고, 그의 부인 라자스리[31]가 포로로 붙잡혔다. 프라바카라바르다나 왕의 아들이자 후계자인 라자바르다나는 이 소식을 듣자마자 누이를 되찾아오기 위해 군대를 이끌고 나섰다. 그리하여 데바굽타를 물리치기는 했지만, 그는 606년에 샤샹카가 보낸 사람에게 암살당했다. 하르샤바르다나 왕이 역사의 무대에 오른 것이 바로 이 시기이다. 하르샤바르다나 왕은 라자바르다나의 동생이자 후계자로서 형의 복수를 맹세했고, 카마루파의 왕 바스카라바르마와 동맹을 맺어 가우다 국왕 샤샹카에게 협공을 퍼부었다.

그 후, 하르샤바르다나 왕은 라자스리가 이미 카니야쿠브자의 감옥에서 석방되어 빈드야의 숲으로 사라졌다는 소식을 들었다.

마침내 누이를 찾은 하르샤바르다나 왕은 전장으로 돌아가 더욱 용맹한 기세로 끝내 샤샹카를 격파하고 카니야쿠브자를 손에 넣었다. 그 후 하르샤바르다나 왕과 그의 누이 라자스리가 마우카리 왕국을 함께 다스렸다. 612년에 푸스야부티와 마우카리 두 왕조는 공식 합병되었고, 하르샤바르다나가 왕위에 올라 카니야쿠브자로 천도했다. 역사적으로 이때를 하르샤 왕조의 시작이라고 본다.

정복을 향한 하르사바르다나 왕의 발걸음은 여기에서 그치지 않았다. 그는 코끼리 부대, 전차 부대, 기마 부대, 보병 부대를 조직해 인도 통일 전쟁을 시작했다. 그 결과 인도 동북부의 카마루파왕국과 서부의 마이트라카 왕조가 차례로 하르샤 왕조의 지배를 인정했다. 그리고 숙적인 가우다왕국의 샤샹카가 세상을 떠나자 하르샤바르다나 왕은 마가다를 자신의 통치하에 두었다. 어떤 사람들은 하르샤바르다나 왕이 북벵골에도 출정한 적이 있다고 말한다. 그러나 634년 즈음 하르샤바르다나 왕은 남인도 찰루키아 왕조와 치른 전쟁으로 막대한 손실을 입고 패했다.

이 시기에 쓰인 명문銘文[32]과 현장 법사의 기술에 따르면, 하르샤 왕조의 영토는 동쪽으로 벵골 만, 서쪽으로는 펀자브에까지 이르러 마우리아 왕조, 굽타 왕조 이후 북인도를 통일한 또 하나의 왕조가

---

31) 푸스야부티 왕조 프라바카라바르다나 국왕의 딸
32) 금석金石이나 기명器皿 따위에 새겨 놓은 글

되었다고 한다.

하르샤바르다나 왕과 현장

하르샤바르다나의 선조는 태양신을 신봉했다. 그러나 명문 자료를 보면 하르샤바르다나는 브라만교의 신 시바를 숭배했다고 한다. 그런데 그는 점차 불교에 관용적인 태도를 보였고 더 나아가 불교를 장려했다. 이는 어쩌면 독실한 불교 신자였던 누이의 영향인지도 모르겠다.

630년에 한 승려가 멀고 먼 중국 당나라에서부터 온갖 고생을 한 끝에 인도에 왔다. 그 후 그 승려는 불교 성지 곳곳을 참배하고 역사가 깊은 절의 고승을 찾아가 배움을 청하며 인도의 여러 지역에 발도장을 찍었다. 그는 바로 유명한 당나라 승려 현장이다.

현장은 인도의 여러 불교 경전을 깊이 연구해 인도 각계의 존경과 존중을 한몸에 받았다. 당시 동인도 카마루파왕국의 쿠마라 왕이 현장에게 사절을 보내서 자국에도 와서 대승불교를 전수해달라고 부탁하기도 했다. 하지만 현장은 당나라로 돌아가고 싶어하는 마음이 간절했기에 그의 부탁을 거절했다. 그러자 어떻게든 현장을 자신의 나라에 데려오고 싶었던 쿠마라는 무력까지 동원해서 그를 위협했다. 이에 현장은 어쩔 수 없이 카마루파왕국으로 가서 불교에 대해 강연했다. 현장이 카마루파왕국에서 강연한다는 소식을 들은 하르샤바르다나 왕은 쿠마라 왕에게 사람을 보내서 하루빨리 현장을 자신에게 보내라고 요청했다. 두 왕은 불교를 배우고자 하는 마음이 큰 나머지 하마터면 무력 충돌을 일으킬 뻔하기도 했지만, 결국 카니야쿠브자

▼ 고대 인도에서는 전쟁할 때 코끼리를 탈것으로 이용했다. 코끼리의 위협적인 거대한 몸집은 적을 두려움에 떨게 했다.

에서 학술 토론회를 열어 현장에게 강연을 맡기기로 합의했다.

전하는 말에 따르면 이 학술 토론회에 참관하기 위해 카니야쿠브자로 향하는 사람들이 인산인해를 이루었다고 한다. 현장은 이 토론회에서 자신의 논지를 설명하고 사람들이 제기하는 의문에 답했다. 토론회가 이어진 18일 동안 이 중국 승려를 쩔쩔매게 한 사람은 아무도 없었다.

인도 역사상 유례없이 성대했던 불교 학술 대회가 끝난 후, 하르샤바르다나 왕은 인도의 전통에 따라 현장을 비단으로 장식한 코끼리에 태우고 행진하며 군중에게 이렇게 알렸다. "지나국의 법사가 여러 다른 의견을 잠재우고 대승불교의 뜻을 세웠다. 열여드레 동안 감히 법사와 뜻을 논할 자가 없었으니, 이를 마땅히 세상에 알리는 바이다." 그러자 군중은 환호를 보내며 현장에게 진심으로 탄복했다. 이로부터 현장의 명성이 인도 전역으로 퍼져 나갔다.

현장은 하르샤바르다나 왕의 영토에서 약 8년을 지내며 그와 깊은 우정을 나누고, 중국과 인도의 문화 교류를 이끌었다. 641년에 하르샤바르다나 왕은 특사 브라만을 보내서 중국 당나라 황제 태종을 알현하게 했고, 그 후에 당나라의 특사가 하르샤바르다나 왕을 찾아오기도 했다.

643년, 고국으로 돌아가고 싶은 마음이 간절했던 현장은 인도에 작별을 고하고 마침내 돌아가기로 했다. 그는 하르샤바르다나 왕이 주는 두둑한 하사품을 정중하게 거절하고, 여러 해 동안 모은 불경과 불상을 챙겨서 귀국길에 올랐다. 현장은 카슈가르, 사처, 허톈을 지나 중국으로 돌아왔는데, 하르샤바르다나 왕이 그 길목 곳곳에 그에게 필요한 것을 제공하라는 공문을 보내주어서 귀국 여정은 아주 순조로웠다.

중국으로 돌아간 현장은 인도에서 가져 온 불경을 번역하는 동시에 유명한 《대당서역기》를 편찬했다. 이 책에는 당시 중국 당나라의 서역, 특히 인도의 정치, 종교, 풍토 등이 생생하게 기록되어 훗날 인도 고고학의 귀중한 사료가 되었다.

"현장의 중요성은 아무리 칭송해도 지나침이 없다. 칠흑같이 어두운 중세 인도 역사에서 그는 유일한 빛이었다." 영국 역사학자 스미스는 현장이라는 중국 고승이 인도 역사에 공헌한 바에 대해 이렇게 평가했다.

〈프리야다르시카 공주〉

하르샤바르다나 왕의 손에서 나온 〈프리야다르시카 공주〉는 우전왕의 전설에서 소재를 얻었다. 총 4막으로 구성된 〈프리야다르시카 공주〉는 공주 프리야다르시카가 전쟁 중에 반사국으로 끌려가서 궁녀가 된 이야기이다. 반사국의 우전왕은 이 아리따운 궁녀에게 마음을 빼앗긴다. 한번은 궁정의 극장에서 왕후와 우전의 사랑 이야기로 연극을 하기로 했는데 프리야다르시카가 왕후 역을 맡고 또 다른 궁녀가 우전 왕 역을 맡았다. 그런데 실제로 공연할 때, 우전왕이 몰래 다른 궁녀를 대신해서 자신이 직접 무대에 나섰다. 연극을 보던 왕후는 이 사실을 알고 분노를 참지 못했다. 그녀는 결국 연극을 중단시키고 프리야다르시카를 끌어냈고, 이때부터 프리야다르시카는 감옥에 갇혀 지냈다. 극본의 결말에 이르러서는 왕후가 전쟁 중에 실종된 자신의 사촌 동생이 바로 프리야다르시카라는 사실을 알고 그녀와 우전왕의 결혼에 동의한다. 프리야다르시카 공주는 내용과 주제 면에서 기본적으로 당시 궁정 희극의 고정적인 형식을 그대로 빌려온 작품이다. 그러나 하르샤바르다나 왕은 제3막에 '극 속의 극'을 넣어서 연극의 표현 형식에 혁신을 일으켰다는 평을 받는다

231

짧았던 화려함

하르샤바르다나 왕은 인자하고 부지런한 통치자였다. 현장은 여행기에서 그를 이렇게 이야기했다. "하루하루를 조금도 게을리하지 않고 항상 열심이다." 하르샤 왕조에는 효과적인 관료 계급 제도가 있어 중앙에서는 대신들이 왕의 통치를 보조하고, 변경 지역은 부왕 副王 또는 제후가 통치했다.

당시 인도에서는 이러한 봉건 제도가 한 단계 더 발전해 최종적으로 확립되었다. 하르샤 왕조의 땅은 원칙적으로 모두 국왕의 소유로, 왕이 처분할 권리를 가지며 '왕전'이라고도 불렸다.

▼ 목욕중인 고대 인도인

현장이 묘사한 바로 왕전은 국유지, 봉급으로 하사된 관료의 사유지, 브라만[33] 점유지, 사찰 점유지(복전)의 네 종류로 나뉘었다. 당시 농민은 토지에 매여서 토지와 함께 왕에 의해 하사되거나 소유권이 양도되었다. 그러나 한편으로 농민은 수확량의 6분의 1만 세금으로 내면 되어 세금 부담이 가벼웠다.

하르샤바르다나 왕의 통치로 카니야쿠브자는 곧 북인도에서 가장 중요한 도시가 되었다. 한창 전성기이던 때의 마우리아 왕조의 도성 파탈리푸트라도 카니야쿠브자의 입지를 따라오지 못했다. 현장이 묘사한 바를 보면 카니야쿠브자는 매우 광활하고, 성벽이 견고하고 아름다웠으며, 불교 사원 100곳과 하늘의 신에게 제사를 지내던 '데 바쿨라(deva-kula)'라는 사당이 약 200곳이 있었다. 이 밖에도 하르샤바르다나 왕이 학술계를 전폭적으로 지원했다는 현장의 기록을 찾아볼 수 있다. 그는 황실 영지 세입의 4분의 1을 학자와 문인을 장려하는 데 사용했는데, 특히 세계적으로 유명한 불교 연구 중심지인 날란다 사찰에 엄청난 액수를 기부했다고 한다. 또 한 가지 짚고 넘어갈 만한 것은 하르샤바르다나 왕 자신도 훌륭한 문학가였다는 사실이다. 현재까지 전해지는 그의 작품으로 극본 〈프리야다르시카 공주〉, 〈라트나바리 공주〉, 〈나가난다〉가 있다.

---

33) 카스트의 가장 높은 계층으로 주로 싱직자 계층

아대륙³⁴⁾ 위의 삼국지   인도의 패권 다툼

하르샤 왕조가 무너진 후 인도는 혼란기를 맞이했다. 여러 세력 가운데 가장 강력한 세 왕국이 남아시아 아대륙에서 패권을 거머쥐기 위해 피 튀기는 전쟁을 펼쳤다. 그러나 인도에는 다시 통일 제국이 들어서지 못했다. 북쪽에서 정예 기병과 강력한 무기를 앞세운 이슬람 세력이 밀고 내려와 인도를 정복했기 때문이다.

▲ 인도의 무사가 사용하던 청동 창

남인도의 맹주

굽타 왕조 후기, 북인도에서 여러 왕국이 혼전을 빚던 시기에 남인도에서는 찰루키아왕국이 두각을 나타내고 있었다. 찰루키아인이 어디에 뿌리를 둔 민족인지는 불확실하지만, 북인도 크샤트리아의 후예일 것이라는 설이 있다.

찰루키아왕국은 7세기 초 풀라케신 2세의 통치 시기에 전성기를 누렸다. 풀라케신 2세는 사방으로 정복 전쟁을 일으켜 카탄바 왕조의 수도뿐만 아니라 마이소르의 북부 지역과 구자라트, 안드라 지방까지 지배했다. 특히 북인도의 맹주이던 하르샤바르다나 왕이 영토를 나르마다 강 밖으로 확장하려고 할 때, 풀라케신 2세는 그에게 엄청난 타격을 주어 남인도의 드넓은 땅을 자신의 통치하에 두었다.

현장은 풀라케신 2세가 재위하던 시기에 남인도를 방문한 적이 있는데, 그를 이렇게 묘사했다. "그 왕은 나를 핑계로 이웃 나라를 넘보았다. … 원대한 계획을 세우고 인자함으로 사람을 널리 어울러 신하들은 그에게 충성을 다했다."

642년에 풀라케신 2세가 팔라바인과의 전투에서 패해 세상을 떠나고 왕국도 점령당했다. 후에 풀라케신 2세의 아들인 비크라마디티아 1세가 팔라바인에게서 빼앗긴 영토를 되찾고 찰루키아 왕조의 정권을 회복했다.

찰루키아 왕조의 또 다른 위대한 통치자는 키르티바르만 2세였다. 그는 군대를 이끌고 인도 서북부의 신드 지역에서 온 아랍인을 물리쳐 남인도가 이슬람화되는 것을 막았다. 그러나 8세기 중엽에

---

34) 대륙보다는 작지만 섬보다는 큰 땅덩이

이르러 200여 년을 이어 온 찰루키아 왕조는 끝내 새로운 왕조인 라슈트라쿠타에 의해 멸망하고 말았다.

삼국 시대

찰루키아 왕조와 마찬가지로 라슈트라쿠타 왕조 역시 기원이 매우 모호하다. 단티두르가가 세운 이 왕조는 그 후 콘캔, 마이소르 등을 정복하고 북방으로도 눈을 돌리며 빠르게 세를 확장해나갔다.

라슈트라쿠타 왕조가 남인도에서 발전을 거듭할 당시, 북인도에

◀ 《불경》의 이야기 중 싯다르타 왕자가 왕궁과 왕비를 떠나는 장면

서도 프라티하라 왕조와 벵골을 중심으로 한 팔라 왕조가 등장해 인도 전역에 대한 패권 다툼에 뛰어들었다.

프라티하라 왕조는 《라마야나》 속의 위대한 영웅 라마[35]의 동생 라크슈마나의 후예로 자칭했다. 8세기 말에 이르러 그들은 말와 등지에서 세력을 굳히고 더 나아가 동인도를 정복하려고 시도했다.

7세기 중반부터 8세기 중반에 팔라 왕조가 발전하기까지 벵골 지역은 줄곧 혼란에 빠져 있었다. 역사에서는 일반적으로 이 왕조의 초기 통치자가 동벵골과 서벵골의 귀족이었다고 본다.

8세기 말, 팔라왕국의 왕은 다르마팔라였다. 그리고 그와 동시대를 살았던 프라티하라 왕은 바뜨사라자와 나가바따 2세, 라슈트라쿠타의 통치자는 두르바와 고빈다 3세였다. 이 막강한 통치자들은 오랫동안 북인도에서 패권을 장악하기 위한 전쟁을 계속했다.

두르바는 바뜨사라자를 공격하여 치명적인 타격을 입히고 그를 황야로 도망가게 한 것을 시작으로 뒤이어 힌두스탄 평원을 침범해서 그곳에서 다르마팔라와 맞붙어서 그를 물리쳤다.

9세기 초에 접어들어 프라티하라 왕조의 권력은 나가바따 2세에 의해 회복되었다. 그는 당시 팔라왕국의 속국이던 카니야쿠브자를 함락시키고 도성을 이곳으로 옮겼다. 그 후 나가바따 2세는 계속해서 동쪽을 향해 진군했고, 몬기르 지역 근처에서 벌어진 격렬한 싸움에서 다르마팔라를 크게 물리쳤다. 그러나 팔라왕국이 위태위태할 때, 임시로 라슈트라쿠타 왕위에 올랐던 고빈다 3세가 다시 북방의 전쟁에 개입해서 팔라왕국을 구해냈다.

그 후 한 세기에 가까운 시간 동안 아시아 아대륙에는 전쟁의 불길이 꺼진 날이 거의 없을 정도였지만, 통일 제국은 세워지지 않았다.

한편, 8세기 초에 신드 지역을 정복하며 인도 침략을 시작한 이슬람 세력은 11세기에 대대적으로 인도 정복에 나섰다.

---

35) 인도 신화에 나오는 신 비슈누의 일곱 번째 화신

동해 불국과 회풍조 일본의 아스카 시대와 나라 시대

서기 6세기, 일본은 천황 가문이 다스리는 '신권 국가'에서 '군주 국가'로 변모하며 조금씩 성숙기로 접어들었다. 불교가 전파되면서 승려들에 의해 유입된 중국 문화는 일본의 발전에 더욱 속도를 내주었다. 일본은 외래 문명을 받아들이고 이를 학습하면서 자신들의 문화적 토양을 발전시켜 나갔다.

스이코 천황과 쇼토쿠 태자

서기 3세기 말, 일본의 구니(오늘날의 나라)를 중심으로 한 키나[36] 지역에서 대국이 발전했다. 이 대국의 역사적 명칭은 야마토국이다. 4세기 중반 이후 야마토국은 일본 열도 대부분을 통일했다.

592년에 야마토국의 32대 스슌 천황이 외가 친척인 소가노 우마코가 보낸 자객에게 살해당하면서 왕실에 큰 혼란이 빚어졌다. 그런데 황족 중에서는 소가씨의 권세가 두려워 감히 황위를 계승하겠다고 나서는 사람이 없었다. 그런 상황에서 제29대 긴메이 천황의 딸 누카타베 황녀가 소가노 우마코의 누이동생인 그녀의 어머니에 의해 천황 자리에 올라 스이코 여황 즉, 일본의 제33대 천황이 되었다.

스이코 여황은 일본 역사상 최초의 공인된 여자 천황이자 처음으로 '천황'이라는 공식 명칭을 얻은 인물이기도 하다. 스이코 천황 재위 초기에 일본에는 부민제(노예 제도)의 폐단이 두드러지면서 지방 토호들의 세력 확장이 한창이었다. 소가씨를 대표로 한 씨족 명문대가의 기세는 심지어 황제의 권력을 압도할 정도였다. 사회 혁명이 이미 시작되고 있었던 것이다.

593년에 스이코 여황은 조카 우마야도를 태자로 책봉해 그에게 조정을 넘겨주었다. 그가 바로 훗날 이름을 날리게 되는 쇼토쿠 태자이다. 쇼토쿠 태자는 태어나자마자 말을 했고, 심지어 동시에 10명이 하는 말을 듣고서도 그 내용을 똑똑히 기억할 수 있었다는 전설이 있다. 이 전설이 진실이든 거짓이든 간에 쇼토쿠 태자가 총명하고 능력이 뛰어났으며, 불교에 정통하고, 중국 문화의 영향을 많이 받았다는 것은 틀림없는 사실이다. 그는 중국 존왕의 대일통大一統 사

---

36) 일본어로 수도 인근 지역을 뜻하는 말

상에 영향을 받아 일본에 개혁을 시작했다.

603년에 쇼토쿠 태자는 '관위 12계'를 제정했다. 이는 귀족의 능력과 공적에 따라 천황이 관직을 수여한다는 제도였다. 관직은 덕, 인, 예, 신, 의, 지의 여섯 등급으로 나뉘고 각 등급은 다시 대, 소로 나뉘었으며, 진급할 수는 있지만 세습은 할 수 없었다. 이러한 제도는 커질 대로 커진 씨족 명문대가의 세력을 견제하고 천황이 자신이 원하는 인재를 등용하는 데 유리한 조건을 마련해주었다. 그뿐만 아니라 일본에 관료 체제가 형성되는 데에도 큰 영향을 미쳤다.

604년에 제정된 '17조 헌법'은 쇼토쿠 태자의 사상을 더욱 잘 보여준다. 그 내용은 대부분 중국의 제자백가에서 비롯된 것으로 "나라의 임금은 단 하나이며, 백성은 두 주인을 섬기지 않는다. 땅을 다스리고 백성을 한데 모으는 일에는 왕이 중심이 된다."라며 천황의 숭고한 지위를 강조하고 있었다. 한편, "소송을 명백히 판별한다.", "악을 보면 반드시 바로 잡아야 한다."처럼 사회를 다스리는 규정도 있었다. 또 헌법 중에는 민생에 관한 내용도 포함되었는데, 예를 들면 "농사철에는 노역에 백성을 동원할 수 없다." 등의 내용이 그것이다.

이 밖에도 쇼토쿠 태자는 불법을 전파하고 역서를 편찬하는 데 힘썼으며, 중국과 국교를 회복시켜 적극적으로 대륙의 문화를 흡수했다.

쇼토쿠 태자의 개혁은 다이카 개혁의 발단이자 서막으로, 씨족 문벌의 세력을 어느 정도 제압하고 황실의 지위를 높여 훗날 중앙집권 체제를 형성하는 데 사상적인 기반을 마련했다고 할 수 있다.

다이카 개신

쇼토쿠 태자의 개혁은 부민 제도나 씨성 제도를 무너뜨리지는 못했다. 쇼토쿠 태자가 세상을 떠난 후, 개혁에 반대하던 외척 소가노 에미시와 소가노 이루카 부자가 쇼토쿠 태자의 아들 야마시로노 오에를 죽이고 조정을 지배하기 시작했다. 권력을 향한 소가씨의 광기는 황실과 많은 대신에게 큰 불만을 불러일으켰고, 그중에는 제35대 고교쿠 천황의 아들 나카노 오에 황자와 명문 귀족 나카토미 가마타리도 포함되어 있었다. 이 두 사람은 적극적으로 소가씨 부자를 제거할 방법을 궁리했다.

645년 6월 12일, 고교쿠 천황이 궁에서 조선의 사절을 접견할 때였다. 소가노 이루카도 중신의 자격으로 이 자리에 참석했다. 소가노 이루카가 칼을 내려놓고 자리에 앉자, 나카노 오에 황자는 미리 언질을 해놓은 황궁 호위병들에게 황궁의 모든 문을 굳게 걸어 잠그라고 명령했다. 그런데 어찌 된 일인지 나카토미 가마타리가 궁 안에 몰래 들인 자객이 우물쭈물하며 손을 쓰지 못했다. 그러자 나카노 오에 황자는 어쩔 수 없이 자신이 직접 무기를 들고 소가노 이루카에게 돌진했고, 그 모습을 보고 용기를 낸 자객도 힘을 합쳐 소가노 이루카를 죽였다. 그 후 나카토미 가마타리와 나카노 오에 황자는 소가노 에미시에게도 사람을 보내 그의 세력을 무너뜨렸다. 상황을 파악한 소가노 에미시는 이미 대세가 기운 것을 깨닫고 그다음 날 자신의 집에 불을 질러 자살했다. 이것이 바로 일본 역사상의 을사의 변이다.

▼ 히로시마 현의 이쓰쿠시마 신사
일본에서 신사는 여러 신령을 모시고 제사를 지내는 곳을 말한다. 이쓰쿠시마 신사는 일본의 종교 건축물 중에서 가장 오래된 건축물이다.

정변이 일어난 후 고교쿠 천황이 자리에서 물러났다. 그리고 개혁파가 나서서 고토쿠 천황을 옹립하고 나카노 오에 황자를 황태자로, 나카토미 가마타리를 내무대신으로 임명하게 했다. 또한 중국에서 유학을 마치고 돌아온 백제의 승려 민旻과 다카무코노 구로마로를 국박사(고문)으로 임명하고, 다이카라는 연호를 제정해 나니와(오늘날의 오사카)로 천도했다.

646년 음력 정월, 고토쿠 천황은 '개신 조서'를 선포하고 당나라의 제도를 바탕으로 일련의 개혁을 시행했다. 경제 부분에서는 부민제를 폐지하고 '반전수수법'을 제정해 백성에게 나눠 줄 땅과 부담해야 할 세금을 규정했다. 또 공납제를 폐지하고 조용조의 세제를 확립하여 황실에 부역과 궁녀를 헌납하는 제도를 포함시켰다. 정치부분에서는 중앙과 지방의 행정 구획, 조직을 확정했다. 중앙은 수도와 키나이로 나뉘고, 지방은 국國, 군郡, 리里로 나뉘었다. 그리고 관료의 임명권과 해임권을 모두 국가가 가지도록 하고 세습 제도를 철폐했다.

다이카 개신은 반세기 동안 계속되었다. 그 사이에 보수파와 개혁파가 치열한 투쟁을 벌였지만, 개혁의 발걸음은 여전히 앞을 향해 나아갔다. 701년에는 몬무 천황이 당률唐律을 본떠 대보율령을 제정하고 반포했다. 이는 일본 역사상 획기적인 법전으로, 일본에 마침내 천황을 최고 통치자로 하는 중앙집권제 국가가 확립되어 봉건 사회로 접어드는 것을 의미했다.

여기서 짚고 넘어갈 만한 사실은 스이코 천황 집권 때부터 다이카 개신 시기까지 일본의 정치 중심이 나라 현의 아스카(당시의 후지와라쿄) 지역이었고, 그래서 이 시기를 '아스카 시대'라고 부른다는 것이다.

여인천하

710년, 제43대 겐메이 천황은 완공된 지 갓 십여 년 된 후지와라쿄를 버리고 헤이조쿄(오늘날의 나라)로 천도했다. 이로부터 아스카 시대가 끝나고 일본은 나라 시대로 접어들었다.

천도의 이유로는 날로 늘어나는 인구를 수용하기에 땅이 충분하지 않다는 말이 있었다. 그리고 또 다른 흥미로운 설이 있다. 후지와라쿄는 주례周禮 등 한나라의 책자를 참고해서 건설되었는데, 당나라에 파견되었다가 돌아온 사자가 당나라 장안성의 웅장함과 휘황찬란함을 묘사하자 사람들은 그제야 후지와라쿄를 잘못 세웠을 뿐만 아니라 너무 작게 만들었다는 것을 깨달았다. 그래서 아예 진짜 장안을 모방해서 더 큰 도성을 만들기로 했다는 것이다.

그러나 헤이조쿄로 천도한 후 794년에 다시 헤이안쿄(오늘날의 교토)로 수도를 옮겼다. 모두 여덟 명의 천

▲ 교토 긴카쿠사의 긴카쿠(금으로 꾸민 누각)

황이 나라 시대를 이끌었고, 그중 여황 또는 황후 네 명이 30년 동안 통치해 가히 여인천하라 할 만했다.

나라 시대는 흔치않은 '태평성대'를 이루어 정치적으로나 사회적으로나 상대적으로 안정적인 시기이기도 했다.

쟁기와 소를 이용해서 밭을 갈기 시작했고, 조정에서는 농지 면적을 확대하기 위해 농민들에게 관개수로와 댐 등의 수리 시설을 만들도록 하기도 했다. 또한 지하 광산을 개발하기 시작했는데, 비교적 유명한 산물로는 미마사카, 빗추, 빈고 지역에서 나는 철과 스오, 나가토, 부젠의 구리 등이 있었다.

농업과 광업의 발전은 수공업의 발전을 이끌었다. 나라 시대에는 종이 만드는 기술이 상당히 발전했는데, 당나라 현종도 일본의 종이를 가져오라고 사람을 보낼 만큼 좋아했다고 한다.

그러나 계획대로 백성에게 나눠줄 밭이 부족한 데다 노역도 막중하다는 이유로 다이카 개신 이후 추진해오던 반전수수법과 조용조 제도가 조금씩 흔들리기 시작했다. 이에 조정에서는 세금 수입을 늘리기 위해 개간을 장려했다. 723년에는 제44대 겐쇼 천황이 '삼세일신법'을 반포하여 새로 개간하는 모든 토지는 개간한 사람의 가문이 3대까지 소유할 수 있다고 규정했다. 그 후 제45대 쇼무 천황이 이를 한 단계 발전시켜서 '경작지 영구 사재법'을 선포하여 신분 지

회풍조懷風藻

나라 시대부터 일본에서는 중국 문화가 유행하기 시작했고, 당시의 명문 귀족들은 모두 한시를 지을 수 있다는 것을 자랑스럽게 여겼다. 《회풍조》는 지금까지 일본에 전해지는 최초의 한시집이다. 《회풍조》는 751년에 만들어진 책으로, 작가 64명의 작품 120수를 수록했다. 오언팔구의 시가 주를 이루고, 연회나 여행에 관련된 내용이 포함되었다. 글의 스타일이 화려하고 대구를 중시했으며, 육조 문학의 영향을 비교적 많이 받았다. 그러나 당시 일본의 한시는 아직 흉내 내기 수준으로 형식이 틀에 박혀 참신함이 부족했다. 《회풍조》에 수록된 시 가운데 가장 유명한 시는 매화꽃을 노래한 가도노 왕의 〈봄날에 아름다운 매화꽃을 감상하네春日賞鶯梅〉이다.

위에 따라 규정된 한도 내에서 개간한 토지의 영구 사유를 인정했다. 이러한 법령들은 국가 소유제이던 일본의 토지 제도를 빠르게 사유제로 전환하는 결과를 가져왔다. 한편, 비교적 많은 재산을 가진 귀족과 사원의 노비, 반전班田[37]을 경작하던 농민 등이 대규모로 토지를 개간해 점령하고 그 땅에 주택과 창고들이 들어서면서 초기의 장원莊園이 출현했다. 그 후 장원제가 점차 반전수수법을 대신하기 시작해 어느 정도 생산력의 향상을 촉진했다.

불교의 성행

일본 스이코 천황 시대에 섭정하던 쇼토쿠 태자는 불교에 정통했다. 그래서 불교를 숭상하는 것을 국가 정책의 기본으로 삼았다. 쇼토쿠 태자는 직접 불경을 풀이하는가 하면, 유명한 아스카사와 시텐노사 등 불교 사원을 증축했다. 아스카 시대 전반에 걸친 문화는 불교를 중심으로 펼쳐졌다고 해도 과언이 아니다. 불교 사원이나 불상뿐만 아니라 당시의 회화도 대부분 불교와 관련이 있었다.

쇼토쿠 태자가 세상을 떠난 후, 일본에는 '다이카 개신'이 일어났다. 이 개혁 운동의 중심인물 중에는 국박사로 임명된 유학 승려 다카무코노 구로마로 등이 있었고, 이들의 노력으로 불교가 좀 더 널리 퍼질 수 있었다.

710년에 헤이조쿄로 천도한 후, 간고사, 고후쿠사 등 큰 사찰이 새로운 도시로 옮겨왔다. 황실의 대대적인 불교 포교 사업은 지속되었고, 유명한 도다이사와 고쿠분사를 세웠다. 일본에 '남부육종', 즉 삼륜종, 법상종, 구사학파, 성실학파, 화엄종, 율종의 국면이 형성된 것도 바로 나라 시대이다. 참고로 이 종파들은 모두 중국에서 전해진 것이다. 한편, 이 시기에 일본 불교에서 가장 중요한 사건이 있었다. 바로 중국의 고승 감진이 불교를 전파하러 일본으로 건너온 것이다. 감진은 당시 중국 남방 불교 계율의 권위자로, 수계 대사로 존경받았다. 당시 계율을 전수받은 고승이 부족했던 일본은 중국으로 사람을 보내 감진에게 일본으로 건너 와서 계율을 전파해 달라고 청했다. 이에 감진은 743년에서 748년 동안 일본으로 건너가려고 다섯 번이나 시도했지만, 폭풍우나 인재로 매번 성사되지 않았다. 그

---

37) 나라에서 백성에게 일정한 비율로 나눠주던 밭

리고 753년 10월에 감진은 나이가 들어 눈이 어두워졌는데도 다시 일본으로 향했고, 마침내 그해 12월 말에 사쓰마에 도착했다. 당시 감진은 이미 예순여섯의 노인이었다.

감진은 일본에서 열렬한 환영을 받았고, 일본 조정은 그에게 지극한 존경심을 보이며 전등대사라는 호칭을 수여했다. 756년에 대승도로 임명되어 모든 승려를 통치할 수 있는 직권을 부여받기도 했다. 그리고 759년, 감진은 당나라 사원의 구조대로 유명한 도쇼다이사를 건설했다.

763년 5월 6일, 감진은 향년 일흔여섯의 나이로 입적했다. 중일 문화 교류 역사상 엄청난 공을 세운 이 고승을 추모하기 위해 그의 제자 인기는 건칠 좌상을 만들었는데, 이는 일본의 '국보'로 오늘날까지 보존되고 있다.

밝은 달은 바다에 가라앉지 않는다
겐토시의 시대

서기 7세기에 중국은 수나라 말기의 짧았던 혼란의 시기를 지나 빠르게 재통일의 시대를 맞이했다. 그런 한편, 바다 건너의 일본에서도 새로운 국가가 형성되고 있었다. 일본의 신생 국가는 당나라의 눈부신 문화에 매료되어 중국과 닮은꼴의 국가를 만들고자 했는데, 이것이 하나의 풍조가 되면서 겐토시[38]의 시대가 시작되었다.

일본으로 전해진 중국 문화

야마토 왕조가 일본 열도를 거의 통일해 갈 즈음, 중국은 남북조 시대였다. 이 시기에 중국에는 전쟁이 빈번하게 일어나서 많은 중국인이 일본으로 건너가기도 했다. 당시 중국 이민자들과 함께 건너온 발전한 중국 문화와 생산 기술은 아직 성숙한 문화나 기술이 없던 일본에 큰 영향을 주었다.

실제로, 야마토 왕은 중국의 문명을 부러워하며 413년부터 502년까지 동진과 남조의 송나라, 양나라 등에 무려 열세 차례나 사절을 보내서 조공을 바치고, 작위를 내려달라고 청하기도 했다.

589년에 수나라가 중국을 통일해 동한 말년부터 4세기 가까이 이어진 분열과 동란의 시대에 작별을 고한 중국에서는 사회, 경제, 문화가 빠르게 발전했다.

이 시기에 일본에서는 쇼토쿠 태자가 섭정을 시작했다. 쇼토쿠 태자는 국가의 개혁을 단행한 진보적인 인물로, 중국의 학문에도 조예가 깊었다. 그는 일본에 더욱 완벽한 국가 체제를 구축하고자 중국을 스승으로 섬기고 적극적으로 중국의 정치 제도와 선진 문화를 배웠다.

▼ 일본의 전통 음식인 초밥(스시)

그 후 600년부터 614년까지 쇼토쿠 태자가 중국에 수차례 사신을 파견하면서 중국과 일본이라는 두 통일 국가의 정식 교류가 시작되었다. 당시 수나라에 파견된 사신단은 훗날 견당사라고도 불린 겐토시의 전신인 셈이다.

―――――――――
38) '견당사'라고도 함

서쪽의 당나라로

수나라 양제가 세 차례에 걸쳐 고구려 정복에 나선 이후, 중국에서는 다시 한 번 정권 교체가 이루어졌다. 새로이 창건된 당나라는 곧 동아시아 지역의 맹주로 급부상하며 날로 강성해졌다.

이러한 당나라에 처음으로 겐토시를 파견한 것은 630년 당시 야마토국을 통치하던 조메이 천황이었다. 이를 시작으로 894년(헤이안 시대 초기) 무렵까지 일본은 총 열아홉 차례에 걸쳐 겐토시를 파견했다. 그러나 겐토시가 당나라의 수도 장안에 도착한 것은 열세 번뿐이었다. 일본의 나라 시대나 헤이안 시대에는 항해 기술이 그리 발달하지 않았던 데다 나무배를 타고 바다를 건너다 보니 난파나 침몰, 표류와 같은 위험이 늘 도사리고 있었던 것이다.

초기만 해도 겐토시는 규모가 작은 편이었다. 100~200명이 배 한두 척에 나누어 타고서 한반도 연안을 따라 당나라로 향했다. 그러다가 당나라 문명을 좀 더 깊이 있게 배워서 국가 전체를 '당나라화' 하려는 움직임이 일어나 702년에서 752년 사이에 겐토시의 규모는 배로 늘어났다. 당시에는 보통 한 번에 500~600명이 남쪽의 여러 섬을 거쳐서 중국 땅에 발을 들여놓았고, 장기간 머무르면서 당나라의 문명을 익혔다.

9세기 후반에 접어들어 안록산의 난과 황소의 난이 잇달아 일어나면서 당나라는 휘청거렸다. 일본의 '중국 배우기' 열풍이 사그라지면서 겐토시의 규모가 축소되고, 체류 기간이 1~2년으로 줄어든 것도 이 무렵이었다. 그러다 894년에 신임 겐토시 스기와라노 미치자네가 한 유학생의 보고를 인용해서 우다 천황에게 상소를 올린 이후 양국 사이에는 또 한 번 변화가 생겼다. 당시 스기와라 미치자네는 '바닷길에 너무 많은 위험이 도사리고 있어 겐토시의 희생이 크다'며 바다를 직접 가로지르는 항로의 위험성을 강조하는 한편 '당나라의 정세가 불안하다'는 사실에 근거해 겐토시의 파견을 중단해야 한다고 건의했는데, 천황이

▼ 꽃꽂이는 불교에서 꽃을 바치는 풍습에서 비롯되었는데, 점차 종교적인 색채가 옅어지며 대중적인 감상 예술의 한 분야가 되었다.

이를 받아들인 것이다. 이로써 중국과 일본의 교류는 중단되었다.

일본이 중국으로 보낸 겐토시는 대부분 경서와 역사서에 정통했고, 남다른 재능과 비교적 높은 한학 수준을 갖추었으며, 외모와 언행에도 기품이 넘쳤다. 겐토시는 유학생과 학문승으로 나뉘었는데, 보통 재능이 있는 귀족 자제나 승려 중에서 선발되었다.

당나라 수도 장안에 도착하면, 유학생은 국자감 소속의 육학관 중한 곳에 들어가서 각자의 전공을 연구했다. 반면에 학문승은 장안이나 낙양 등 불교가 크게 발전한 곳으로 가서 곳곳을 견학하며 불교를 연구했다. 이들은 당나라 구석구석을 둘러보고, 일본으로 가져갈 만한 책이나 물건을 사들였으며, 당시 당나라 사회의 명사들과 밀접하게 교류하기도 했다.

한편, 겐토시들이 학업을 마치고 무사히 일본 땅을 밟으면 바로 황실에서 성대한 환영식을 열어주었다. 이때 겐토시는 당나라에 파견될 당시 받았던 절도를 반납해 자신의 사명을 다했음을 알렸다. 그러면 천황은 겐토시의 관직을 높여주고 포상을 내렸으며, 희생자들에게도 후한 조의금을 주었다.

당풍의 시대

수백 년 동안 겐토시는 여러 차례 위험을 감수해가며 선진화된 당나라 문명을 일본으로 들여왔다. 그 후 일본은 정치, 경제, 군사, 문화, 생산 기술, 생활 풍습 등 여러 분야에서 당나라의 문명을 도입해 '당풍'의 시대를 열었다.

겐토시가 세운 가장 큰 공은 당나라의 법령과 율령을 들여와 일본의 정치와 경제 제도의 혁신을 이끈 것이다. 대표적인 예가 바로 7세기 중반에 이뤄진 '다이카 개신'이다. 당시 일본은 수나라와 당나라의 제도를 모방해서 중앙 관료 제도부터 지방 관료 제도까지 모두 개혁했고, 시험을 통해 관료를 선발하는 과거제를 도입했다. 이와 함께 당나라의 반전수수법과 조용조를 그대로 시행하며 중앙집권국가로 도약했다.

당나라 문화는 일본 문화에 더 많은 영향을 미쳤다. 겐토시가 수입한 대량의 중국 서적과 불경을 통해 일본 황실은 물론 민간인에 이르기까지 한문 사용이 보편화되었고, 사람들은 한시를 짓는 데 정통한 것을 자랑스럽게 여겼다. 이뿐만 아니라 일본 건축 예술 분야에서 가장 유명한 건축 양식으로 손꼽히는 헤이안쿄 역시 당나라 수도 장안의 판박이였다. 818년에 이르러서는 사가 천황이 "남녀의 의복 모두 당나라식을 따르라."라고 명령할 정도였다. 오늘날 일본 사회에서 여전히 유행하는 다도와 꽃꽂이도 수나라와 당나라 시대에 일본으로 유입된 것이다. 일본에 전해진 중국의 문화는 현지 문화와 융합되고 계승되면서 일본의 독특한 심미관이 담긴 예술의 한 분야로 발전했다.

▲ 일본 전통 부채

그러나 양국의 문화 교류로 가장 많은 영향을 받은 분야를 꼽자면 단연 문자와 언어일 것이다. 일본은 표음·표의 문자인 중국의 한자를 기반으로 가나인 히라가나와 가타카나를 만들어 일본 문화를 발전시켰다. 이와 함께 일본에 널리 전파된 유학과 도가 정신 역시 일본인의 정신세계에 엄청나게 큰 영향을 미쳤다. 당시의 일본 문명 대부분이 당나라에서 비롯되었다고 할 수 있을 만큼 중국 문화는 일본 역사 깊숙이 자리 잡았다.

고향 땅 일본을 떠난 겐토시

"망망대해 동해 바다에 푸른 파도가 세차게 일렁이고, 고개를 드니 광활한 하늘이 펼쳐져 있구나. 점점 나이를 먹어 노인이 되어가는 이가 뱃머리에 서서 저 멀리 동쪽을 바라보니, 태양이 떠오르는 곳, 그곳에 바로 띠니온 지 오래인 고향이 있구나."

37년 전, 한 젊은이가 가족과 친구들의 곁을 떠나 위험을 무릅쓰고 만리타국인 당나라의 장안으로 공부하러 갔다. 장안은 시끌벅적하고 번화한 도시였으나, 고향을 그리워하는 젊은이의 마음을 달래 주지는 못했다. 그 그리움이 얼마나 컸는지 이 젊은이는 밤마다 고향으로 돌아가는 꿈을 꾸었다. 젊은 시절 고향을 떠나온 그는 지긋하게 나이를 먹고서야 비로소 고향으로 돌아가는 길에 올라 위와 같이 심경을 노래했다고 한다. 이 이야기의 주인공은 바로 일본 겐토시 중 가장 유명한 인물이자 조형晁衡이라는 중국 이름을 가진 아베노 나카마로이다. 참고로 그의 중국 이름은 당나라 현종이 지어 준 것이다. 717년경에 일본 정부가 아홉 번째로 당나라에 겐토시를 파견했는데, 아베노 나카마로는 500여 명으로 구성된 바로 이 겐토시 중 한 명이었다. 당시 그와 함께 당나라 유학길에 오른 겐토시로는 유학생 기비 마키비와 학문승 겐보 등이 있다. 길고도 험난한 여정을 거쳐 이 젊은이들은 마침내 밤낮으로 그리던 당나라의 수도 장안성에 도착했다.

　장안성에 입성한 아베노 나카마로는 당시 중국의 대학인 국자감에 들어가서 《예기》, 《주예》, 《좌전》, 《시경》 등의 경전을 공부했다. 총명함을 타고난 데다 근면하고 공부에 열성적이기까지 한 그는 중국인들과 비교해도 손색이 없을 만큼 빼어난 학문을 자랑했다. 이러한 아베노 나카마로의 재능은 당나라 조정에서도 인정받아 훗날 여러 관직을 담당하기도 했다. 한편, 재기 넘치는 시인이기도 했던 아베노 나카마로는 이백, 왕유 등 당시의 유명한 시인을 비롯해 여러 명사와 돈독한 친분을 과시했다. 그들은 항상 시로 대화를 나눴는데 그러면서 사람에게 감동을 주는 뛰어난 작품들을 여럿 남겼다.

　아베노 나카마로는 이렇게 중국에서 40년이라는 시간을 보냈다. 하지만 그는 오랫동안 마음속 깊은 곳에 담아 둔 고향을 향한 그리움을 더는 억누를 수가 없었다. 당나라 현종에게 귀국하겠다는 뜻을 수차례 밝힌 끝에 그는 마침내 허락을 얻을 수 있었다. 아베노 나카마로가 곧 일본으로 돌아간다는 소식을 들은 친구들은 그를 위해 성대한 고별 파티를 열어주었다. 왕유는 〈일본으로 돌아가는 비서감 조형을 송별하며送秘書晁監還日本國〉라는 송별시를 지어 다음과 같이 말했다.

　"아득한 바다, 끝을 다할 수도 없나니, 어찌 저 망망대해의 동쪽을 알 수 있으랴. 구주 강산이 그 어느 곳에 있단 말인가? 만 리 먼 길을 어찌 공중으로 날아가랴. 고국을 향해 가며 오직 동녘의 해만을 바라보고, 귀국선 돛단배는 그저 바람에 내맡길 터인데. 바다 큰 거북떼의 몸빛은 하늘을 검게 비추고, 물고기 떼의 눈동자 빛은 파도를 붉게 쏘리니. 그리운 고향은 부상扶桑 신목神木이 우거진 그곳이요, 그대 그 외로운 섬 안에서 살아갈진대. 오늘 이제 이별하면 서로 어떻게 소식을 전할 수 있으리."

　753년 10월, 아베노 나카마로는 일행과 함께 소주의 황사포에서 돛단배 네 척을 타고 출발해 일본으로 향했다. 주목할 점은 그의 귀국길에 양주 연광사의 유명한 고승 감진도 동행했다는 사실이다. 그런데 불행히도 그가 탄 배는 도중에 폭풍우를 만나 다른 배들과 떨어지게 되었다.

어양 전설

장기간 중국에 머무른 겐토시들은 그곳에서 아내를 맞이하고 가정을 꾸려 아이를 낳는 일이 비일비재했다. 그래서 당시에는 유독 그들의 만남과 이별을 소재로 한 이야기가 많았다. 《우지슈이 이야기》 중 열네 번째에 수록된 어양魚養 이야기가 대표적인 예이다.

한 겐토시가 중국의 처자식과 이별하고 일본으로 돌아간 후 감감무소식이 되었다. 이에 그의 아내는 어린 아이의 목에 '겐토시 누구누구의 아들'이라는 팻말을 걸어주며 이렇게 말했다. "만약 둘 사이에 연이 있다면 부자가 다시 만나게 될 것이다." 그러고는 아이를 바다로 밀어 넣었다.

그 후로 시간이 흐른 어느 날, 아이의 아버지가 말을 타고 나니와(오늘날의 오사카 남부)에 갔다가 마치 새처럼 바다 위를 떠다니던 하얀 물체를 발견했다. 알고 보니, 그 물체는 귀여운 아이를 등에 진 큰 물고기였다. 그 순간, 아버지와 아들은 서로 한눈에 알아보았다고 한다. 이로부터 이 부자의 이야기는 하나의 미담으로 전해진다.

아베노 나카마로가 조난당했다는 소문이 당나라로 흘러들어 가자 남방을 유람하던 이백은 막역한 벗의 사고를 슬퍼하며 〈조형을 애도하며〉라는 시를 썼다.

"일본 사람 조형이 장안을 떠나, 한 조각 범선을 타고 봉호산에 있는 동해로 나아갔네. 밝은 달 바다에 빠져 돌아오지 못하니, 흰 구름만 슬픈 빛으로 창오산에 자욱하네."

다행히도 아베노 나카마로가 탔던 배는 침몰한 것이 아니라 안남 (오늘날의 베트남) 연안으로 표류했다. 755년에 그와 생존자 10여 명은 온갖 고생 끝에 다시 장안으로 돌아갔다. 이후 아베노 나카마로는 그가 꿈에도 그리던 고향에 두 번 다시 돌아가지 못했다. 그리고 770년 1월에 일흔셋의 나이로 그는 장안성에서 숨을 거두었다. 이런 그의 이야기는 중국과 일본에 널리 전해져 양국의 우정을 상징하게 되었다.

아키쓰시마의 장안 헤이안 시대

다이카 개신 이후, 일본은 불교와 겐토시가 들여오는 중국 문명을 토대로 빠르게 발전을 이루었다. 외래문화를 학습해 자국 문화의 꽃을 피우고 열매를 맺은 일본은 781년에 헤이안쿄를 건립하며 일본 문화의 성숙을 알리는 신호탄을 쏘아 올렸다. 그로부터 1,000여 년 후에 메이지 천황이 도쿄로 천도하기까지 일본은 교토를 중심으로 끊임없이 문화를 발전시켜 나가며 망망대해 동쪽에 자리한 장안을 꿈꿨다.

간무의 통치

781년에 제50대 간무 천황이 즉위했다. 당시 일본에서는 불교가 한창 전성기였다. 그러다 보니 한학에 정통한 고승이 직접 정치에 참여하는 일이 잦았고, 천황과 귀족 간에 이익을 놓고 치열한 충돌이 빚어졌다. 이러한 불화를 없애고 통치의 기반을 굳건히 다지기 위해 간무 천황은 784년에 나가오카쿄로 수도를 옮겼다. 그리고 794년에 요도가와 유역에 자리해 교통이 비교적 편리한 '평화와 안락의 땅' 헤이안쿄(오늘날의 교토)로 다시 천도하여 헤이안 시대의 서막을 열었다.

헤이조쿄와 마찬가지로 헤이안쿄도 장안성의 판박이였다. 단지 헤이조쿄보다 규모가 더 클 뿐이었다. 주작대로와 동쪽 시장, 서쪽 시장은 물론 궁전, 사찰, 관청, 개인 주택 같은 건물까지도 전부 당나라를 따라 했다. 간무 천황은 이렇게 헤이안쿄로 수도를 옮기고, 나아가 불필요한 기관을 없애고 쓸모없는 관리를 감원하는 등 개혁을 진행해 횡포를 부리는 불교 세력에 일격을 가했다. 이와 함께 지방 관리인 국군사가 배정된 공해전 외의 농지를 관리하거나 백성의 농지를 차지하지 못하도록 하고, 토지 개간과 사찰의 국유림 점유를 금지하여 천황의 허락 없이는 함부로 사찰을 세울 수 없게 했다.

특히 주목할 점은 간무 천황이 변경 지역을 제외한 각지의 징병 제도를 없애고, 대신 군사郡司의 자제나 부유층을 징집 대상으로 하는 '건아제'를 실행했다는 사실이다. 이는 야마토 황실이 야만족을 정복하는 데 초석을 마련해주었다. 간무 천황이 집권하면서 일본의 중앙집권 체제를 한층 강화하자 당시 일본의 백성은 안정되고 태평한 생활을 누릴 수 있었다. 전임 천황인 제49대 고닌 천황과 간무 천황의 통치 시기를 함께 일컬어 '고닌 간무의 시대'라고 말하기도 한다.

후지와라의 섭관 정치

간무 천황의 집권 시기에 천황의 통치권이 한층 강화되기는 했지만, 9세기 중반을 시작으로 권력은 다시 후지와라씨를 대표로 하는 외척의 손에 들어갔다.

824년 7월 17일, 후지와라씨 일파인 후지와라노 요시후사가 쿠데타를 일으켜 당시 황태자 쓰네사다를 폐위하고 자신의 조카 미치야스를 황태자 자리에 앉혔다. '조와의 변'이라고 불리는 이 사건 이후 십수 년 동안 후지와라노 요시후사는 끊임없이 권력을 끌어모으기 위해 계략을 꾸몄다. 그리고 858년 8월에 태정대신이 된 그는 외척이자 일본 최고 행정 기관의 수장이 되어 조정을 장악하고 반대파의 세력을 제거하는 데 온 힘을 기울였다.

872년에 후지와라노 요시후사가 병으로 세상을 떠나고 그의 외손자 세이와 천황은 직접 정사를 돌보기 시작했다. 그러나 후지와라노 요시후사의 아들 모토쓰네가 이를 가만히 두고 보지 않았다. 모토쓰네는 그의 아버지가 그랬던 것처럼 끝내 천황을 폐위했다. 그리고 그 자리에 자신이 쥐락펴락할 수 있는 우다를 꼭두각시로 세웠다. 후지와라씨의 위세에 겁을 먹은 우다 천황은 즉위 초기에 "모든 일에는 대소가 있고 모든 관리에게는 각자의 책임이 있으니, 예전처럼 먼저 태정대신을 거친 후에 짐에게 아뢰도록 하라."라는 조서를 내렸다.

이후 200년 동안 후지와라씨는 '섭정'과 '관백'으로서 일본 황실을 좌지우지했다. 천황이 어릴 때 정치를 돕는 일 또는 사람을 섭정, 그리고 천황이 성인이 된 후에 섭정하는 사람을 관백이라고 하는데, 역사는 이를 '섭관 정치'라고 한다. 후지와라씨가 가장 막강한 권력을 행사했던 시기는 후지와라노 미치나가가 정권을 잡았던 때이다. 미치나가는 그의 세 딸이 각각 이치조 천황, 산조 천황, 고이치조 천황과 혼인하면서 당시 최고의 실권자가 되었는데, 사실 한 집안의 딸이 셋이나 황후가 된 것은 일본 역사상 전례가 없는 일이었다. 섭관 정치는 천황을 핵심으로 한 중앙집권 체제의 약화와 함께 일본이 100년에 걸쳐 만든 율령 제도의 붕괴를 알리는 신호였다.

장원과 무사

　나라 시대 후반부터 이미 흔들리기 시작한 반전수수법은 8세기 중반에 이르러 더 큰 혼란에 빠졌다. 6년에 한 번씩 전답을 나눠주던 제도를 사실상 실행하기가 어려워진 것이다.

　이렇게 해서 반전수수법이 사라지고, 권문세가를 중심으로 장원이 빠르게 발전하기 시작했다. 원래 장원은 사전私田의 하나로, 사전屯田과 신전神田이 조세 면제의 특권을 누린 것과 달리 매년 조정에 조공을 바쳐야 했다. 그러나 시간이 지나면서 왕공 귀족들은 이 핑계 저 핑계를 대며 조세 면제를 요구하는가 하면, '불입권', 즉 국가가 파견한 관리를 장원에 들이지 않을 권리를 달라고 했다.

　'불수불입장원不輸不入莊園'이라고 통칭하는 왕공 귀족의 불입권 주장은 당장 황실의 조세 수입에 큰 손실을 발생시키며 국가 질서에도 심각한 타격을 주었다. 그래서 일본 황실은 10세기부터 여러 차례 장원 관련 규정을 정비했다. 한 예로 902년에 제60대 다이고 천황은

▼ 벚나무 아래의 교토의 옛 사찰

'엔기 장원 정리령'을 반포해 권문세가의 산천, 강, 호수, 공전과 사전의 점령을 금지했다. 아울러 백성이 권문세가에 논밭을 팔아넘기지 못하도록 규정하기도 했다. 그러나 권문세가들은 이러한 규정을 교묘히 피해가서 장원의 발전을 막지는 못했다.

장원이 우후죽순으로 생겨나자 장원의 주인은 자신의 장원을 더욱 확대해서 새로운 장원을 건설하려고 했다. 이를 위해 그들은 장원의 주민을 남의 영토로 보내 개간과 경작을 강요하는 일도 서슴지 않았다. 이러한 일들이 잦다 보니 각 장원은 외부의 침입에 맞서 주민들을 무장시켰고, 이들은 점차 농업 생산에서 벗어나 무장 세력으로 성장했다. 이렇게 장원의 무장 세력이 날로 커지자 국사 國司[39]와 군사郡司[40]들도 대대적으로 무장 세력을 조직하기 시작했다. 지방의 이익과 개인의 생명, 그리고 재산을 보호하기 위해서였다.

▼ 일본 무사의 투구와 갑옷

11세기 후기에 접어들면서 이 무장 세력은 장원을 벗어나 하나의 집단을 형성하고 그들만의 사상과 조직 체계를 갖추었다. 이것이 바로 그 유명한 일본 무사단(사무라이)이 탄생하게 된 기원이다. 이렇게 탄생한 여러 사무라이 중에서 가장 막강한 힘을 자랑한 무사단은 천황의 혈통을 이어받은 겐지[41]와 헤이시였다.

겐페이 전쟁

제52대 사가 천황을 시작으로 이후 열네 명에 이르는 천황이 모두 자신의 황자에게 '미나모토'라는 성을 주었다. 한편, 겐지의 자손 중에 가장 두드러진 활동을 보인 것은 세이와 겐지였다.

세이와 겐지는 미나모토노 미쓰나카 때에 크게 활약했는데, 미쓰나카는 섭관 후지와라 가문의 호위 무사로서 그의 아들 요리미츠와 요리노부 모두 후지와라 가문의 호위 무사를 담당했다. 뛰어난 무공과 후지와라 가문의 후광에 힘입어 국사로 임명된 겐지는 날로 힘을 키워갔다. 특히

---

39) 일본의 옛 지방 관리로 큰 지역 단위의 관리
40) 작은 지역 단위의 관리
41) 미나모토라는 성의 씨족을 통틀어 일컬음

지방 세력의 반란을 성공적으로 제압한 후로는 더욱 이름을 날리며 빠르게 패권을 장악했다.

한편, 헤이시는 간무, 닌묘, 몬토쿠, 고코 이렇게 네 명의 천황이 일부 황자에게 하사한 성씨다. 그중에서도 간무 천황이 성씨를 하사한 간무 헤이시의 세력이 가장 컸다. 헤이시는 내부 분열과 통합을 거쳐 마침내 이세 헤이시가 권력을 장악했다.

겐지와 헤이시라는 양대 사무라이 집단의 라이벌 구도가 형성된 것은 바로 이때부터였다. 그들은 각자 후지와라를 필두로 한 외척 세력, 그리고 황실 세력과 연합해 끊임없이 싸움을 벌였다.

그러던 중 1159년에 고시라카와 천황을 등에 업은 헤이시가 겐지를 무너뜨렸다. 겐페이 전쟁이라고 명명된 당시의 전투에서 겐지의 무장 미나모토노 요시토모가 죽임을 당했고, 그 아들 미나모토노 요리토모는 유배되었다. 이것이 바로 역사가 말하는 '헤이지의 난'이다. 헤이지의 난 이후, 헤이시의 우두머리 다이라노 기요모리는 태정대신의 자리에 올라 한 때 막강한 권력을 누렸다.

후삼국 시대의 한반도 오랜 분열 끝의 통일

7세기에 들어서자 여러 작은 나라와 부락이 들어서 있던 한반도에 통일 왕국이 출현했다. 통일신라와 그 후에 건국된 고려까지 모두 중국 문명의 영향을 받았다는 점은 부정할 수 없는 사실이다.

신라의 삼국 통일

일찍이 1세기부터 한반도에는 작은 나라가 많이 들어서 있었다. 훗날 이 작은 나라들이 끊임없는 전쟁을 거쳐 고구려, 신라, 백제로 통합되었고, 삼국은 한동안 세력 균형을 유지했다. 4세기 후반에 접어들자 이러한 세력 균형에 조금씩 금이 가기 시작했다. 당시 신라와 고구려가 동맹을 맺고 백제와 일본 세력에 대항했는데, 고구려가 남쪽으로 세력을 넓히려 하자 신라는 백제와 손을 잡고 고구려에 맞섰다. 물론 신라와 백제의 동맹 관계도 그리 오래가지는 못했다. 얼마 후 신라가 백제와의 동맹을 깨고 한강 유역을 점령했기 때문이다. 이러한 과정을 거쳐 신라가 마지막으로 선택한 동맹국은 중국의 당나라였다. 645년, 고구려에 정변이 일어난 틈을 타 당나라 태종은 고구려 원정을 시도했다. 10만 대군을 이끌며 의욕적으로 직접 전투에 나서기까지 했지만, 끝내 목적한 바를 이루지 못하고 당나라로 돌아가야 했다.

그 후 660년에 신라는 당나라 고종에게 함께 백제를 공격하자고 요청했다. 당나라는 이를 받아들여 대장군 소정방과 13만 대군을 파견했다. 황해를 건너 신라 무열왕의 5만 군대와 합류한 당나라 군대는 백제를 무너뜨리는 데 성공했다. 동맹국을 잃은 고구려는 이제 그야말로 낙동강 오리 알 신세였다. 그리고 667년에 당나라 고종이 대대적인 규모로 고구려를 공격하기 시작했다. 하지만 이 전쟁은 기세등등했던 시작과 달리 7년 동안 지지부진하게 이어졌다. 이듬해인 668년 여름, 신라와 당나라 연합군은 각지에 흩어져 있던 군사들을 한데 모아서 연합 공격을 시도해 마침내 고구려를 평정했다. 이후 당나라는 평양에 안동도호부를 설립하고 그 일대를 지배했다. 한반도의 삼국 시대는 이렇게 막을 내렸다. 그러나 얼마 후, 한반도에는 또다시 전쟁의 불꽃이 피어났다. 백제와 고구려의 옛 땅을 서로 차지하려고 신라와 당나라가 전쟁을 벌인 것이다. 신라가 맹렬한 기세로 공격을 퍼붓자 당나라는 결국 후퇴하여 평양의 안동도호부를 요동으로 옮겼다. 이로써 마침내 신라에 의해 한반도가 통일되었다.

그 후 경주에 도읍을 세운 신라는 국가 제도를 수립하고 번영의 꽃을 피웠다. 일본과 마찬가지로 당나라의 세제인 조용조를 도입해서 농업 생산의 발전을 촉진하기도 했다. 또 통일신라는 중국, 일본과 활발하게 교류했다고 전해지는데, 역사책의 기록에 따르면 300년이라는 시간 동안 신라는 당나라에 총 126차례, 당나라는 신라에 총 34차례 사절을 파견했다고 한다.

후삼국 시대와 고려

신라 무열왕이 한반도를 통일한 후, 100여 년 동안 신라는 태평성대를 누렸다. 그러나 765년에 신라 제36대 혜공왕이 즉위하면서 이 평화는 조금씩 흔들리기 시작했다. 어린 나이에 즉위한 혜공왕을 대신해 어머니 만월 부인이 섭정하면서 여러 정치적 불안이 유발된 것이다. 그 후로 신라에는 도적이 들끓고, 폭동이 끊이지 않았다.

780년에 이르러 혜공왕은 결국 왕비, 후궁들과 함께 죽임을 당했다. 이로써 신라 왕실에 무열왕의 혈통이 끊기자 왕위 계승 문제를 놓고 반란이 일어났다. 이때부터 신라는 차츰 멸망의 길로 접어들었다. 하루가 멀다하고 전국 각지에서 농민들이 폭동을 일으키고 지방 세력들이 저마다 세력을 키우면서 신라는 몸살을 앓았다. 9세기 중반부터는 지방 호족들이 중앙 조정의 통치에서 벗어나기 시작했으며, 그중에는 견훤과 궁예 등이 있었다. 견훤은 토호 출신으로 무공을 세워서 장군이 된 인물이었다. 892년에 견훤은 군사를 일으켜 여러 성을 잇달아 손에 넣은 후 무진주(오늘날의 광주)를 점령하고 독립을 선포했다. 그리고 900년에 한

▼ 조선 시대에 건설된 창덕궁
조선 시대의 궁전 가운데 가장 보존이 잘 된 곳으로 '한국의 고궁'이라고 불린다.
1997년 12월 유네스코 세계문화유산으로 등록되었다.

반도 서남쪽에 '후백제'를 세웠다. 백제의 부흥을 구호로 내세운 후백제는 한때 신라의 도성을 공격해 당시 신라의 왕이었던 경애왕을 죽음으로 내몰기도 했다.

한편, 궁예는 몰락한 진골 귀족의 후예로 신라 제47대 헌안왕 또는 제48대 경문왕의 아들이라고도 전해진다. 정권 다툼에서 희생되어 지방으로 쫓겨난 것으로 여겨지는데, 훗날 군사를 일으켜 901년에 송악(오늘날의 개성)을 도읍으로 정하고 '고구려'라는 국호로 나라를 세웠다. 역사에서는 이를 '후고구려'라고 부른다. 후고구려는 904년에 '마진'으로, 그리고 911년에 다시 '태봉'으로 국호를 바꾸었다.

이 무렵 한반도에는 역사에서 '후삼국 시대'라고 부르는 신라, 후백제, 후고구려의 대립 구도가 형성되었다. 그러던 918년에 궁예의 부하 왕건이 신숭겸 등에게 추대되어 왕의 법도에 어긋난 행동과 권력 남용을 이유로 궁예를 거꾸러뜨리고, 왕위에 올라 국호를 '고려'로 개명했다. 이로써 대립 구도에 변화가 일어났다. 고려는 신라를 회유하면서 후백제에는 강경 정책을 펼쳤다. 927년에 신라에 군대를 주둔시켜 신라를 침략한 후백제군을 물리쳤고, 그 밖에도 후백제에 대해 적극적인 공격을 이어나갔다.

통일 신라 이후 잠시 분열했던 한반도는 고려에 의해 다시 통일되었다. 935년 3월에 후백제에서 왕위 계승 문제로 내란이 일어나 견훤이 고려에 투항하면서 신라의 항복도 쉽게 받아낼 수 있었기 때문이다. 같은 해 11월, 신라 경순왕은 국력이 점점 기우는 데다 이미 민심이 떠났다고 느끼고 스스로 고려에 항복했다.

고려는 사회, 경제, 문화 분야에서 불교를 숭상하는 한편 중국에서 건너온 유학을 중시했다. 통일로 사회가 안정을 찾은 고려 시대에는 농업과 수공업, 상업도 크게 발전했으며 그 유명한 고려자기와 아름답고 섬세한 고려주단이 바로 이때 만들어지기 시작했다.

밀림 속의 옛 왕국
잃어버린 부남, 참파, 그리고 진랍왕국

중국 문명과 인도 문명이 각자 새로운 전성기에 접어들 때, 아시아 동남부의 우거진 밀림 속에서 중국과 인도의 문명이 충돌했다. 이러한 과정을 거치면서 밀림 속에는 독특한 매력과 지역의 특색을 겸비한 화려한 문명이 꽃을 피웠다.

옛 왕국 부남

1세기 즈음, 동남아시아에 부남이라는 강대한 왕국이 있었다. 동남아시아 지역에서 가장 오래된 왕국이었던 부남은 지금의 캄보디아와 베트남을 포함한 남부 지역에 자리를 잡고 오늘날의 태국과 미얀마 남부 지역까지 세력을 뻗쳤던 것으로 추정된다.

그 후 수백 년 동안 부남은 중국과 빈번하게 교류하며 밀접한 관계를 맺었다. 503년에 부남 왕은 남조의 양나라 무제에게 사신을 보내 산호로 만든 불상과 특산품을 선물했다. 이듬해에 양나라 무제가 그에 대한 보답으로 부남 왕을 안남 장군에 봉했다. 당시 부남은 국력이 막강하여 진랍, 돈손국 등 여러 속국을 거느리고 있었으나, 6세기 중엽에 멸망했다. 부남을 멸망으로 몰고 간 주인공은 다름 아닌 부남의 왕자 바하바 바르만이었다. 진랍의 공주를 부인으로 맞은 바하바 바르만은 장인이 세상을 떠난 후 부마로서 진랍국의 왕위를 계승했다. 그 후, 그가 부남의 왕위까지 넘보면서 문제가 불거졌다. 부남 왕이 별세하자 당시 진랍의 왕위에 있던 바하바 바르만은 부남의 왕위까지 차지하려고 했고, 이는 당연히 부남 태자와의 분쟁으로 이어졌다. 결국, 무력을 동원한 바하바 바르만이 부남을 정복하고 멸망시켰다.

천 년의 왕국 참파

부남과 마찬가지로 참파도 동남아시아의 옛 왕국 중 하나이다. 고대 중국에서는 참파를 '임읍', '환왕국' 또는 '점성'이라고 불렀는데, 대략 지금의 베트남 중남부를 영토로 삼아 발전했던 것으로 추정된다. 참파는 3세기경부터 중국과 교류도 많고 다툼도 많았던 것으로 전해진다. 7세기에 혼란했던 남북조 시대에 종지부를 찍고 중국을 통일한 수나라는 참파에 진귀한 보물이 많다는 소문을 듣고 정벌을 시도하기도 했다.

605년에 유방이 이끄는 수나라 군대가 참파의 해구에 도달했다. 이에 참파 왕은 군대를 일으켜 위협에 맞서서 영토를 지키고자 했으나, 결국 수나라 군대에 패하고 말았다. 수세에 몰린 참파의 군사들은 코끼리를 타고 수나라 군대를 사방으로 포위하고서 공격하기 시작했다. 그러자 이번에는 수나라 군대가 참파 군대의 공격을 버텨내지 못하고 조금씩 기울기 시작했다.

이를 지켜보던 유방은 병사들에게 은밀히 구덩이를 파고 풀로 그 위를 덮어 함정을 만들라고 명령한 후, 공격에 밀려 후퇴하는 척했다. 과연 함정으로 적을 유인한 유방의 계획은 성공적이었다. 포위 공격의 성공에 신이 난 참파 군사들이 기세를 몰아 빠르게 쫓아오다가 수나라 군대가 파 놓은 함정에 하나 둘 빠지면서 대열이 무너진 것이다. 뒤이어 수나라 군대에서 코끼리들을 향해 화살이 날아왔다. 화살에 맞은 코끼리들은 고통을 참지 못하고 발길을 돌려 참파 군대의 진영으로 달려들었다. 이 코끼리들의 발에 밟혀 수많은 병사가 목숨을 잃으면서 이 전쟁은 참파 군대의 참패로 돌아갔다. 그 후 유방은 승리한 여세를 몰아 참파의 수도까지 치고 올라갔고, 금으로 만든 위패 열여덟 개를 빼앗았다. 그리고 그곳에 수나라의 행정 단위인 군을 세 군데 설치했다. 그러나 참파는 아직 멸망한 것이 아니었다. 수나라 군대가 철수한 후, 망명했던 참파 왕이 돌아와 나라를 다시 일으켰다. 이후 중국에는 수나라가 멸망하고 당나라가 들어섰다. 당나라의 위세에 겁을 먹은 참파 왕은 자발적으로 수시로 사절을 보내 지역 특산품을 진상했다.

758년에 정변이 일어나 프리시빈드라바르만이 새로 왕위에 오른 후로 참파는 국호가 '환왕국'으로 바뀌었다. 환왕국은 859년에 대가 끊기면서 역사에 마침표를 찍었다. 그 후 새로 들어선 왕국을 역사책에서는 '점성'이라고 기록한다. 점성은 세력이 미약해서 줄곧 안남(오늘날의 베트남)의 신흥 왕국인 레 왕조에 시달리며 조금씩 영토를 빼앗겼다고 한다. 천 년을 이어간 옛 왕국은 1471년에 결국 안남의 레 왕조에게 멸망했다.

진랍의 풍토

진랍은 원래 부남의 속국으로 오늘날의 캄보디아 북부와 라오스 남부에 자리 잡고 있던 나라다. 7세기 후반에 진랍은 무력으로 부남을 정복하고 크메르족을 핵심으로 한 크메르왕국[42]을 세웠다.

그러나 진랍에는 곧 내란이 일어나 북방의 육진랍과 남쪽의 수진랍으로 분열했다. 그 후 802년에 자바를 방랑하던 진랍 왕자가 돌아와서 진랍을 통일했는데, 그가 바로 자야바르만 2세이다. 재통일을 이룬 그는 앙코르를 수도로 정하고 앙코르 왕조를 일으켰다.

자야바르만 2세는 자신이 힌두 신 시바의 화신이라고 자칭하며 묘탑을 만들어 시바를 모셨으며, 그가 죽은 후에 이 묘탑이 그의 무덤이 되었다. 이후 수백 년 동안 자야바르만의 후계자들은 하나같이 그를 본보기로 삼았다. 앙코르 지역의 40제곱킬로미터가 넘는 열대 우림에서 어디서든 웅장하고 화려한 탑과 사당을 볼 수 있는 이유가 바로 여기에 있는 셈이다. 참고로, 세계적으로도 유명한 앙코르와트는 이 지역에서도 가장 뛰어난 대표적인 유적이다.

캄보디아 역사상 가장 위대한 왕조로 평가받는 앙코르 왕조는 영토를 크게 확장하기도 했다. 10세기에 앙코르 왕조의 왕들은 하나같이 호전적이고 무예를 중시했는데 그중에서도 수르야바르만 1세와 2세의 활약이 두드러졌다. 수르야바르만 2세의 재위 기간에 앙코르 왕조는 약 20여 곳의 속국을 두었고 영토가 100만 제곱킬로미터에 이를 정도로 최고의 전성기를 누렸다.

그러나 오랜 정복 전쟁으로 크메르왕국은 날로 국력이 기울었고, 결국 1594년에 타이인에게 정복되었다.

▼ 태국 중부의 아유타야
이곳에는 불탑이 숲을 이룬다. 과거 417년 동안 태국 정부가 자리했던 곳으로, 33명의 왕이 이곳을 도읍으로 삼았다.

42) 진랍이라고 부름

제 7 장

고독한 문명

번창한 '신들의 도시' 테오티우아칸

5세기에 아메리카 대륙의 밀림에서는 테오티우아칸 문명이 전성기로 접어들고 있었다. 그 찬란함과 아름다움은 동시대의 다른 문명과 어깨를 나란히 하기에 충분했다. 그러나 이 '신들의 도시'는 그 이름을 따라가기라도 하듯, 인간 세상에 영원히 오래 머물지 못했다. 가장 번성했던 정점에서 갑작스레 멸망의 길로 접어든 테오티우아칸은 다채롭고 웅장한 폐허와 수많은 수수께끼만을 남긴 채 역사 속으로 사라졌다.

잃어버린 테오티우아칸

인디오 사이에 오래된 전설이 하나 전해 내려온다. 그들이 숭배하던 제4대 태양이 죽은 후, 지구는 온통 암흑천지가 되어 인간 세상의 만물이 멸종 위기에 놓였다. 그런데 이때 하늘의 신들이 멕시코 골짜기로 내려와 이야기를 나누더니 줄줄이 불 속으로 뛰어들었다. 그러자 하늘에 다시 태양이 떠오르고 지구도 빛을 되찾아 만물이 되살아났다고 한다.

이것이 바로 테오티우아칸이라는 이름의 유래이다. 테오티우아칸은 '신들의 도시' 또는 '하늘의 신이 내려온 땅'이라는 의미이다. 오늘날의 멕시코시티 동북부에서 약 40킬로미터 떨어진 포포카테페틀 화산과 이스타시와틀 화산의 산비탈 사이에 자리하며, 면적은 약 250헥타르였다.

▼ 눈과 부엉이 장식이 상감된 인디오 가면

테오티우아칸 유적의 발굴 작업과 정리 결과로 미루어 볼 때, 기원전 200년 즈음에 고성이 지어졌고 5세기경에 전성기를 맞이한 것으로 추정된다. 전성기의 테오티우아칸은 그 면적이 20제곱킬로미터에 달했으며, 거주 인구도 20만 명에 육박했다. 당시 아메리카 대륙 전체에서 가장 큰 도시였을 뿐만 아니라 전 세계적으로도 손꼽을 만한 규모를 자랑했다.

그러나 8세기 중반에 이 번영한 도시는 갑작스레 몰락했다. 그 후 11세기 초와 12세기에 각각 톨텍족과 아즈텍족이 들어와 고성에 자리를 잡았다. 인디오의 한 분파인 아즈텍족이 발을 들여 놓았을 때 테오티우아칸은 폐허가 된 광활한 땅에 불과했다. 하지만 그곳에 남아 있던 테오티우아칸의 기세는 아즈텍족으로 하여금 경외심을 느끼게 하기에 충분했다.

사실, 고성을 '테오티우아칸'이라고 부르기 시작한 것도 바로 이 아즈텍족이다. 당시에는 도시의 원래 이름을 아는 사람도, 이 도시를 만든 사람들이 어디에서 와서 또 어디로 갔는지 아는 사람도 없었다. 그래서 아즈텍족이 이처럼 웅장한 도시를 만들고 이를 손에 넣을 만한 힘은 오직 전설 속의 천지신명만이 가질 수 있다고 생각했는지도 모르겠다.

신들이 세운 인간의 도시

신들이 세운 인간의 도시답게 테오티우아칸은 거대한 규모를 자랑하며 충만한 기운을 내뿜고 있다. 가지런한 바둑판 형태의 구도는 건설 초기부터 완벽한 구상을 거쳐 도시가 완성되었다는 것을 보여 준다.

근처의 산 정상에서 도시를 굽어보면 테오티우아칸의 남북으로 길이 2.5킬로미터, 폭 137미터의 대로가 나 있는 것을 볼 수 있는데, 이 대로는 마치 진주를 꿰어놓은 것처럼 도시의 주요 건물들을 잇는다. 아즈텍족이 처음에 이 길을 따라서 텅 빈 테오티우아칸에 들어왔을 때, 그들은 양옆으로 늘어선 건물들을 신들의 무덤이라고 생각했다고 한다. 그래서 이 대로는 '죽은 자의 길'이라는 이름으로 불리게 되었다.

'죽은 자의 길'을 따라가다 보면 도시의 주요 건축물을 전부 볼 수 있다. 먼저 길의 최북단에는 물의 피라미드가 있다. 남쪽을 향해 세워진 이 피라미드는 다섯 층으로 나뉘는데 그 높이가 49.5미터로, 길이 204미터, 폭 137미터의 기단을 토대로 하고 있다. 물의 피라미드에서 700미터 즈음 떨어진 '죽은 자의 길' 동쪽에는 달의 피라미드가 우뚝 솟아 있다. 이 피라미드는 높이가 46미터이며 서쪽을 향해 서 있다. 피라미드의 정면에는 꼭대기로 바로 통하는 높고 가파른 계단이 수백 개 있는데, 과거에는 그 꼭대기에 사원이 세워져 있어 화려함과 장엄함의 극치를 보여 주었다고 한다. 달의 피라미드 측면에는 청춘과 풍요의 신 시페 토텍을 비롯해 테오티우아칸 사람들이 숭배했던 여러 신의 모습이 새겨져 있다. 그리고 달의 피라미드 앞에는 가로, 세로의 길이가 각각 130미터인 광장이 펼쳐지고 광

▲ 인디오가 만든 돌기둥 조각

263

▲ 테오티우아칸의 달의 피라미드

장 양측으로 사원과 신단, 궁전이 대칭을 이루며 늘어서 있어서 한층 널따랗고 웅장한 느낌을 더한다.

광장의 서쪽에는 고성에서 가장 사치스러운 건물인 나비 궁이 우뚝 서 있다. 상류층과 고관대작들이 거주하던 곳으로, 궁전 안의 원기둥에 새의 몸통에 나비의 날개가 달린 아주 정교하고 아름다운 무늬가 새겨져 있다. 테오티우아칸에서 가장 오래된 사당인 '케찰코아틀 신전'이 바로 이 나비 궁 아래에서 발견되었는데, 신전 벽에는 아름다운 깃털로 장식한 여러 마리의 뱀이 그려져 있다.

그러나 이 도시 전체에서 가장 화려하고 웅장한 건물은 단연 '죽은 자의 길' 동쪽에 세워진 해의 피라미드이다. 흙과 돌을 쌓아 만든 태양 피라미드는 65미터 높이에 세로 222미터, 가로 225미터로 기층에서 꼭대기까지 총 5층이며, 표면에 화려한 벽화가 장식되어 있다. 달의 피라미드와 유사한 점이 많은데, 특히 태양 피라미드의 꼭대기에도 태양신의 조각상이 있는 신전이 세워졌다고 한다.

이러한 유적들은 테오티우아칸이 '신들의 도시'였다는 것을 고스란히 보여준다.

한편, 테오티우아칸은 활기 넘치고 사람 냄새 나는 인간의 도시이기도 했다. 고고 발굴 작업을 통해서 테오티우아칸에 많은 사람이 거주했으며, 상점과 공방이 즐비했다는 점이 밝혀졌다.

특히 테오티우아칸에는 상업 전용 지역 또는 수공업 지역이 있을 만큼 수공업이 발달해서 아름답고 세련되며 뛰어난 상상력을 담은 수공예품들이 생산되었다. 전성기에는 항아리, 화로 등의 도기들을 대량으로 생산해내며 자기 생산의 중심지가 되었다. 주목할 만한 점은 당시에 이미 모형을 이용해 대량 생산을 했으며, 무늬를 새기거나 색을 입히는 등 다양한 제작 방법을 활용했다는 것이다.

도시에는 흑요석 공장도 있었다. 화산암의 일종인 흑요석은 언뜻 보면 녹색 또는 검은색 유리처럼 보이며, 경도가 높은 편이어서 당시 중앙아메리카 사람들에게는 마치 오늘날의 철강과도 같은 물건이었다. 그들은 이 흑요석으로 무기를 만들어 사용했다고 한다.

이러한 상업의 발전은 자연히 도시의 번영을 이끌었다. 고고학 연구 결과에 따르면 테오티우아칸 문명은 멕시코 전역은 물론 저 멀리 지금의 과테말라까지 영향력을 미쳤다고 한다. 문명의 전파는 지역 간의 활발한 무역을 통해 이루어진 것으로 추정된다. 고성의 벽화에 열대 밀림 지역 오악사카에서 볼 수 있는 새의 깃털이나 표범의 가죽, 옥 그릇이 표현되었다든지, 연해 지역에서 볼 수 있는 조개껍데기와 해산물 등이 그려진 것을 보면 무역 교류가 아주 활발했으리라는 것을 알 수 있다. 어떤 이들은 테오티우아칸이 주로 석기 도구를 수출하며 흑요석 가공과 매매를 독점했을 것이라고 주장하기도 한다.

이뿐만 아니라 농업도 상당한 수준으로 발전했다. 농민들은 계단식 밭을 만들고 도랑을 파서 논밭에 물을 댔으며, 옥수수와 가지, 호박, 카카오, 목화, 담뱃잎 등의 작물을 재배했다. 이들은 성 안에 거주지를 두고, 시장에 옥수수 등 농작물을 내다 파는 등 상업 활동에도 직접 참여했다고 한다.

쇠락의 수수께끼

이렇게 생기 넘치고 역동적이던 문명은 8세기 중반에 홀연히 자취를 감추었고, 테오티우아칸은 하루아침에 버려진 도시가 되었다.

테오티우아칸이 몰락한 원인은 여전히 짙은 안개에 가려져 있다. 어떤 이는 천재지변이나 기근 또는 전염병 때문일 것이라고 주장하지만, 고고학 연구에 따르면 8세기 전후로 멕시코 골짜기 지역에서는 천재지변이라 할 만한 사건이나 돌림병의 기미가 없었다고 한다. 외세의 침략을 받아 멸망했을 것이라는 설도 있는데, 당시 테오티우아칸이 아메리카의 다른 민족보다 훨씬 발전한 사회였다는 점을 고려하면 이 역시 가능성이 거의 희박하다고 할 수 있다.

일부 학자들은 제단에서 피 흘리며 죽어간 사람이 너무 많아서 고성이 몰락하게 된 것이라고 주장하기도 한다. 당시 테오티우아칸은

아즈텍족

아즈텍족은 인디오의 한 분파로, 14세기 초에 텍스코코 호 부근으로 이주하기 전까지 멕시코 만 서부의 섬에서 살았던 것으로 추정된다. 텍스코코 호 부근으로 이주하여 정착한 그들은 빠르게 발전을 거듭해 1325년에 아즈텍제국을 세우고 테노치티틀란을 수도로 정했다.

아즈텍족은 부지런하고 용맹하며 호전적이기로 유명했는데, 그 명성에 걸맞게 14세기에서 15세기에 활발하게 정복 전쟁에 나서 제국의 영토를 넓혔다. 한편, '위대한 예술가이자 건축가'라고도 불리는 그들은 절세의 작품이라고 할 수 있는 수많은 예술품과 정연하고 아름다우며 웅장하기까지 한 도시를 남겼다. 멕시코 중부 지역에서 그들은 아메리카 문명사에서 마야 문명과 비견할 만큼 훌륭한 문명을 꽃피웠다.

▶ 멕시코 중부의 엘타힌 신전 피
라미드
이 피라미드의 기층은 정사각형
이다. 한 변의 길이가 27미터,
폭이 18미터인 6층 건축물로,
감실[43]의 총 개수가 정확히 365
개이다.

종교 중심지로 많은 신전이 있었고 그만큼 제사를 자주 지냈고 그
과정에서 수많은 노예가 희생당했다. 피라미드나 신전 건설에 동원
되어 막중한 노역을 견뎌내는 것도, 온갖 천지신명에게 제물로 바쳐
지는 것도 전부 노예들이었기 때문이다. 고성에 남아 있는 벽화에도
노예주가 좋은 날씨를 기원하며 살아 있는 노예의 심장을 도려내어
태양신에게 제물로 바치는 장면이 묘사되어 있을 정도로 그들의 희
생은 컸다. 당시 사람들은 더 많은 사람을 희생할수록 천지신명이
더 큰 '은혜'를 베풀 것이라고 여겼기 때문에 피라미드가 완공되었
을 때에는 수천수만 명이 제물로 바쳐졌을 것이라는 주장이다.

하지만 그렇다고 할지라도, 테오티우아칸의 문명이 그렇게 하루
아침에 쇠퇴할 수 있었을까? 또 고성이 몰락한 후에 탁월한 지혜를
뽐내던 도시의 지식인과 솜씨 좋은 공예가, 그리고 주민들은 어디로
사라진 것일까? 다른 민족에 흡수되었다면, 그들의 발전한 기술들
은 어째서 테오티우아칸의 멸망과 함께 자취를 감춘 것일까?

어쩌면 아즈텍족이 말했던 것처럼 신이 테오티우아칸을 만들고,
다시 그곳을 떠난 것인지도 모르겠다.

---

43) 불교, 유교, 가톨릭 등 종교에서 신위 및 작은 불상과 초상 또는 성체 등을 모셔 둔 곳으로 석굴이나 고
분 등의 벽 가운데를 깊이 파서 석불을 안치하거나, 묘의 주인공의 초상을 그려 놓은 곳도 감실이다.

밀림 속의 신화 마야 문명

수많은 비밀을 간직한 채 중앙아메리카의 밀림에 깊이 묻혀 버린 문명이 있다. 잃어버린 이 문명이 우연히 세상에 모습을 드러낸 순간, 전 세계는 그 독특하고 눈부신 문명의 빛에 입을 다물지 못했다. 바로 신대륙에서 피어난 가장 독특하고 찬란한 문명의 꽃, 마야 문명의 이야기이다.

마야 문명의 발견

1492년에 콜럼버스가 중앙아메리카에 당도해 신대륙을 발견했다. 그러나 엄밀히 말하면, 중앙아메리카의 이 울창한 밀림에 발을 들여놓은 사람은 콜럼버스가 최초는 아니었다. 이미 오래전에 마야인이 그곳에 발을 들여 수천 년 동안 살아오면서 그들만의 독특한 문명을 창조했기 때문이다. 하지만 이후 스페인이 침략하여 이미 쇠퇴기에 접어들었던 마야 문명에 치명타를 가했고, 이로써 가장 우수한 문명으로 손꼽히는 마야 문명은 밀림 속에 묻힌 채 아득한 전설이 되었다.

19세기 말, 중앙아메리카에서 대대손손 전해지는 고대 신화의 암시를 따라 탐험에 나선 미국인 존 스티븐스와 화가 캐서우드가 온두라스의 울창한 밀림 깊은 곳에서 신기하고도 웅장한 도시를 발견했다. 이미 다 무너져 폐허가 되었지만, 과거의 발전상을 짐작하기에 충분한 모습이었다.

그 후 점점 많은 고고학사가 이 도시의 탐방 행렬에 가담했다. 그 결과 과테말라에서 멕시코, 페루에 이르기까지 남미의 밀림과 황야에서 총 170여 곳에 이르는 버려진 고대 도시의 유적이 발견되었다. 이 유적들은 고대 마야인의 파란만장했던 문명사를 유감없이 보여주었다.

고고학 연구에 따르면, 마야인은 아메리카 대륙 인디언의 일족이었을 것으로 추정되며 기원전 2500년에서 250년 사이에 문명을 형성해 4세기 초부터 9세기까지 찬란한 르네상스를 보낸 것으로 보인다. 르네상스를 이룬 수백 년 동안 멕시코의 유카탄 반도 남부를 중심으로 한때 티칼, 코판, 칸쿤 등 마야인의 도시국가가 매우 발전했다

▼ **마야인이 장례에 사용했던 가면**
붉은색 조개껍데기와 각종 광석으로 만들어졌다. 마야인은 보통 부장품으로 망자의 얼굴에 이 가면을 씌워주었다.

고 한다. 지금도 이 도시국가들이 세워졌던 곳에서 웅장한 피라미드와 신전, 제단, 관상대 등의 유적을 볼 수 있다. 이들은 오늘날에도 세월을 따라 사라진 마야 문명의 '황금기'를 이야기해준다.

옥수수가 키워낸 문명

중동과 유럽을 밀 문명, 아시아를 쌀 문명이라고 말한다면, 아메리카는 옥수수 문명이라고 할 수 있다. 마야인이 달고 영양도 풍부한 옥수수를 재배하는 데 성공하면서 일찍이 옥수수를 주요 식량으로 삼았기 때문이다. 마야인들은 상대적으로 육식을 적게 하는 편이어서 옥수수에 대한 의존도가 높았다. 그래서 그들은 자칭 '옥수수인'이라고 부르기도 했다고 한다. 한 마디로, 옥수수가 찬란한 마야 문명을 키워낸 힘의 원천이었던 것이다.

실제로 마야인은 키우기도 쉽고 생산량도 많은 데다 보관도 편리한 옥수수를 재배하면서부터 차츰 정착 생활을 하기 시작했고, 이로

▼ 안개에 가려진 신비한 마야 고성

부터 화려한 마야의 도시 문명이 꽃피울 수 있었다. 그리고 도시 문명이 발달하면서 마야 문명은 르네상스를 맞이했다.

유카탄 반도의 우림에 자리한 팔렝케는 르네상스 시기에 가장 아름다웠던 마야인의 도시로 사람들은 이곳을 '아메리카의 아테네'라고 불렀다. 팔렝케의 역사는 기원전 300년 즈음으로 거슬러 올라가며, 600년에서 700년 사이에 전성기를 맞았다. 오늘날 고고학자들이 발굴한 고성 건축물 대부분도 이 시기에 만들어진 것들이다.

팔렝케 성에는 왕궁, 신전, 광장, 그리고 민가 등의 건물이 분포하는데 건물들의 엇갈린 배열이 정취를 자아냈다. 모든 건물의 외관에는 정교함의 극치인 회반죽 조소와 석회 부조가 장식되어 햇빛 아래 은근한 빛을 발산했다. 이 가운데 가장 유명한 것은 '비문의 신전'이다. 이 신전은 사실 피라미드와 사당, 고분이 하나로 합쳐진 건물이었다. 피라미드는 총 9층이고 그 꼭대기에 신전이 있었다. 이 신전 뒷벽에 회색의 큰 석판이 끼워져 있었는데 그 표면에는 600여 자의 상형문자가 새겨져 있었다. 이는 마야의 명문 중 가장 길이가 긴 것으로, 비명의 신전이 이름을 날리게 된 것도 이 명문 덕분이다.

특히 주목할 점은 1950년대에 이 비명의 신전 지하에서 고고학자들이 왕릉을 발견했다는 것이다. 이 왕릉은 길이 10미터, 폭 4미터, 높이 7미터로 사방 벽면에 마야 신화를 대표하는 밤의 신 아홉 명이 새겨져 있었다. 능에서 가장 큰 석관은 돌기둥 6개 위에 놓여 있었는데, 무거운 관 뚜껑을 열자 비취 가면을 쓴 왕의 유골이 천 년의 세월을 지나 다시 그 모습을 드러냈다.

마야 문자 일부가 해독되어 사람들은 이 왕의 이름이 파칼이며, 통치 시기는 약 615년에서 683년 사이라는 사실을 알게 되었다. 당시 팔렝케는 주변 강대국의 공격을 자주 받았는데, 파칼의 지휘로 외세를 몰아내고 침략자의 땅을 지배했다고 한다.

파칼 왕릉의 발굴은 마야 문명에 대한 사람들의 고정관념을 뒤집어 놓았다. 으레 왕권이 약화된 제사장 사회일 것이라는 인식을 바꿔놓은 것이다.

한편, 르네상스 시기의 마야에서 가장 크고 또 중요했던 도시국가는 바로 오늘날의 과테말라 북부 밀림에 있었던 티칼이었다는 사실도 밝혀졌다. 티칼은 마야 문명의 중심이라고도 여겨진 곳이다.

발굴된 비문의 기록에 따르면 '아메리카 호랑이의 발톱(Chak Tok

Ich' aak I)' 이라고 불렸던 왕이 티칼에 강성한 왕조를 세웠으며, 그의 후계자들이 티칼을 최전성기로 이끌었다고 한다. 6세기 중반에 티칼 북쪽의 칼라크물이 강대해지면서 한때 쇠퇴의 기미를 보이기도 했지만, 7세기에 아으 카카우, 아크, 치땀 이렇게 세 명의 강력한 국왕이 연달아 즉위하면서 티칼에 다시금 생기를 불어넣었다.

오늘날 고고학 발굴로 모습을 드러낸 티칼 유적 대부분은 바로 이 세 국왕이 재위한 태평성세에 지어진 것이다.

이 기간에 티칼의 면적은 65제곱킬로미터를 넘어섰고, 주민도 5만 명에 육박했다. 그뿐만 아니라 3,000개에 이르는 피라미드와 제단, 비석 등이 세워졌고, 주변 500제곱킬로미터 지역까지 영향력을 미치며 200만 명에 가까운 인구를 지배했다.

고성의 중심은 약 120미터 길이에 74미터 폭의 중앙 광장으로, 모든 건물이 광장을 중심으로 세워졌다. 같은 시기에 마야인이 세웠던 종교 건축물처럼 이 광장도 석회암으로 만들어졌다. 광장 동쪽의 첫 번째 피라미드 아래에는 아으 카카우 왕의 무덤이 있다. 총 9층의 매우 가파른 계단식 피라미드이며 꼭대기에는 유명한 재규어 신전이 있다. 마야인은 지하의 죽음의 세계가 9층으로 이루어져 있다고 믿었는데 피라미드는 바로 그러한 신념을 표현한 것이다.

신세계의 그리스인

마야 문명이 다시 빛을 보게 됨에 따라 사람들은 밀림의 주민들이 수학, 천문학, 건축, 예술 등 여러 분야에 능통하여 기적 같은 결과물을 창조했다는 사실에 놀라움을 금치 못했다. 그들의 창조물은 현대인들이 부끄러움을 느낄 만큼 엄청난 것이었다. 그래서 일부 사람들은 마야인을 '신세계의 그리스인'이라고 비유하기도 했다.

특히 마야인이 만든 역법은 세상에서 가장 완벽한 역법이라고 평가되기도 했다. 이 역법은 서로 다른 세 가지 시간 계산법, 즉 신력, 태양력, 그리고 장기 연력으로 구성되었다. 그중 태양력은 1년을 18개월로 나누고 한 달에 평일 20일, 금기일 5일이 있어 한 해가 360일이었다. 천문 관측에 정통했던 마야인은 오랜 관측을 토대로 다시 태양력 1년의 길이를 365.242129일로 수정했는데, 이는 현대 과학자들이 측정한 365.242198일이라는 수치와 1,000분의 일도 차이가 나지 않는 결과이다.

수학 분야에서는 '0'을 발견하는 성과를 거두었다. 마야인은 고대 아시아와 아프리카 문명에서 최초로 '0'을 사용한 인도보다 먼저 '0'을 발견했고, 유럽인과 비교하면 약 800년이나 앞섰다. 이뿐만 아니라 20진법이라는 독특한 수학 계산법도 고안했다. 그들은 선과 동그란 점을 이용해서 1부터 19까지 숫자를 표시했고, 동그란 점 하나는 1을, 선 하나는 5를 나타냈다.

마야인은 아메리카 대륙에서 유일하게 스스로 완벽한 체계를 만들어 글을 쓴 민족이기도 했다. 마야인의 문자는 상형문자의 일종으로 표의와 표음 기능을 겸비했다. 문자의 어휘도 약 3만 개에 이를 정도로 매우 풍부했다. 이 문자들은 돌기둥, 제단, 피라미드 등에 새겨졌고 나무껍질과 사슴가죽으로 만든 종이에도 기록되었다. 그러나 안타깝게도 스페인이 중앙아메리카를 정복하는 과정에서 거의 불태워 없어졌다. 그 가운데 《드레스덴 필사본》과 《마드리드 필사본》, 《파리 필사본》, 《그롤리에 필사본》 등 운 좋게 화를 피한 극히 일부의 필사본이 남아 오늘날 마야 문자를 해독하는 데 귀중한 실마리가 되고 있다.

▼ 멕시코 유카탄 반도의 욱스말은 마야 문명의 중요한 고적이다. 사진은 마야인이 8세기경에 건설한 나무 벽돌 피라미드이다.

자취도 없이 사라진 기적

르네상스 시기에 마야인들은 역법에 따라 5년이나 10년 또는 몇 년마다 도시에 상징적인 건물을 세우고, 비석이나 돌기둥에 건축 시기와 경과를 새겼다.

그런데 830년에 코판에 세워지던 거대한 돌기둥 조각의 축조 작업이 갑자기 중단되었다. 그 후 835년에 팔렝케의 피라미드 신전 건축도, 889년에 티칼에 건설되던 신전 지구 공사도 중단되었다. 909년에 이미 절반 이상 완성되었던 욱스말의 돌기둥도 축조가 마무리되지 못한 채 덩그러니 남았다. 마치 하룻밤 사이에 자신들이 힘겹게 일궈놓은 도시를 버리기라도 하듯, 마야인들은 이 비옥한 땅을 떠나 일부는 유카탄 북부의 벌판으로, 또 일부는 황량한 밀림으로 떠나 다시 과거의 미개한 생활로 돌아

크리스털 해골의 비밀

1927년에 중앙아메리카 온두라스에 있는 마야 신전에서 크리스털로 만들어진 해골이 발견되었다. 여인의 머리를 본떠 크리스털을 가공하고 연마해서 만든 것으로, 12.7센티미터 높이에 무게가 5.2킬로그램이었다.

이 크리스털 해골은 외관이 사실적일 뿐만 아니라 그 내부 구조도 사람의 해골과 완전히 일치했으며, 공예 수준이 상당했다. 특히 해골에 숨어 있는 프리즘과 눈자위에 수공으로 갈아 만든 흑요석 조각이 결합해 눈부시게 빛을 내뿜었다.

이 신비한 크리스털 해골을 만든 것으로 미루어 마야인의 과학 기술 수준은 현대인이 생각하는 것보다 훨씬 뛰어났을 것으로 추정할 수 있다. 하지만 그들이 어떻게 해서 이러한 과학 기술을 발전시킬 수 있었는지는 여전히 큰 수수께끼로 남아 있다.

갔다. 황금기를 구가하던 마야의 휘황찬란했던 문명은 이렇게 허무하게 끝이 났다.

갑작스러운 마야 문명의 몰락 이유에 대해 의견이 분분한데, 그중에 가장 보편적으로 인정받는 것으로는 외부의 침략, 기후 급변, 지진, 전염병의 창궐 등이 있다. 하지만 이러한 원인들은 근거가 충분하지 않아서 설득력이 없다.

마야인의 대이동에 대한 수수께끼를 풀어보려 생태적인 방향으로 접근을 시도하기도 했지만, 이 역시 실패로 돌아갔다. 사람들은 먼저 마야 문명이 도시 문명이기는 했어도 옥수수 농업을 바탕으로 했다는 점에 주목했다. 마야인이 어떤 부적절한 경작 방법으로 삼림을 파괴하고 땅을 망가뜨려 결국 대기근이 닥치는 바람에 어쩔 수 없이 도시를 버리고 떠난 것이 아니겠느냐는 것이었다. 하지만 얼마 지나지 않아 마야 농민이 윤작을 했다는 사실이 밝혀지면서 이 주장도 힘을 잃었다. 땅을 망가뜨리기는커녕 생산 효율을 높이면서 농사를 지었으니, 생태 파괴설 역시 말이 되지 않기 때문이다.

사람들은 지금도 마야 문명의 멸망에 얽힌 수수께끼를 풀기 위해 여러 단서를 모으며 노력하고 있다. 최초로 마야의 고성을 발견한 존 스티븐스의 말처럼 말이다. "모든 일의 끝이 곧 시작이듯, 마야 문명은 마야인이 자취를 감췄을 때부터 이미 후세 사람들의 마음속에 낙인을 찍을 운명이었던 것이다."

황금과 뱀의 나라 가나왕국

콜럼버스가 황금의 나라를 찾아 동양으로 항해를 떠나기 수백 년 전, 아랍인은 서아프리카의 고대 가나인에게서 많은 황금을 벌어들이고 있었다. 나라 곳곳에 널린 황금은 가나왕국(실제 국명은 와가두)의 발전을 이끄는 동시에 황금에 군침 흘리는 많은 사람의 이목을 집중시켜 나라를 망하게 하는 화근이 되기도 했다.

소닌케족의 왕국

가나왕국은 서아프리카 지역에서 토착 민족이 세운 최초의 왕국이다. 왕국의 통치자가 북아프리카에서 온 베르베르족인지, 아니면 그곳의 원주민인지는 아직 정확히 밝혀지지 않았다. 그러나 한 가지 정확한 사실은 가나왕국을 구성한 중심 부족이 사헬 지대[44]에서 살던 소닌케족이라는 것이다.

17세기에 수단 학자의 저서 《탐험가의 역사》에 따르면, 8세기 말 이전에 베르베르족 출신의 군주 44명이 연달아 이 나라를 다스렸으며 622년 전까지 군주 22명이, 그리고 그 후에도 22명이 통치했다고 한다. 그래서 사람들은 가나왕국이 3세기 또는 4세기에 생겨났을 것으로 추정한다.

8세기 말, 만데족의 일족인 소닌케족 사람이 국가의 권력을 장악하고 왕조를 세우면서 가나왕국은 전성기에 접어들었다. 9세기에서 11세기까지 가나왕국은 동쪽으로 팀북투, 남쪽으로는 나일 강 상류와 세네갈 강 상류 사이의 지역, 북쪽으로는 사하라 사막 남쪽 지역까지 영토를 넓혔다. 당시 가나왕국은 궁수 4만 명을 포함한 20만 대군을 보유했다고 전해진다. 전성기에는 우알라타, 아우다고스트 등 여러 속국을 거느리기도 했는데, 그중 아우다고스트가 가장 풍요로운 곳이었다. 베르베르족이 세운 이 공국은 사막을 통과하는 10만 명의 대상과 단봉 낙타를 보유했고, 가나 밖에 거주하는 흑인들에게서도 공물을 거둬들였다. 10세기 말, 아우다고스트를 점령한 가나는 그곳에 흑인 총독을 임명하고 아우다고스트를 자신들의 세력 범위에 두었다.

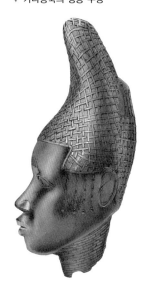

▼ 가나왕국의 청동 두상

---

44) 사하라 사막 남쪽 지대, 서쪽 세네갈 강에서 동쪽 차드 호에 이르는 지역

황금의 왕

당시 가나왕국을 다녀간 외국인들에게 입이 떡 벌어지도록 깊은 인상을 남긴 것은 역시나 가나 사람들이 황금을 물 쓰듯 하는 모습이었다. 이는 가나왕국의 본두, 밤부크 등지에서 황금이 대량 생산된 것과 관계가 있다.

황금이 얼마나 많이 생산되었는지 가나왕국 사람들은 모두 황금옷을 입고, 황금으로 만든 말안장과 생활용기를 사용하는가 하면, 심지어 거대한 황금 덩어리를 말뚝으로 이용했다는 말이 전해질 정도다. 이뿐만이 아니다. 왕의 시종들이 지닌 보검 역시 금박이었고, 왕의 아들들은 황금 머리장식을 애용했으며, 왕의 애완견까지도 황금 목줄을 걸고 있었다고 한다.

이러한 이유로 당시 가나와 교역하던 아랍 상인들도 가나의 왕을 '황금의 왕'이라고 불렀다. 그들은 생명의 위협을 무릅쓰고 무시무시한 사하라 사막을 건너가 소금 등의 물건과 황금을 교환했다. 당시 가나왕국의 법에 따르면, 금광에서 채굴한 금덩이는 모두 왕의 소유였고 백성은 사금만 가질 수 있었다고 한다.

일부 문헌을 보면 8세기에 가나에서는 '불상견 거래'가 유행했다는 기록이 있다. 이것은 말 그대로 판매자와 소비자가 서로 직접 만나지 않고 거래하는 방식이었다. 당시 상인들이 북을 가지고 다녔던 것은 바로 이러한 거래를 위해서였다. 방법은 대략 이러했다. 거주 지역에 도착할 즈음 상인들은 북을 쳐서 자신들이 도착한 사실을 알렸다. 그리고 사람들이 모두 북소리를 들었을 것으로 판단되면 각자 보따리를 풀어서 가져온 물건들을 종류별로 늘어놓고 자리를 비웠다. 그 때쯤 해당 지역의 주민들이 황금을 가지고 나와서 물건 옆에 일정량

▼ 아프리카 무사상

의 황금을 놓고 돌아갔다. 그러면 얼마 후에 돌아온 상인들이 자기 물건 옆에 놓인 황금을 챙기고 물건은 남겨놓은 채 북을 치며 다른 곳으로 떠났다.

뱀의 저주

1054년에 세네갈 강 어귀에서 일어난 이슬람 과격파 알 모라비 세력의 아부 바크르가 군사를 이끌고 아우다고스트를 습격했다. 이 일로 성에 거주하던 흑인 주민 중 일부는 남쪽으로 달아났고, 일부는 이슬람교로 개종했다. 그리고 20년 후, 아부 바크르가 다시 무력을 동원해 가나의 수도인 쿰비 살레를 점령하면서 가나왕국은 나일 강 상류 지역으로 밀려났다.

알 모라비즈의 통치는 그리 오래가지 못했다. 1087년에 가나인이 들고 일어나서 아부 바크르를 죽이고 다시 독립을 쟁취했기 때문이다. 하지만 가나왕국의 지나간 전성기는 영영 되돌릴 수 없었다. 연이은 전쟁과 알 모라비즈의 무절제한 방목으로 무역로가 막히고, 우물과 목초가 말라 농사를 짓기 어려울 정도로 사막화가 진행되었기 때문이다.

그런데 가나왕국의 몰락에 대해 또 하나의 색다른 전설이 존재한다. 가나왕국에는 뱀 형상의 수호신이 있었다. 전설에 따르면, 왕이 즉위하던 날에 수호신이 동굴에서 나와 제물을 받은 것을 시작으로 가나왕국을 수호하여 가나인이 매년 많은 황금을 채굴할 수 있게 해주었다고 한다.

그러던 어느 날 수호신에게 바칠 제물로 선택된 소녀의 정인이 이 뱀을 죽인 후로 생각지 못한 재난이 불어닥쳤다고 한다. 그러자 사람들은 분노한 뱀이 목숨이 다하기 전에 무서운 저주를 내렸다고 여겼다. 이로부터 가나의 땅과 금광이 메마른 바람에 사람들은 어쩔 수 없이 고향을 등졌고, 그들의 터전은 그렇게 사막이 되었다는 이야기이다.

흑아프리카의 돌집 대짐바브웨

서양 사람들은 한때 사하라 이남의 흑아프리카 사람들이 그들만의 문명을
만들어내지 못했을 것이라고 믿으며 짐바브웨라는 거대하고도 복잡하며
정교한 석조 건축을 백인의 창조물이라 주장하기도 했다. 그러나 중고대
시대의 남아프리카에는 이미 흑인들만의 독특한 문명이 형성되어 있었으
며 고대의 다른 국가들과 개방적으로 교류했다는 사실이 훗날 밝혀졌다.

흑인의 문명

짐바브웨는 '존경과 사랑을 받는 돌집'이라는 뜻으로, 원래는 짐
바브웨와 그 주변의 크고 작은 돌집 200여 채를 가리키는 말이다.
그중에 짐바브웨인이 포트빅토리아[45] 동남부에 세운 다양한 크기의
돌 유적들을 '대짐바브웨(그레이트 짐바브웨)'라고 한다.

과거에 서양인들은 아프리카의 흑인들이 그들만의 문명을 발전시
키지 못할 것이라는 편견에 오랫동안 사로잡혀 있었다. 그래서 대짐
바브웨의 구조물도 기원전에 지중해를 건너온 페니키아인의 작품이
라고 생각했고, 혹은 아랍인과 연관 짓기도 했다. 사람들이 이 돌 구
조물들이 과거에 아프리카 남부에서 고도의 문명을 발전시켰던 흑
인의 유산이라고 믿기 시작한 것은 고증을 거친 사실이 밝혀진 후부
터였다.

일찍이 기원전 200년 즈음부터 짐바브웨에는 많은 원주민이 살았
다. 그리고 5세기 전후로 현재의 대짐바브웨 유적지에 주거 지역이
생겼다. 이 주거 지역은 6세기에서 7세기까지 점차 확대되었고, 11세
기 즈음에 한 왕국이 이곳에서 대대적으로 공사를 진행해 도성과 궁
전으로 사용된 웅장하고 아름다운 성을 세웠다. 돌로 만들어진 이 성
은 몇 대의 왕을 거치며 수세기 동안 건축된 끝에 오늘날의 규모를
갖추게 되었다.

▼ 나무를 깎아 만든 가면

솔로몬 왕의 보물창고

대짐바브웨 유적은 아프리카 남부의 가장 큰 고대 건축 단지로,
아프리카 사하라 사막 이남 지역의 일대 기적으로 손꼽힌다.

45) 짐바브웨 수도 하라레에서 남쪽으로 약 300킬로미터 떨어진 곳

일찍이 중세부터 아랍인의 입을 통해 대짐바 브웨 유적의 경관에 대한 전설이 유럽에 전해졌다. 사람들의 입에서 입으로 전해 진 이 이야기는 어느새 대짐바브웨와 솔로몬 왕이 연관이 있다고 하더라는 내용으로까지 와 전되었다. 그래서 훗날 이 유적을 발견한 유럽인 들은 한때 솔로몬 왕의 황금 창고 오빌을 찾았다 는 달콤한 착각에 빠지기도 했다.

실제로 대짐바브웨 유적은 이러한 착각이 들 만 큼 웅장한 규모와 훌륭한 경관을 자랑한다. 고성의 건축 단지는 크게 '언덕 지구', '계곡 지구', '대구 역'의 세 구역으로 나뉜다. 그 중 탁 트인 지대에 자 리한 것이 '대구역'이고, 작은 돌산에 자리해 아크 로폴리스라고 불리기도 하는 것이 '언덕 지구'이다.

▲ 짐바브웨의 전통 목각 인형

대구역은 산과 절벽에 가까이 있고 화강암 덩어리들로 사방이 둘 러싸여 있다. 높이 10미터, 두께 5미터, 직경 240미터에 면적이 4,600제곱미터인 이 벽 안쪽에는 90미터 길이의 아치형 내벽이 세워 져 있다. 대구역에는 주로 신묘나 비석, 궁전 등이 남아 있는데, 그 중에서도 가장 인상 깊은 것은 황실의 제사 터였을 것으로 추정되는 15미터 높이의 원뿔 모양 돌탑이다. 각 건축물의 이음매는 부드러운 곡선을 이루고, 거대한 화강암으로 만들어진 벽에는 문과 통로가 뚫 려 있다. 이 중에는 각종 무늬가 정교하게 새겨진 돌들을 찾아볼 수

▼ 짐바브웨 왕국의 도성 복원도

있다.

한편, 주거 지역이었을 것으로 추정되는 언덕 지구는 대구역에서 그리 멀지는 않지만 지세가 험준한 작은 돌산에 자리하고 있다. 대구역과 마찬가지로 사방이 벽으로 둘러싸여 있으며, 한 사람이 몸을 옆으로 해야 겨우 지나갈 만큼 문이 좁고, 아크로폴리스의 정상에 서면 대짐바브웨가 한눈에 들어와서 그야말로 철통 수비가 가능한 곳이라고 할 수 있다.

이미 발굴된 문물들을 보면 대짐바브웨가 얼마나 번영한 도시였는지, 그리고 농업과 제련업, 무역이 얼마나 많이 발전했는지를 알 수 있다. 유적지 주변에는 고대의 계단식 밭과 수로, 우물, 대규모의 철갱과 제련 도구, 그리고 고대 화폐를 만드는 데 사용했던 진흙 주형과 수많은 금은 장신구가 아직도 남아 있다.

이 밖에 역사적 기록에 따르면 당시 남아프리카는 아랍과 인도, 그리고 저 멀리 중국까지 가서 무역했다고 전해진다. 대짐바브웨의 화물 창고 유적에서 발견된 서남아시아의 도자기를 비롯해 아랍의 유리, 황금, 인도의 불교 염주, 중국 명나라 시대의 청자 등이 이러한 사실을 뒷받침해준다.

세계 중심의 비밀 고독한 이스터 섬

태평양에서 가장 외진 곳, 세상과 동떨어진 한 섬에서는 신비한 문명이 홀로 꽃피우다 쓸쓸히 막을 내렸다. 오랜 세월이 흐른 후 문명인이 '세계의 중심'이라는 이름의 이 외딴섬에 다시 발을 들여놓았을 때, 그들은 이 땅에 존재했던 문명의 원대함과 그곳에 살았던 사람들의 무한한 활동력에 감탄을 금치 못했다.

세계 중심의 사람들

1722년 4월 5일, 네덜란드 탐험가 로게벤은 수개월의 고된 항해 끝에 우연히 태평양 한가운데에 외로이 떠 있는 작은 섬을 발견했다. 그날은 때마침 부활절(Easter)이어서 로게벤 일행은 이를 기념해 외딴섬에 이스터 섬이라는 이름을 붙였다.

그러나 로게벤이 이 섬에 발을 들여놓은 최초의 인간은 아니었다. 그곳에는 이미 오래전부터 자자손손 뿌리를 내리며 살아온 사람들이 있었다. 토착민들은 자신의 고향을 '세계의 배꼽', 즉 '세계의 중심'이라는 뜻으로 '테피트오테헤누아'라고 불렀는데, 이러한 명칭은 놀라울 정도로 일리가 있었다. 우주선에서 지구를 바라보면, 드넓은 태평양 한가운데에 자리한 이 섬이 정말 지구의 작은 '배꼽' 같기 때문이다.

그러나 현대 고고학자들은 폴리네시아인 및 태평양 여러 섬의 토착민들이 쓰는 '라파누이(Rapa Nui)'[46]라는 명칭을 사용해 이스터 섬을 '라파누이 섬'으로, 섬에 사는 주민들을 '라파누이인'이라고 부르는 것이 보통이다.

이스터 섬에 대한 전설 중에는 약 1,500년 전에 호투 마투아(Hotu Matua)[47]라는 폴리네시아 추장이 아내와 여섯 아들, 그리고 부족 사람들과 함께 거대한 뗏목을 타고 이스터 섬에 정착했다는 이야기가 있다.

현재 고고학 연구를 통해 5세기에서 8세기 사이에 이스터 섬에 인류가 거주했다는 것이 밝혀진 상태이며, 고대 라파누이인의 DNA

---

46) 큰 섬이라는 뜻
47) '위대한 조상'이라는 뜻

검사 결과 그들이 폴리네시아인이었다는 사실이 확인되어 전설에 신빙성을 더해주고 있다. 그래서 현대 고고학계에서는 일반적으로 라파누이인을 약 5세기경에 이스터 섬에 표류한 폴리네시아인의 후예로 추정한다.

모아이의 수수께끼

이스터 섬에 발을 디딘 로게벤은 기세등등하게 서 있는 거인석 무리를 발견한 순간 떡 벌어진 입을 다물지 못했다고 한다. 현지 주민들이 '모아이'라고 부르는 이 석상은 해변의 '아후'라는 이름의 돌 기단 위에 세워져 있다. 약 7미터에서 10미터 정도의 높이에 무게는 적게는 30톤에서 많게는 무려 90톤에 달하는데, 어떤 석상은 모자의 무게만 10톤에 달하기도 한다. 검붉은색의 화성암을 조각한 모아이

▼ 이스터 섬의 모아이

는 좁고 긴 이마에 오뚝한 코, 깊은 눈매, 생동감 있고 다채로운 표정이 특징이다. 그 모습을 가만히 들여다보노라면 어떤 것은 차분하고 단정하고, 어떤 것은 살기등등하며, 또 어떤 것은 깊은 명상에 빠진 듯한 표정을 읽을 수 있다.

모아이는 7세기부터 15세기까지 조형 작업이 이루어졌고, 대부분이 12세기에서 15세기에 완성되었다고 전해진다. 통계에 따르면 이스터 섬에는 모아이가 모두 887개 있는데, '아후'로 옮겨진 288개를 제외하고도 채석장에 397개가 아직 남아 있으며, 나머지는 운반 도중에 이스터 섬 곳곳으로 흩어졌다고 한다.

도대체 작업량이 이렇게 엄청난 거인상을 왜, 그것도 그렇게나 많이 만들었는지, 또 어떻게 만들었는지는 줄곧 수수께끼다. 그도 그럴 것이, 로게벤이 이스터 섬을 발견했을 때만 해도 그곳에는 말라비틀어진 잡초와 자그마한 나무뿐이었다. 한때 사람들이 이토록 척박한 땅에서 어떻게 모아이같이 대규모의 석상을 세우는 데 필요한 물량과 인력을 동원할 수 있었을지 의문을 품은 것도 바로 이 때문이다.

지금은 과학자들의 고증으로 5세기 이전에는 이스터 섬에 풀과 종려나무를 비롯해 많은 생물이 자랐다는 것이 밝혀져서 어느 정도 유추할 수 있는 상태이다. 먼저 섬 곳곳에서 종려나무가 자랐던 흔적이 있는 것으로 미루어 그것으로 배나 지지대, 지렛대 등을 만들어 사용했을 것으로 추측된다.

이곳에 정착해서 번영을 이룬 고대 라파누이인이 세상을 떠난 부락의 수장을 기리고 신령에게 제사를 지내기 위해, 또는 영역을 나누는 하나의 표시로서 거대한 석상을 조각하기 시작했을지도 모른다는 의견도 있다. 그리고 시간이 지나면서 섬의 인구가 점점 늘어남에 따라 석상을 만드는 일이 끊이지 않았고 쉴 새 없이 나무를 벌목하다 보니 결국 나무의 씨가 마르면서 생태계가 파괴되었다는 것이다.

그 후 이어진 기아와 전쟁, 질병 등으로 섬의 인구가 날로 줄어들면서 이스터 섬은 쇠락의 길에 접어든 것으로 보인다. 그러나 분명한 사실은 로게벤이 이스터 섬에서 발견한 것이 그곳에서 꽃핀 문명의 일부에 지나지 않으며, 굳은 침묵의 모아이만이 과거의 화려함을 말해주고 있다는 점이다.

세계사 ❸

역사가 기억하는 중고대사

발행일 / 1판1쇄 2012년 6월 5일

편저자 / 궈팡

옮긴이 / 원녕경

발행인 / 이병덕

발행처 / 도서출판 꾸벅

등록날짜 / 2001년 11월 20일

등록번호 / 제 8-349호

주소 / 경기도 고양시 일산동구 장항동 775-1 삼성마이다스 415호

전화 / 031) 908-9152

팩스 / 031) 908-9153

http://www.jungilbooks.co.kr

isbn / 978-89-90636-55-3

잘못된 책은 구입하신 서점이나 본사에서 교환해 드립니다.